Kapitalkosten und Investitionsentscheidungen
Eine finanzierungstheoretische und empirische Untersuchung

Europäische Hochschulschriften
Publications Universitaires Européennes
European University Studies

Reihe V
Volks- und Betriebswirtschaft
Série V   Series V

Sciences économiques, gestion d'entreprise
Economics and Management

Bd./Vol. 941

PETER LANG
Frankfurt am Main · Bern · New York · Paris

Ulrich Kloster

Kapitalkosten und Investitionsentscheidungen

Eine finanzierungstheoretische und empirische Untersuchung

PETER LANG
Frankfurt am Main · Bern · New York · Paris

CIP-Titelaufnahme der Deutschen Bibliothek

Kloster, Ulrich:

Kapitalkosten und Investitionsentscheidungen : e.
finanzierungstheoret. u. empir. Unters. / Ulrich Kloster. -
Frankfurt am Main ; Bern ; New York ; Paris : Lang, 1988
  (Europäische Hochschulschriften : Reihe 5, Volks- und
  Betriebswirtschaft ; Bd. 941)
Zugl.: Essen, Univ., Diss., 1988
ISBN 3-631-40707-6
NE: Europäische Hochschulschriften / 05

Die Veröffentlichung der Dissertation erfolgte
mit Unterstützung der
Universität-Gesamthochschule Essen
unter Mitfinanzierung durch den MWF NW.

D 465
ISSN 0531-7339
ISBN 3-631-40707-6
© Verlag Peter Lang GmbH, Frankfurt am Main 1988
Alle Rechte vorbehalten.

Das Werk einschließlich aller seiner Teile ist urheberrechtlich
geschützt. Jede Verwertung außerhalb der engen Grenzen des
Urheberrechtsgesetzes ist ohne Zustimmung des Verlages
unzulässig und strafbar. Das gilt insbesondere für
Vervielfältigungen, Übersetzungen, Mikroverfilmungen und die
Einspeicherung und Verarbeitung in elektronischen Systemen.

Printed in Germany

Inhalt

	Seite
Abbildungsverzeichnis	VI
Tabellenverzeichnis	VIII

0.	Einführung	1
0.1.	Problemabgrenzung und -bedeutung	1
0.2.	Aufbau der Untersuchung	3

1.	Begründung der Notwendigkeit und Problematik der Bestimmung von Verzinsungsmaßstäben für die Beurteilung von Investitionsprojekten	4
1.1.	Zum Stand der Investitionsrechnung aus theoretischer und praktischer Sicht	6
1.1.1.	Zur theoretischen Eignung der betrieblichen Investitions - entscheidungskriterien für die Projektbeurteilung	6
1.1.2.	Zur Anwendung der Investitionsentscheidungskriterien in der betrieblichen Praxis - eine Auswertung empirischer Untersuchungen	21
1.1.3.	Zur Bedeutung von Verzinsungsmaßstäben für die Investitionsbeurteilung	28
1.2.	Grundsätzliche Probleme bei der Bestimmung adäquater Verzinsungsmaßstäbe - Die Kalkulationszinsfußdiskussion	30
1.2.1.	Aus den Zielvorstellungen von Investoren abzuleitende Anforderungen an den Kalkulationszinsfuß	31
1.2.2.	Einschätzung der Eignung bestehender Konzeptionen zur Operationalisierung der Kalkulationszinsfußbestimmung	41

Seite

1.3. Zur Relevanz von Kapitalkosten für die Investitionsprojekt - beurteilung 47

2. Zur Leistungsfähigkeit der Finanzwirtschaftslehre für die Ermittlung von Kapitalkosten 48

2.1. Forschungskonzeptionen innerhalb der Finanzwirtschaftslehre 48
2.1.1. Die traditionelle Finanzwirtschaftslehre - zur empirisch-institutionellen Dimension des Kapitalkostenproblems 49
  a. Erklärungszielsetzung des traditionellen Ansatzes 49
  b. Funktionen und Ausprägungen der Kapitalkosten im traditionellen Ansatz 50
2.1.2. Der neoklassische Ansatz - zur kapital- und kapitalmarkt-theoretischen Dimension des Kapitalkostenproblems 52
  a. Erklärungszielsetzung des neoklassischen Ansatzes 52
  b. Funktionen und Ausprägungen der Kapitalkosten im neoklassischen Ansatz 55
2.1.3. Die neoinstitutionalistische Sichtweise - zur informations-ökonomisch-verfügungsrechtlichen Dimension des Kapital-kostenproblems 58
  a. Erklärungszielsetzung der neoinstitutionalistischen Sichtweise 58
  b. Funktionen und Ausprägungen der Kapitalkosten im neoinstitutionalistischen Ansatz 60

2.2. Kapitalkostendefinitionen und ihre theoretischen Grundlagen..61
2.2.1. Definitionskonzepte zur Bestimmung der Eigenkapitalkosten....61
2.2.1.1. Eigenkapitalkosten im traditionellen Ansatz 63
2.2.1.2. Eigenkapitalkosten im neoklassischen Ansatz 66
2.2.1.2.1. Alternativvertragsätze als grundlegende Bewertungskonzeption 66

Seite

2.2.1.2.2. Kapitaltheoretische Kapitalkostenbestimmung: Das
Dividendenwachstumsmodell 68
2.2.1.2.3. Risikoadjustierte Kapitalkostenermittlung mit Hilfe des CAPM...71
2.2.1.3. Eigenkapitalkosten im neoinstitutionalistischen Ansatz...............81
2.2.1.4. Ansätze zur Integration von weiteren Einflußfaktoren bei
der Bestimmung der Eigenkapitalkosten 86
2.2.2. Definitionskonzepte zur Bestimmung der Fremdkapitalkosten...93
2.2.2.1. Fremdkapitalkosten im traditionellen Ansatz..............................94
2.2.2.2. Fremdkapitalkosten im neoklassischen Ansatz..........................98
2.2.2.3. Fremdkapitalkosten im neoinstitutionalistischen Ansatz.............99
2.2.2.4. Ansätze zur Integration von weiteren Einflußfaktoren bei
der Bestimmung der Fremdkapitalkosten 102
2.2.3. Zur Ableitung von Gesamtkapitalkosten aus den
Definitionskonzepten 105

2.3. Meßprobleme bei der Kapitalkostenermittlung.........................107
2.3.1. Bei Anwendung einzelner Definitionskonzepte auftretende
meßobjektbezogene Probleme 111
2.3.1.1. Meßprobleme bei der Ermittlung der Eigenkapitalkosten.........111
2.3.1.1.1. Traditioneller Ansatz..111
2.3.1.1.2. Neoklassischer Ansatz..115
    a. Alternativertragsatzkonzeption 115
    b. Dividendenwachstumsmodell 118
    c. CAPM 124
2.3.1.2. Meßprobleme bei der Ermittlung der Fremdkapitalkosten........134
2.3.1.2.1. Traditioneller Ansatz..134
    a. Langfristige Außenfinanzierung 134
    b. Kurz- und mittelfristige Außenfinanzierung 137
    c. Innenfinanzierung 139
    d. Finanzierungssurrogate 142
    e. Zwischenformen der Finanzierung 143
2.3.1.2.2. Neoinstitutionalistischer Ansatz...145

Seite

2.3.2. Zur Anwendung der Bewertungskonzeptionen auf einzelne Finanzierungsmaßnahmen 149
2.3.2.1. Die Kapitalkosten einer Aktienemission...149
2.3.2.2. Die Kapitalkosten des Schuldscheindarlehens...................................162
2.3.2.3. Die Kapitalkosten von Pensionsrückstellungen..................................165
2.3.2.4. Die Kapitalkosten von Null-Kupon-Anleihen (Zero-Bonds)......181
2.3.2.5. Zur Aussagefähigkeit der Berechnungsergebnisse................184
2.3.3. Verfahrensbezogene Probleme - Eine zusammenfassende Einschätzung der methodenbedingten Meßproblematik.........185

3. Eine empirische Untersuchung zur Bedeutung von Kapitalkosten für die Beurteilung von Investitionsprojekten in deutschen Großunternehmen...192

3.1. Begründung und Ziel der Untersuchung 192

3.2. Methodische Grundlagen der Untersuchung.............................194
3.2.1 Untersuchungsmethode..194
3.2.2. Wahl der Stichprobe..196
3.2.3. Aufbau und Inhalt des Fragebogens...................................196
3.2.4. Durchführung der Befragung und Reaktion der befragten Unternehmen..198

3.3. Ergebnisse der Untersuchung...201
3.3.1. Strukturdaten der befragten Unternehmen..........................201
3.3.2. Zur Praxis der Investitionsrechnung....................................203
3.3.2.1. Durchführung von Investitionsrechnungen.........................203
3.3.2.2. Bedeutung der einzelnen Investitionsrechnungsverfahren......204
3.3.2.3. Bedeutung der Verfahren in den einzelnen Branchen...........206
3.3.3. Zur Praxis der Investitionsfinanzierung................................209
3.3.3.1. Bedeutung unterschiedlicher Finanzierungsformen..............209

Seite

3.3.3.2. Einschätzung der Kosten der wichtigsten Finanzierungsformen...............211

3.3.4. Zum Verhältnis von Kapitalkosten und Kalkulationszinsfuß in der Wirtschaftlichkeitsrechnung...............218

3.3.4.1. Zum Stand der Ermittlung von Finanzierungskosten...............218

3.3.4.1.1. Berücksichtigung der Finanzierungskosten im Rahmen der Investitionsrechnung...............218

3.3.4.1.2. Differenzierungsgrade bei der Finanzierungskostenermittlung...............219

3.3.4.1.3. Verfahrensweisen zur Einbeziehung von Finanzierungskosten in die Investitionsrechnung...............220

3.3.4.2. Zur Praxis der Kalkulationszinsfußbestimmung...............222

3.3.4.2.1. Zuständigkeiten für die Festsetzung des Kalkulationszinsfußes...............222

3.3.4.2.2. Richtgrößen für die Bestimmung des Kalkulationszinsfußes....223

3.3.4.2.3. Berücksichtigung weiterer Einflußgrößen im Kalkulationszinsfuß...............227

3.3.4.2.4. Aktualisierung des Kalkulationszinsfußes...............228

3.3.4.3. Zur Höhe der in der Praxis verwendeten Kapitalkosten- und Mindestrenditesätze...............229

3.4. Abschließende Interpretation der Untersuchungsergebnisse...............236

4. Zusammenfassung...............237

Abkürzungsverzeichnis...............243
Literaturverzeichnis...............245
Anhang...............263

Abbildungsverzeichnis

Seite

Abb. 1: Kalkulationszinsfußermittlung bei gegebenen Investitionsmöglichkeiten unter den Bedingungen des vollkommenen Kapitalmarktes 36

Abb. 2: Kalkulationszinsfußermittlung bei gegebenen Investitionsmöglichkeiten unter den Bedingungen des unvollkommenen Kapitalmarktes 38

Abb. 3: Ableitung der Kapitalmarktlinie 73

Abb. 4: Verteilung der für die Finanzierung aus Pensionsrückstellungen genannten Kostensätze 213

Abb. 5: Verteilung der für die Finanzierung aus Abschreibungsgegenwerten genannten Kostensätze 213

Abb. 6: Verteilung der für die Finanzierung aus Bankkrediten und -darlehen genannten Kostensätze 214

Abb. 7: Verteilung der für Leasingfinanzierungen genannten Kostensätze 214

Abb. 8: Verteilung der für die Finanzierung aus einbehaltenen Gewinnen genannten Kostensätze 215

Abb. 9: Verteilung der für die Finanzierung aus Kapitalerhöhungen genannten Kostensätze 215

Abb. 10: Verteilung der Eigenkapitalkostensätze vor Steuern 230

Abb. 11: Verteilung der Eigenkapitalkostensätze nach Steuern 230

Abb. 12: Verteilung der Fremdkapitalkostensätze vor Steuern 231

Seite

Abb. 13: Verteilung der Mindestrenditesätze vor Steuern 231

Abb. 14: Verteilung der Mindestrenditesätze nach Steuern 231

Tabellenverzeichnis

Seite

Tab. 1: Ausgewertete Untersuchungen über die Anwendung von Investitionsrechnungsverfahren in Unternehmungen (in alphabetischer Reihenfolge) 21

Tab. 2: Anwendung dynamischer Investitionsrechnungsverfahren in US-amerikanischen Unternehmen (in chronologischer Reihenfolge) 24

Tab. 3: Anwendung dynamischer Investitionsrechnungen in westeuropäischen Unternehmen (in chronologischer Reihenfolge) 25

Tab. 4: Anwendung dynamischer Investitionsrechnungsverfahren in bundesdeutschen Unternehmen (in chronologischer Reihenfolge) 26

Tab. 5: Durch die Diskontierung mit unzutreffenden Kalkulationszinssätzen entstehende ökonomische Nachteile 34

Tab. 6: Bemessung und Höhe der wichtigsten Emissionskostenbestandteile im traditionellen Ansatz 113

Tab. 7: Kapitalkostensätze gemäß Berechnungsbeispiel 1 bei Variation von Steuersatz und Inflationsrate (Alle Angaben in %) 175

Tab. 8: Kapitalkostensätze gemäß Berechnungsbeispiel 2 bei Variation von Steuersatz und Inflationsrate (Alle Angaben in %) 179

Tab. 9: Reaktion der angeschriebenen Unternehmen 199

Tab. 10: Untersuchte Unternehmen, nach Rechtsform gegliedert 201

Tab. 11: Untersuchte Unternehmen, nach Branchen gegliedert 202

Seite

Tab. 12: Untersuchte Unternehmen, nach Umsatz gegliedert............203

Tab. 13: Einsatz von Investitionsrechnungsverfahren in der Praxis...........205

Tab. 14: Rangskala der in den einzelnen Branchen angewendeten Verfahren der Wirtschaftlichkeitsberechnung......................207

Tab. 15: Bedeutung unterschiedlicher Finanzierungsformen für die Investitionsrechnung.......................210

Tab. 16: Kostensätze der wichtigsten zur Investitionsfinanzierung eingesetzten Finanzierungsmaßnahmen........................212

Tab. 17: Verfahrensweisen zur Einbeziehung von Finanzierungskosten in die Investitionsrechnung......................221

Tab. 18: Zuständigkeiten für die Ermittlung und Festsetzung des Kalkulationszinsfußes........................222

Tab. 19: Richtgrößen zur Bestimmung des Kalkulationszinsfußes............226

Tab. 20: Häufigkeit der Korrektur bzw. Aktualisierung des Kalkulationszinsfußes........................228

Tab. 21: Höhe der Kapitalkosten- und Mindestrenditesätze in der Wirtschaftlichkeitsrechnung......................233

0. Einführung

0.1. Problemabgrenzung und -bedeutung

Die Notwendigkeit, Kapitalkosten zu ermitteln, ist in der finanzwirtschaftlichen Theorie und in der finanzwirtschaftlichen Entscheidungsrechnung in mehrfacher Hinsicht gegeben.[1]

Zunächst gilt dies für die Bestimmung bzw. Gestaltung der optimalen Finanzierungsweise der Unternehmung. Zur Finanzierung ihrer Investitionsprogramme bedienen sich Unternehmen normalerweise unterschiedlicher Kapitalquellen. Bei der Entscheidung über die zweckmäßigste Zusammensetzung der Finanzierung sind die Kapitalkosten ein wesentliches zu berücksichtigendes Kriterium. Gesucht wird dann "... diejenige Kombination der einzelnen Finanzierungsarten, bei denen die Kosten für den gesamten Kapitaleinsatz minimiert werden."[2]

Auch die Rentabilität von Investitionsprojekten kann nicht losgelöst von den Konditionen von Finanzierungsmaßnahmen beurteilt werden[3]; es ist in jedem Falle festzustellen, "... ob eine Investition ihre Finanzierung trägt, d.h. die Bedienung der eingesetzten Mittel erwirtschaftet."[4] Die Kapitalkosten stellen demgemäß auch bei Kapitalverwendungsentscheidungen eine wesentliche Einflußgröße dar, ohne deren Kenntnis Wirtschaftlichkeitsberechnungen kaum sinnvoll durchgeführt werden können[5].

Da auch die Feststellung des Unternehmenswertes grundsätzlich als Investitionsproblem aufzufassen ist, spielen die Finanzierungskosten hier

---

1) Vgl. z.B. Hax, H.: "Finanzierung", 1984, S.402 ff., Gerke, W./Philipp, F.: "Finanzierung", S.100 ff., Loistl, O.: "Kapitalwirtschaft", 1986, S.130ff.

2) Hax, H.: "Finanzierung", 1984, S.402.

3) Vgl. Spremann, K.: "Finanzierung", 1986, S.197.

4) Loistl, O.: "Kapitalwirtschaft", 1986, S.135.

5) Vgl. hierzu im einzelnen die Ausführungen in Abschnitt 1.3. der Arbeit.

schließlich gleichfalls eine wichtige Rolle. In den investitionstheoretisch fundierten Bewertungskonzeptionen können sie als ein Bestimmungsfaktor der Quantifizierung derjenigen Diskontierungsrate dienen, mit der die bewertungsrelevanten Zahlungen abzuzinsen sind[1], während sie in den kapitalmarkttheoretischen Ansätzen mit dem zu verwendenden Kalkulationszinsfuß - hier als Ausdruck der erwarteten Marktrendite - identisch sind[2].

Gegenstand der vorliegenden Arbeit ist das Problemfeld "Kapitalkosten und Investitionsentscheidungen". Dabei wird von der Überlegung ausgegangen, daß die Kapitalkosten häufig nicht a priori bekannt sind[3]. Sie stehen dem Entscheider in diesen Fällen nicht als Berechnungsdatum für den Investitionskalkül zur Verfügung, sondern müssen durch einen gesonderten Bewertungsvorgang festgestellt werden. Zu diesem Zwecke sind dann die Aussagen der Finanzierungslehre heranzuziehen[4].

Ziel der nachfolgenden Untersuchung ist es, Aufschlüsse darüber zu gewinnen, ob und ggf. inwieweit mit den entsprechenden Ansätzen und Methoden der Finanzwirtschaftslehre[5] zur Lösung der vorliegenden Problemstellung beigetragen werden kann. Neben der theoretischen Prüfung dieses Instrumentariums ist im gegebenen Zusammenhang auch von Interesse, wie dessen Leistungsfähigkeit in konkreten Entscheidungssituationen einzuschätzen ist. Hiermit eng verbunden ist wiederum die Fragestellung, welche Rolle die Kapitalkosten in der unternehmerischen Investitionsentscheidung spielen und in welcher Höhe sie dort tatsächlich angesetzt werden.

---

1) Vgl. z.B. Adelberger, O.L.: "Bestimmung", 1977, S.141, Ballwieser, W.: "Unternehmensbewertung", 1987, S.173, Siegel, T.: "Zinsfüße", 1983, S.11.
2) Vgl. Göppl, H.: "Unternehmungsbewertung", 1980, S.239ff.
3) Vgl. z.B. Rudolph, B.: "Bestimmung", 1986, S.609.
4) So etwa Moxter, A.: "Bestimmung", 1961, S.200.
5) Zur Begriffsabgrenzung vgl. Abschnitt 2.1. der Arbeit.

0.2. Aufbau der Untersuchung

Während die Relevanz der Kapitalkosten für Finanzierungsentscheidungen unstrittig ist, muß zur Begründung der vorliegenden Problemstellung weiter ausgeholt werden. Hier können insbesondere einige Vorschläge zur Bestimmung der maßgeblichen Einflußgrößen in der Wirtschaftlichkeitsrechnung dahingehend (fehl-)interpretiert werden, daß es möglich ist, Investitionsentscheidungen gänzlich unabhängig von den Finanzierungskosten zu treffen[1]. Anliegen des ersten Kapitels ist es demgemäß, die Relevanz der Kapitalkosten für die Investitionsprojektbeurteilung nachzuweisen.

Das zweite Kapitel behandelt diejenigen Ansätze und Methoden, die zur Bestimmung der Kapitalkosten herangezogen werden können. Ausgehend von einer Differenzierung nach traditionellen, neoklassischen und neo-institutionalistischen Erklärungsansätzen innerhalb der Finanzwirtschaftslehre werden die einzelnen Konzeptionen zur Kapitalkostenbestimmung zunächst einer vergleichenden theoretischen Prüfung unterzogen. In einem weiteren Schritt wird dann untersucht, welche Meß- und Schätzprobleme aus den Datenerfordernissen der als lösungsdienlich eingestuften Bewertungskonzeptionen erwachsen und welche Möglichkeiten zu ihrer Operationalisierung bestehen. Wie die Ermittlung der Kapitalkosten in praktischen Entscheidungssituationen erfolgen kann, wird schließlich anhand konkreter Beispielsberechnungen für einzelne Finanzierungsinstrumente exemplarisch aufgezeigt.

Das dritte Kapitel der Untersuchung ist schließlich der Frage gewidmet, wie die Unternehmenspraxis bei der Beurteilung von Investitionsprojekten verfährt. Gegenstand der zu diesem Zwecke durchgeführten empirischen Erhebung in der deutschen Großindustrie sind neben den allgemeinen Problemkreisen der Investitionsrechnungs- und der Investitionsfinanzierungspraxis auch spezielle Fragestellungen zur Bedeutung der Kapitalkosten für die Wirtschaftlichkeitsbeurteilungen der Unternehmen.

---

[1] Vgl. hierzu insbesondere S.41ff. dieser Arbeit.

Die dort gewonnenen Aufschlüsse - etwa über die praktizierten Verfahrensweisen zur Ermittlung der Kapitalkosten und über deren Höhe - werden abschließend im Lichte der im zweiten Kapitel diesbezüglich gemachten Erkenntnisse gewürdigt.

1. Begründung der Notwendigkeit und Problematik der Bestimmung von Verzinsungsmaßstäben für die Beurteilung von Investitionsprojekten

Als Aufgabe der Betriebswirtschaftslehre wird es gemeinhin angesehen, Instrumente zu entwickeln, die geeignet sind, Wirtschaftssubjekte bei der Lösung von Entscheidungsproblemen, die im Zuge ihres Zielstrebens auftreten, zu unterstützen. Je komplexer Entscheidungsprobleme sind, mit denen sich Wirtschaftssubjekte konfrontiert sehen, desto höher werden naturgemäß auch die Ansprüche sein, die an die Betriebswirtschaftslehre zu stellen sind.

Investitionsentscheidungen zählen erwiesenermaßen[1] zu den wichtigsten und schwierigsten Entscheidungen, die das Management einer Unternehmung treffen muß: Zum einen werden durch Investitionen in aller Regel hohe Kapitalbeträge für einen langen Zeitraum gebunden, zum anderen gehen von ihnen häufig Folgewirkungen aus, welche die Planungs- und Entscheidungsgrundlagen vieler anderer Funktionsbereiche beeinflussen.

Die Investitionstheorie und die Investitionsrechnung sind die Disziplinen der Betriebswirtschaftslehre, die sich mit der Analyse dieser Probleme beschäftigen. Subsumiert man unter Investitionstheorie auch jene Aktivitäten, die auf die Konstruktion von Entscheidungsmodellen zur Vorbereitung von Investitionsentscheidungen ausgerichtet sind[2] und betrachtet man demgegenüber die praktische Anwendung der Modelle in unternehmerischen Entscheidungssituationen als Aufgabengebiet der Investitionsrechnung, so kann gefolgert werden, daß die Verfahren der Wirtschaftlichkeits-

---

[1] Vgl. etwa Albach, H.: "Investitionspolitik", 1958, S.766, Seicht, G.: "Investitionsentscheidungen", 1986, S.11, Kruschwitz, L.: "Investitionsrechnung", 1987, S.1.

[2] Vgl. Hax, H.: "Investitionstheorie", 1985, S.9, Bitz, M.: "Investition", 1984, S.425.

rechnung im Mittelpunkt der theoretischen wie anwendungsbezogenen Investitionsanalyse stehen.

Die Vielzahl von existierenden Investitionsrechnungsverfahren - in einschlägigen Lehrbüchern werden z.T. mehr als zwanzig Methoden abgehandelt[1) - läßt sich aus pragmatischer Sicht damit begründen, daß diese "... den sehr unterschiedlichen Problemstellungen in der betrieblichen Praxis am ehesten gerecht zu werden vermag"[2). Allerdings ist die daraus ableitbare Einsicht, daß - etwa bei bestehenden Datenbeschaffungsproblemen - die Anwendung auch einfacher Kalkulationsverfahren zu rechtfertigen ist, weil sie einer rein intuitiven Entscheidung immer noch vorgezogen werden sollte, nur bedingt zur Klärung der Frage geeignet, welcher Art von Investitionsmodellen unter Berücksichtigung theoretischer und praktischer Erfordernisse der Vorzug zur Unterstützung der Entscheidungsfindung zu geben ist.

Diese interessiert umso mehr, als die Diskussion zur Lösung dieses Problems lange durch die Diskrepanz zwischen der Unternehmenspraxis, die wegen der vergleichsweise geringen Anforderungen an die Datenermittlung einfache Vergleichsverfahren bevorzugte[3) , und der betriebswirtschaftlichen Forschung, welche sich in dem Bestreben nach theoretischer Konsistenz der Entwicklung immer komplexerer Planungsmodelle zuwandte[4) , geprägt war.

Erst in jüngerer Zeit sind Anzeichen für eine Annäherung der beiden Standpunkte zu erkennen: Während von seiten der Theorie über die bekannten, in der Umsetzung auf reale Problemstellungen begründeten Schwächen der Simultanplanungsmodelle hinaus auch ernsthafte Zweifel

---

1) Vgl. z.B. Blohm, H./Lüder, K.: "Investition", 1983.
2) Adelberger, O.L./Günther, H.H.: "Investitionsrechnung", 1982, S.46.
3) Vgl. hierzu im einzelnen etwa die auf S. 22, FN 1-21 angegebene Literatur.
4) Vgl. z.B. Fischer, J.: "Investitionsplanung", 1981, S.2ff.

an deren theoretischer Adäquanz lautgeworden sind[1], scheinen gleichzeitig "... bei den empirisch vorfindbaren Zielsetzungen in den Unternehmen die ... monetären Rechenkomponenten sowie die Berücksichtigung des Zeitelementes wachsende Verbreitung zu finden"[2]. Dies gibt Anlaß, die Frage nach der Eignung der Methoden zur Beurteilung von Investitionen[3] aus Sicht der Forschung und der Praxis erneut aufzugreifen und eine Bestandsaufnahme unter Einbeziehung der neueren theoretischen und empirischen Erkenntnisse durchzuführen.

1.1. Zum Stand der Investitionsrechnung aus theoretischer und praktischer Sicht

1.1.1. Zur theoretischen Eignung der betrieblichen Investitionsentscheidungskriterien für die Projektbeurteilung

Will man die Eignung der Investitionsentscheidungskriterien für die Projektbeurteilung untersuchen, so hat man sich zunächst mit dem Tatbestand auseinanderzusetzen, daß jene Methoden der Wirtschaftlichkeitsrechnung, die den heutigen Stand der Forschung und der Lehre[4] repräsentieren, von recht heterogener Art sind. Eine Vorbemerkung erscheint daher als angebracht. Die (übliche) Klassifizierung in statische, dynamische und simultananalytische Kalküle, der auch hier gefolgt wird, kann aufgefaßt werden als das Resultat voneinander unabhängiger Entwicklungen in verschiedenen wissenschaftlichen Disziplinen. Obgleich die Investitionsrechnung unzweifelhaft als Funktion der Betriebswirtschaftslehre einzustufen ist, kommt der letztgenannten lediglich bei der Entwicklung der Programmpla-

---

1) Vgl. hierzu Abschnitt 1.1.1.3. der Arbeit.

2) Süchting, J.: "Finanzmanagement", 1984, S.260.

3) Die Analyse beschränkt sich dabei auf die Methoden, die den Standard der meisten Lehrbücher widerspiegeln; vgl. hierzu im einzelnen die Ausführungen auf den S.7ff.

4) Die umfassendsten Dokumentationen liefern Kern, W.: "Investitionsrechnung", 1974, Blohm, H./Lüder, K.: "Investition", 1983 und Kruschwitz, L.: "Investitionsrechnung", 1987.

nungsverfahren ein originärer Einfluß zu. Demgegenüber sind die statischen Verfahren vornehmlich durch ingenieurtechnisches Gedankengut geprägt, während die dynamischen Methoden ursprünglich zur Lösung volkswirtschaftlicher Problemstellungen, wie etwa der Zinserklärung, konzipiert wurden.[1]

Statische Investitionsrechnungsverfahren

Zur Gruppe der statischen Investitionsrechnungsverfahren sind die Kostenvergleichs-, die Gewinnvergleichs- und die Rentabilitätsrechnung sowie die Amortisationsrechnung zu zählen.[2]

Zielkriterium bei der **Kostenvergleichsrechnung** ist die Minimierung der entscheidungsrelevanten, d.h. mit der Investitionsdurchführung verbundenen Kosten[3] , welche neben beschäftigungsabhängigen und beschäftigungsunabhängigen Kosten insbesondere auch kalkulatorische Abschreibungen und kalkulatorische Zinsen auf die durchschnittliche Kapitalbindung umfassen. Die **Gewinnvergleichsrechnung** bezieht demgegenüber die zurechenbaren positiven Erfolgskomponenten ein und kann entsprechend als eine um die Ertragsseite erweiterte Kostenvergleichsrechnung bezeichnet werden. In Abgrenzung zu den beiden genannten Methoden ermittelt die **Rentabilitätsrechnung** als Verhältnis von Gewinn und Kapitaleinsatz ein relatives Entscheidungsmaß, das einem Vergleich mit unternehmensindividuellen Mindestrentabilitäten unmittelbar zugänglich und deshalb grundsätzlich auch zur Beurteilung von Einzelinvestitionen geeignet ist.

---

1) Vgl. hierzu ausführlich die Darstellungen der historischen Entwicklung bei Gutenberg, E.: "Entwicklung", 1952, S.632ff., Krause, W.: "Investitionsrechnungen", 1973, S.12f., Schneider, D.: "Betriebswirtschaftslehre", 1985, S.334ff.

2) Zur eingehenden Darstellung der einzelnen Verfahren wird auf das umfangreiche einschlägige Schrifttum verwiesen; ausführliche Beiträge, die den Stand der Lehre wiedergeben, finden sich etwa bei Blohm, H./Lüder, K.: "Investition", 1983, S.146ff. und Kruschwitz, L.: "Investitionsrechnung", 1987, S.31ff.

3) Unterstellt wird dabei, daß die qualitative und die quantitative Leistung der Vergleichsobjekte identisch ist.

Die **Amortisationsrechnung**, die denjenigen Zeitraum ermittelt, der zur Wiedergewinnung des in Investitionsobjekten gebundenen Kapitals erforderlich ist, nimmt eine gewisse Sonderstellung innerhalb der statischen Kalküle ein. Während bei den vorhergehend geschilderten Verfahren die relevanten Daten lediglich ausschnittsweise anhand einer (Abrechnungs-, Referenz-)Periode erfaßt werden und demgemäß i.d.R. repräsentative, also periodisierte und durchschnittliche Größen herangezogen werden, dient hier gerade der Zeitfaktor als Entscheidungskriterium. Es ist somit grundsätzlich möglich, auch mit ungleichen Periodenrückflüssen zu kalkulieren[1], wobei als weiteres Unterscheidungsmerkmal hinzutritt, daß letztere aus der Gegenüberstellung von Einnahmen und Ausgaben resultieren und nicht notwendigerweise Erfolgsgrößen darstellen.

Die Ablehnung der statischen Verfahren aus Sicht der Theorie, die sich bereits darin dokumentiert, daß nicht wenige der sog. Standardlehrbücher auf ihre Behandlung gänzlich verzichten[2], läßt sich materiell auf folgende Haupteinwände zurückführen:

(1) Die zeitliche Verteilung der in die Rechnung eingehenden Größen wird durch den Ansatz kalkulatorischer Zinsen nur überschlägig berücksichtigt.

(2) Unterschiedlichen Anschaffungsausgaben und Nutzungsdauerdifferenzen wird lediglich durch den Ansatz unterschiedlich hoher Abschreibungen und kalkulatorischer Zinsen Rechnung getragen; es fehlen Verwendungsannahmen bezüglich der nicht benötigten bzw. der wiedergewonnenen Kapitalbeträge.

---

1) Dies gilt unbeschadet der Tatsache, daß die Ermittlung der Amortisationszeit auf der Basis von Durchschnittsrückflüssen ebenfalls möglich ist.

2) Vgl. etwa Schulte, K.W.: "Wirtschaftlichkeitsrechnung", 1986, Bitz, M.: "Investition", 1984, Jacob, H.: "Investitionsrechnung", 1984.

Dynamische Investitionsrechnungsverfahren

Als dynamisch oder finanzmathematisch bezeichnet man jene Methoden, die die finanziellen Konsequenzen von Investitionsprojekten während des gesamten Planungszeitraums erfassen und ihren unterschiedlichen zeitlichen Anfall durch die Gewichtung mit einem positiven (Kalkulations-)Zinssatz bewerten. Üblicherweise gehen sie von folgenden Annahmen aus:

- relevante Darstellungsebene ist die Liquiditätsebene; Investitionen werden durch Ein- und Auszahlungen beschrieben

- die im Laufe der Projektlebensdauer anfallenden Zahlungsströme werden durch Zahlungsreihen abgebildet, wobei i.d.R. unterstellt wird, daß alle Periodenzahlungen zu einem Zeitpunkt, dem Periodenende, anfallen

- als Bezugszeitpunkt, auf den alle Zahlungen bezogen werden, dient der Zeitpunkt unmittelbar vor Realisierung des Investitionsprojektes, also der ersten Zahlung

- der Kalkulationszinssatz, mit dessen Hilfe die zu unterschiedlichen Zeitpunkten anfallenden Zahlungen vergleichbar gemacht werden, wird als über den Planungszeitraum konstant angenommen.

Zu den in der Literatur zur Investitionsrechnung und -theorie[1] unter dieser Kategorie regelmäßig abgehandelten ("klassischen") Verfahren, die auch in der Unternehmenspraxis von Bedeutung sind[2], zählen die Kapital-

---

[1] Vgl. z.B. Swoboda, P.: "Investition", 1986, Seicht, G.: "Investitionsentscheidungen", 1986, Bitz, M.: "Investition", 1984, Hax, H.: "Investitionstheorie", 1985.

[2] Vgl. hierzu Abschnitt 3.3.2.2. der Arbeit.

wert-, die Annuitäten- und die Interne-Zinsfuß-Methode sowie die dynamische Amortisationsrechnung[1].

Der **Kapitalwert** gibt Auskunft über die mit der Durchführung einer Investition verbundene Vermögensänderung, die unter Einbeziehung einer geforderten Mindestverzinsung auf den Beginn des Planungszeitraums bezogen wird. Gemäß den oben getroffenen Annahmen läßt sich dieser Sachverhalt formal wie folgt darstellen:

$$C_0 = \sum_{t=0}^{n} (E_t - A_t)(1+i)^{-t}$$

wobei C_0 = Kapitalwert
E_t = periodische Einzahlungen (t = 0,1,2,...,n)
A_t = periodische Auszahlungen
i = Kalkulationszinsfuß

Ist der so ermittelte Kapitalwert[2] positiv ($C_0 > 0$; Einzelentscheidung) bzw. positiv und höher als jener der Alternativinvestition ($C_A > C_B$; Auswahlentscheidung), so gilt die Investition als vorteilhaft. Eine bedeutende Rolle bei der Vorteilhaftigkeitsbeurteilung kommt dabei offensichtlich dem Kalkulationszinsfuß zu. Unterstellt man nämlich, daß die Zahlungsreihe gegeben, also bereits ermittelt ist, so kann die Annehmbarkeit des Projektes allein von seiner Höhe abhängen.

Transformiert man den Kapitalwert einer Investition über den Planungszeitraum in eine Reihe gleichgroßer Periodenzahlungen mit gleichem zeitlichen Abstand, so erhält man die **Annuität** (a) einer Investition. Rechne-

---

1) Daneben existiert noch eine Reihe von weiteren Verfahren, deren Explikation jedoch an dieser Stelle zu weit führen würde. Der Vollständigkeit halber zumindest erwähnt seien die Vermögensendwert-, die Sollzinssatz- und die MAPI-Methode. Vgl. hierzu Blohm, H./Lüder, K.: "Investition", 1983, S.80ff. und S.98ff.

2) Da die Zahlungen auf t=0 bezogen werden, spricht man auch (exakt) vom Barwert bzw. Gegenwartswert.

risch geschieht dies durch die Multiplikation des Kapitalwertes mit dem Annuitäten- bzw. Wiedergewinnungsfaktor (WGF):

$$a = C_0 \cdot WGF(n,i)$$

mit

$$WGF = \frac{i(1+i)^n}{(1+i)^n - 1}$$

Nach dem Annuitätenkriterium ist eine Investition als vorteilhaft einzustufen, wenn die Annuität positiv (a > 0) ist. Übersteigt sie zudem die Annuität eines zum Vergleich herangezogenen Projektes ($a_A > a_B$), ist sie bei der Auswahlentscheidung vorzuziehen.[1] Im Vergleich zur Kapitalwertmethode handelt es sich hierbei lediglich um eine andere Darstellung der Ergebnisse, die wertmäßig identisch sind.

Bei der **dynamischen Amortisationsrechnung** wird von der (plausiblen) Vorstellung ausgegangen, daß Investitionen typischerweise durch Zahlungsreihen gekennzeichnet sind, die anfangs nur negative, später nur positive Vorzeichen aufweisen. Unter dieser Annahme kann dann nach jenem Zeitpunkt gefragt werden, zu dem die positiven Zahlungen die negativen Zahlungen unter Einschluß einer Mindestverzinsung erstmals ausgleichen. Formal läßt sich dieser Zeitpunkt (t') aus der Bedingung

$$\sum_{t=0}^{t'-1} (E_t - A_t)(1+i)^{-t} \leq 0 < \sum_{t=0}^{t'} (E_t - A_t)(1+i)^{-t}$$

ableiten. Die Amortisationszeit bezeichnet das Zeitintervall 0 bis t', also jene Zeitspanne, nach deren Ablauf zum ersten Mal ein positiver Kapitalwert realisiert wird, die Investition also die "Vorteilhaftigkeitsschwelle" überschreitet. Damit wird sowohl die - wie bei der Annuitätenmethode - enge

---

[1] Wegen der Gegenüberstellung von Periodendurchschnittswerten muß der Alternativenvergleich mittels Annuitäten allerdings sinnvollerweise auf Projekte mit gleichen Laufzeiten beschränkt werden.

Verwobenheit mit der Kapitalwertmethode als auch der begrenzte Anwendungsbereich der dynamischen Amortisationsrechnung deutlich: Bei der Vornahme von Einzelentscheidungen weisen Projekte, für die der Zeitpunkt t' bestimmbar ist, annahmegemäß stets auch einen positiven Kapitalwert auf, bei Auswahlentscheidungen erweist sich der Umstand als problematisch, daß alle nach t' erfolgenden Zahlungen vernachlässigt werden.

Der **interne Zinsfuß** einer Investition(szahlungsreihe) ist definiert als derjenige Zinssatz, der den Kapitalwert der Investition gerade zu 0 werden läßt, also die Bedingung

$$\sum_{t=0}^{n} (E_t - A_t)(1+r)^{-t} = 0$$

erfüllt, wobei sich der interne Zinsfuß aus der Auflösung der Gleichung nach r ergibt. Übersteigt er die an eine Investition gestellte Mindestrenditeanforderung (i.e. der zum Vergleich, nicht aber für die eigentliche Rechenprozedur erforderliche Kalkulationszinsfuß) bzw. die interne Rendite einer Vergleichsinvestition ($r_A > r_B$), so gilt das Projekt als durchführungswürdig.[1]

Die wesentlichen Verbesserungen, die die finanzmathematischen Verfahren gegenüber den statischen Kalkülen in theoretischer Hinsicht aufweisen[2], haben dazu geführt, daß ihnen im einschlägigen Schrifttum mittlerweile einhellig der Vorzug gegeben wird.[3]   Umstritten ist jedoch vor allem die Interne-Zinssatz-Methode, gegen die z.T. gravierende Einwände erho-

---

1) Zu den Implikationen dieser Bedingungen vgl. die folgenden Ausführungen.

2) Vgl. im einzelnen z.B. Kruschwitz, L.: "Investition", 1987, S.44ff.

3) Vgl. für viele Blohm, H./Lüder, K.: "Investition", 1983, S.49 und Seicht, G.: "Investitionsentscheidungen", 1986, S.90.

ben werden. Es erscheint daher als geboten, diesen Meinungsstreit in der Literatur in seinen wesentlichen Punkten kurz aufzugreifen:

(1) Während die übrigen dynamischen Methoden unabhängig von der Struktur der Zahlungen zu eindeutigen Ergebnissen führen, sind Zahlungsreihen denkbar, die keinen (reellen) internen Zinsfuß oder auch dessen mehrere aufweisen. Dieser, insbesondere von Schneider und Kruschwitz[1] mit zahlreichen Beispielen vehement vorgetragene Einwand ist zweifellos immer dann berechtigt, wenn diese Situation tatsächlich eintritt. Zu beachten ist indessen, daß Projekte vielfach durch Zahlungsreihen gekennzeichnet sind, die nur einen Vorzeichenwechsel und genau einen internen Zinsfuß aufweisen. Für diese letzteren, ökonomisch wichtigen Fälle ("Normalinvestitionen"), läßt sich aus dem oben vorgetragenen Einwand nicht ableiten, daß der interne Zinsfuß ein grundsätzlich ungeeignetes Entscheidungskriterium darstellt.

(2) Ein zweiter Einwand liegt in den mit dem Einsatz des Verfahrens implizierten Annahmen bzgl. der Reinvestitionsrenditen für positive bzw. Finanzierungskosten für negative Zahlungskomponenten begründet. Während hier etwa die Kapitalwertmethode unter der stillschweigenden Voraussetzung arbeitet, daß Zwischenanlagen und Kreditaufnahmen zum (vorgegebenen) Kalkulationszinssatz erfolgen, fungiert bei der Interne-Zinssatz-Methode der (zu ermittelnde) Ertragsatz als Maßstab[2]. Dies führt insbesondere bei hochrentierlichen Projekten immer dann zu unrealistisch hohen Bewertungen, wenn eine Reinvestition von Rückflüssen erforderlich ist. Auch diesem Mangel wirkt die Beschränkung auf Investitionen mit nur einem Vorzeichenwechsel entgegen, wird doch hierdurch impliziert, daß die auftretenden Einzahlungsüberschüsse ausschließlich zur Verzinsung und Amortisation des im Projekt gebundenen Kapitals verwendet werden.

---

[1] Vgl. Schneider, D.: "Investition", 1980, S.182ff. und Kruschwitz, L.: "Investitionsrechnung", 1987, S.85ff.

[2] Bei Auswahlentscheidungen impliziert dies, daß sich der Zwischenanlagezins in Abhängigkeit von der jeweils realisierten Alternative ändert; vgl. hierzu auch unten, S.14.

(3) Größere Probleme bereitet die Wiederanlageprämisse, wenn zwischen alternativen Investitionen zu entscheiden ist. Sie unterstellt dann nämlich, daß Differenzen, die beim Vergleich der Zahlungsreihen nicht identischer Projekte zumindest in einer Periode zwangsläufig auftreten, mit der internen Rendite der jeweiligen Alternative verzinst werden. Ist bereits die damit implizierte Benachteiligung kapitalintensiver Vorhaben mit relativ spät anfallenden Einzahlungen ökonomisch kaum zu rechtfertigen, so führt die Annahme, daß die Alternativanlagemöglichkeiten vom Betrachtungsobjekt abhängig zu machen sind, sogar zu widersprüchlichen Ergebnissen: Weisen nämlich unterschiedliche Investitionsprojekte - was wahrscheinlich ist - verschiedene interne Renditen auf, so richtet sich die Verzinsung der freigesetzten Beträge nach dem Ertrag derjenigen Investition, welcher sie entstammen[1].

In dieser Implikation liegt die zentrale Problematik der Interne-Zinssatzmethode begründet. "Die Reinvestitions- und Finanzierungsmöglichkeiten hängen nicht davon ab, wie der Investor rechnet. Sie verbessern und verschlechtern sich auch nicht dann automatisch, wenn er eine Investitionsmöglichkeit mit einem höheren Internen Zinsfuß entdeckt."[2] Es muß daher Bitz zugestimmt werden, wenn er folgert, daß "... der interne Zinsfuß im allgemeinen keine sinnvolle Entscheidungsgrundlage für die Projektauswahl darstellt"[3].

Zusammenfassend ist somit festzustellen, daß die Interne-Zinsfuß-Methode auf projektindividuelle Beurteilungen von Normalinvestitionen beschränkt bleiben sollte und insofern einen deutlich engeren Anwendungsbereich als

---

[1] Hierauf hat etwa Jacob hingewiesen; vgl. Jacob, H.: "Entwicklungen", 1964, S.21ff.

[2] Schmidt, R.H.: "Grundzüge", 1986, S.89.

[3] Bitz, M.: "Investition", 1984, S.436; eher noch ablehnender äußert sich Kruschwitz, der im internen Zinsfuß ein Kriterium sieht, "... das für die Beurteilung alternativer Investitionsprojekte gänzlich unbrauchbar ist"; Kruschwitz, L.: "Investitionsrechnung", 1987, S.85.

die übrigen finanzmathematischen Verfahren besitzt. Zur Entscheidung über alternative Projekte sollte sie jedenfalls nicht herangezogen werden.

Programm- bzw. Simultanplanungsansätze

Gedanklicher Ausgangspunkt der Modelle zur Programm- bzw. Simultanplanung ist die Einschätzung, daß Entscheidungsalternativen nur selten als voneinander unabhängig betrachtet werden können. Vielmehr werden regelmäßig Dependenzen insofern bestehen, als gegenwärtige Entscheidungen Auswirkungen auf zukünftige Handlungsmöglichkeiten haben. Dies betrifft neben der Investitionsprojektauswahl insbesondere auch die Inanspruchnahme finanzieller Mittel, welche normalerweise weder unbegrenzt noch zu gleichbleibenden Konditionen, häufig auch nur zweckgebunden zur Verfügung stehen. Intention der Programm- bzw. Simultankalküle ist es demgemäß, die geschilderten Abhängigkeiten sachlicher sowie zeitlicher Art in die Beurteilung einzubeziehen. Zu diesem Zweck werden die relevanten Handlungsalternativen erfaßt und in einem einheitlichen Modellansatz abzubilden versucht. Der materielle Unterschied zu den dynamischen Verfahren besteht damit zum einen in der Berücksichtigung aller zur Disposition stehenden Projektzahlungsreihen, zum anderen in der expliziten Einbeziehung der bislang durch den Ansatz des Kalkulationszinsfußes lediglich pauschal eingeflossenen Finanzierungsmaßnahmen.

Inwieweit die Simultanplanungsmodelle dem Anspruch, die Vereinfachungen der finanzmathematischen Verfahren zu überwinden, gerecht werden, soll im folgenden anhand dreier ausgewählter Lösungsansätze[1] untersucht werden.

---

[1] Klassifiziert man die Modelle nach der Art des zugrundegelegten Vorteilhaftigkeitsmaßstabs und nach der Art der untersuchten Abhängigkeiten, so lassen sich Ansätze zur simultanen Bestimmung des Investitions- und Produktionsprogramms sowie des Investitions- und Finanzierungsprogramms unterscheiden. Differenziert man letztere ferner nach renditeorientierten und kapital- bzw. endwertorientierten Verfahren, so ergeben sich letztlich drei relevante Kategorien.

Im Modell von **Dean**[1] wird die simultane Entscheidung über Investitions- und Finanzierungsmaßnahmen wie folgt vorgenommen: Eine (nach fallenden internen Renditen der Investitionsalternativen geordnete) Kapitalbedarfsfunktion wird einer (nach steigenden Kosten der Finanzierungsmöglichkeiten geordneten) Kapitalangebotskurve gegenübergestellt. Der Schnittpunkt der beiden Kurven (cut-off-point) repräsentiert gleichzeitig das optimale Investitions- und das optimale Finanzierungsprogramm.

Neben den Einwänden, die sich daraus ergeben, daß das Modell auf der Grundlage der Interne-Zinsfuß-Methode basiert[2], sind insbesondere zwei weitere Modellimplikationen als kritikbedürftig einzustufen:

- Zur Konstruktion der Kurven werden sowohl die Investitionsrenditen als auch die Kapitalkosten als "Informationsinput" benötigt und müssen vor der eigentlichen Entscheidung festliegen. Dies kann aber logischerweise nur dadurch geschehen, daß sie als interne Zinsfüße isolierter Investitions- bzw. Finanzierungszahlungsreihen ermittelt werden. Hieraus wiederum folgt zwangsläufig, daß Abhängigkeiten zwischen Investitions- und Finanzierungsmaßnahmen gerade nicht erfaßt werden können.

- Die Anordnung der Kapitalangebotskurve legt es nahe, Projekte der Reihe nach mit jenen Maßnahmen zu finanzieren, die die geringsten Kosten verursachen. Auf diese Weise kann indessen der häufig bestehenden Notwendigkeit, bestimmte Finanzierungsverhältnisse (etwa Eigenkapital/Fremdkapital-Relationen) einzuhalten, allenfalls zufällig Rechnung getragen werden.

Eine zweite Gruppe von Modellen begegnet den geschilderten Mängeln des Dean-Modells dadurch, daß die möglichen Investitions- und Finanzierungsmaßnahmen nicht mehr über ihre "Stellvertreter" Renditen bzw. Finanzierungskosten, sondern mit ihren expliziten Zahlungsreihen über

---

[1] Vgl. Dean, J.: "Budgeting", 1964, S.14ff. und die ausführliche Diskussion des Modells bei Hax, H.: "Investitionstheorie", 1985, S.62ff.

[2] Vgl. oben, S.12ff.

einen mehrperiodigen Planungszeitraum in das Kalkül eingehen. Dabei findet das Instrumentarium der mathematischen Programmierung mit linear formulierten Zielfunktionen und Restriktionen Anwendung.

Einen solchen Ansatz hat u.a. **Hax**[1] vorgelegt. Als Zielfunktion dient ihm dabei alternativ die "Maximierung des Betriebsvermögens bei gegebenen Entnahmen..."[2], bezogen auf das Ende des Betrachtungszeitraums oder die "... Maximierung der Entnahmen unter Erhaltung eines bestimmten Betriebsvermögens..."[3] über den gesamten Betrachtungszeitraum. Die Nebenbedingungen postulieren die Aufrechterhaltung des finanziellen Gleichgewichts, die Reinvestition auftretender Einzahlungsüberschüsse unter Beachtung von Obergrenzen für die (nichtnegative) Zahl durchführba - rer Investitions- und Finanzierungsmaßnahmen sowie die Entnahme von Überschüssen in bestimmter Höhe. Unter diesen Voraussetzungen werden alle möglichen (linearen) Maßnahmen-Zahlungskombinationen berech - net[4]; diejenige, welche die Zielfunktion maximiert, repräsentiert das opti - male Investitions- und Finanzierungsprogramm. Dabei verdient insbesondere die Tatsache Beachtung, daß dieses Ergebnis (wie auch im Modell von Dean) ohne implizite Annahmen über die Verwendung von Zahlungs - überschüssen und damit ohne die Zuhilfenahme eines Verzinsungsmaßstabes zustande zu kommen scheint. Hierauf wird später zurückzukommen sein.[5]

Im Mittelpunkt der produktionsorientierten Modelle, von denen hier der sog. Modelltyp II von **Jacob**[6] exemplarisch Erwähnung finden soll, steht die Erfassung der Interdependenzen zwischen Produktions- und Investitions-

---

1) Vgl. Hax, H.: "Investitions- und Finanzplanung", 1964, S.430ff.

2) Hax, H.: "Investitions- und Finanzplanung", 1964, S.437.

3) Ebenda.

4) Auf die Problematik der Zurechenbarkeit der Zahlungsströme und der Linearitätsbedin - gung hat Drukarczyk hingewiesen; vgl. Drukarczyk, J.: "Investitionstheorie", 1970, S.79.

5) Siehe unten, S. 29f.

6) Vgl. Jacob, H.: "Entwicklungen", 1964.

bereich. Während die Finanzierungsmöglichkeiten explizit vorgegeben sind, werden den Investitionsprojekten lediglich die Anschaffungsauszah - lungen zugerechnet; alle übrigen Glieder der Investitionszahlungsreihe lei - ten sich dagegen aus den Produktionsplänen ab, die ihrerseits wiederum davon abhängen, welche Investitionsprojekte zur Durchführung gelangen. Der Katalog der Nebenbedingungen erfährt gegenüber den Investitions- und Finanzplanungsmodellen eine materielle Erweiterung um Kapazitäts- restriktionen, sog. Mengenkontinuitätsbedingungen[1] und Absatzbe- schränkungen. Optimal ist derjenige simultan bestimmte Investitions- und Produktionsplan, welcher den Gesamtgewinn maximiert.

Wie bereits der Ansatz von Dean, so sind auch die linearen Programmie - rungskalküle nicht unwidersprochen geblieben. Zweifel bestehen dabei insbesondere an ihrer praktischen Handhabbarkeit, an der Angemessen - heit der Modellstruktur für reale Problemstellungen und neuerdings auch an ihrer theoretischen Konsistenz.

Für die praktische Anwendung der Modelle zur Bestimmung des optimalen Investitions- und Finanzierungsprogramms ist zunächst die Kenntnis aller Handlungsalternativen innerhalb des Betrachtungszeitraums erforderlich. Es liegt nahe, daß dies insbesondere bei Maßnahmen, die kurz vor dem Ende des Planungshorizontes beginnen, zu beträchtlichen Prognoseprob- lemen führen kann; ungleich schwerer wiegende Konsequenzen mögen sich indessen daraus ergeben, daß Projekte, die etwa in 5 oder 10 Jahren durchgeführt werden sollen, heute möglicherweise noch gar nicht bekannt sind. Noch höhere Anforderungen an die Informationsgewinnung stellen die mit stärker disaggregierten Größen arbeitenden produktionsorientierten Modelle, müssen doch hier für mehrere Perioden "... die Netto-Verkaufs- preise der Produkte, die variablen Stückkosten bei Fertigung auf unter - schiedlichen (zum Teil bisher noch unbekannten) Fertigungsanlagen, die Bearbeitungszeiten der Produkte auf dieses Aggregaten, die finanziellen

---

[1] Hierdurch wird sichergestellt, daß sich die Ausbringungsmengen der einzelnen Produk - tionsstufen entsprechen; vgl. Jacob, H.: "Entwicklungen", 1964, S.38.

Rahmenbedingungen, die Fertigungskapazitäten der vorhandenen und evtl. noch zu beschaffenden Anlagen und die mengenmäßigen Absatzmöglichkeiten bei gegebenem Einsatz des Marketing-Instrumentariums"[1] festgelegt werden.

Über die materielle Informationsbeschaffung hinaus verursachen zudem die erforderlichen Datenmengen häufig kaum zu überwindende rechentechnische Schwierigkeiten. So hat beispielsweise Kern nachgewiesen, daß zur Lösung eines keineswegs realitätsfernen Problems der simultanen Produktions- und Investitionsplanung mehr als 80.000 Variablen zu bestimmen und nahezu 10.000 Restriktionen zu formulieren sind.[2]

Eine zweite Gruppe von Einwänden knüpft an den modelltechnischen Implikationen an, aus denen sich nicht unbeachtliche Anwendungsbeschränkungen ergeben können. Als problematisch ist in dieser Hinsicht insbesondere zu werten, daß

- die in den Modellen fehlende Ganzzahligkeitsbedingung dazu nötigt, auch "... halbe Lastwagen und zu einem Viertel gedeckte Fabrikdächer..."[3] als Berechnungsergebnisse zu akzeptieren,

- die Unterstellung, alle in den Kalkülen erfaßten Abhängigkeiten ließen sich durch lineare Beziehungen zutreffend abbilden nur schwerlich für alle real existierenden Interdependenzen Gültigkeit besitzen wird,

- die Prämisse der isolierten Zurechenbarkeit von Zahlungsreihen auf einzelne Objekte es grundsätzlich nicht erlaubt, die Wechselwirkungen zwischen einzelnen Handlungsalternativen zu erfassen,

---

1) Kruschwitz, L.: "Investitionsrechnung", 1987, S.234.
2) Vgl. Kern, W.: "Investitionsrechnung", 1974, S.321f.; Blohm/Lüder gelangen in einem weniger spektakulären Beispiel für die simultane Investitions- und Finanzplanung ebenfalls zu Ergebnissen, mit denen "... bei ganzzahliger Formulierung die Grenze der exakten Lösungsmöglichkeit erreicht ..." ist; Blohm, H./Lüder, K.: "Investition", 1983, S.250.
3) Schneider, D.: "Investition", 1980, S.173.

- die Fixierung des Planungshorizontes, die erhebliche Auswirkungen auf die Zusammensetzung des Investitionsprogramms hat, notwendigerweise willkürlich geschehen muß.

Schließlich sind in letzter Zeit auch zunehmend Bedenken gegen die theoretische Adäquanz der Modelle geäußert worden. Auf Ablehnung gestoßen ist dabei vor allem die zugrundeliegende Annahme sicherer Erwartungen.[1] Zwar wird diese in der Theorie prinzipiell als legitime Vereinfachung zur Durchdringung komplexer Sachverhalte (so etwa bei den finanzmathematischen Verfahren der Investitionsrechnung) akzeptiert. Hier gilt sie indessen im Zusammenspiel mit der gleichfalls unterstellten Unvollkommenheit der Kapitalmärkte als unfruchtbare Annahmenkombination, die die Möglichkeit der Gewinnung relevanter Erkenntnisse von vornherein gar nicht zuläßt. "Bisher ist es nicht gelungen, wenigstens eine Situation gedanklich zu konstruieren, in der es trotz sicherer Erwartungen (grob) unvollkommene Kapitalmärkte gibt... . Es scheint, daß die ... LP Modelle ein Problem lösen wollen, das es langfristig nicht nur nicht gibt, sondern vermutlich auch nicht geben kann."[2]

---

1) So etwa Bitz, M.: "Investition", 1984, S.452, Swoboda, P.: "Investitionsrechnungen", 1981, Sp.812f.

2) Schmidt, R.H.: "Grundzüge", 1986, S.115.

1.1.2. Zur Anwendung der Investitionsentscheidungskriterien in der betrieblichen Praxis - eine Auswertung empirischer Untersuchungen

Neben dem Problem der theoretischen Eignung der Kriterien zur Investitionsentscheidung gilt das Interesse im gegebenen Zusammenhang auch der Frage, wie es um deren praktische Anwendung in den Unternehmungen bestellt ist. Die folgende Tabelle gibt einen Überblick über einige zu diesem Zweck ausgewertete empirische Untersuchungen der letzten 20 Jahre:

Verfasser	Jahr der Veröffentlichung	Kennzeichnung der Untersuchung			Einbezogene Unternehmen		
		Unters.-Schwerp.	Erheb.-methode	Untersuch.-umfang/Antw.	Branche	Art d. Unternehmen	Geographische Herkunft
Abdelsamad[1]	1970	IP	FB/IN	229/189	Industrie	Großunternehmen	USA
Brigham[2]	1975	IP	FB/IN	33/33	alle Branchen	Großunternehmen	USA
Corr[3]	1983	IP	FB/IN	24/24	Industrie	alle Größen	USA/Kanada
Eppink et al.[4]	1976	UP	FB/IN	20/20	Industrie	alle Größen	Niederlande
Eschenbach/Vana[5]	1979	IP	FB	285/114	Masch.bau/Stahl	alle Größen	Österreich
Fabozzi[6]	1978	IP/OR	FB	1000/184	alle Branchen	alle Größen	USA
Fremgen[7]	1971	IP	FB	250/177	alle Branchen	alle Größen	USA
Gitman/Forrester[8]	1977	IP	FB	268/103	alle Branchen	Großunternehmen	USA
Grabbe[9]	1976	IP	FB	369/169	alle Branchen	Großunternehmen	BRD
Honko/Virtanen[10]	1975	IP	FB	46/46	Industrie	alle Größen	Finnland
Lüder[11]	1977	IP	IN	19/12	Industrie	Großunternehmen	BRD
Meier[12]	1968	IP	FB	412/109	Maschinenbau	alle Größen	Schweiz
Melzer[13]	1977	IP	IN	26/26	alle Branchen	alle Größen	BRD
Oblak/Helm[14]	1980	IP	FB	226/58	alle Branchen	multinationale	USA
Petty/Bowlin[15]	1975	IP/OR	FB	500/227	alle Branchen	Großunternehmen	USA
Schall et al.[16]	1978	IP	FB	424/189	alle Branchen	Großunternehmen	USA
Schneider[17]	1975	IP	FB/IN	-/93	Masch.bau/Elektr.	alle Größen	BRD
Schütt[18]	1975	UP	FB/IN	376/76	alle Branchen	alle Größen	BRD
Toepfer[19]	1975	UP	FB	1527/355	alle Branchen	> 1.000 Beschäftigte	BRD
van Dam[20]	1976	IP	IN	33/33	alle Branchen	Großunternehmen	Niederlande
van Vleck[21]	1976	IP	FB	650/241	alle Branchen	Großunternehmen	USA

Abkürzungen: IP=Investitionsplanung; UP = Unternehmensplanung; OR = Operations Research; FB = Fragebogen; IN = Interview

Tab. 1: Ausgewertete Untersuchungen über die Anwendung von Investitionsrechnungsverfahren in Unternehmungen (in alphabetischer Reihenfolge)

Fußnoten siehe nächste Seite.

Die Untersuchungen weisen naturgemäß Unterschiede in bezug auf die einbezogenen Unternehmungen (Anzahl, Größe, Branche, Region bzw. Nationalität) und die gewählte Untersuchungsmethode (Erhebungsart, Erhebungszeitraum, Untersuchungszielsetzung, Ergebnisdarstellung) auf. Ebenso muß davon ausgegangen werden, daß zumindest einige Unternehmen an mehr als einer der zitierten Untersuchungen teilgenommen haben; auch die insbesondere bei schriftlichen Befragungen gemachte Erfahrung,

---

Fußnoten zu Tab.1:

1) Abdelsamad, M.A.: "Capital Expenditure Analysis", 1970.
2) Brigham, E.F.: "Hurdle Rates", 1975.
3) Corr, A.V.: "Capital Expenditure Decision", 1983.
4) Eppink, D.J./Keuning, D./de Jong, K.: "Corporate Planning", 1976.
5) Eschenbach, R./Vana, A.: "Investitionsrechnungen", 1979.
6) Fabozzi, F.J.: "Research Techniques", 1978.
7) Fremgen, J.M.: "Capital Budgeting", 1973.
8) Gitman, L.J./Forrester, J.R. Jr.: "Capital Budgeting Techniques", 1977.
9) Grabbe, H.W.: "Investitionsrechnungen", 1976.
10) Honko, J./Virtanen, K.: "Investment Process", 1975.
11) Lüder, K.: "Investitionskontrolle", 1980.
12) Meier, R.E.: "Planung", 1970.
13) Melzer, F.:"Investitionsrechnung", 1981.
14) Oblak, D.J./Helm, R.J. Jr.: "Capital Budgeting Methods", 1980.
15) Petty, J.W./Bowlin, O.D.: "Quantitative Budgeting Methods", 1980.
16) Schall, L.D./Sundem, G.L./Geijsbeck, W.R.: "Survey and Analysis", 1978.
17) Schneider, A.: "Erklärungsansätze", 1976.
18) Schütt, H.: "Finanzplanung", 1979.
19) Toepfer, A.: "Planungs- und Kontrollsysteme", 1975.
20) van Dam, C.: "Investment Decisions", 1978.
21) van Vleck, R.W.: "Capital Expenditure Practises", 1976.

"...that those (questionnaires, d.v.) with favorable experiences to report are more likely to reply than those with unfavorable experiences"[1] läßt es als angeraten erscheinen, die Untersuchungsergebnisse mit einer gewissen Zurückhaltung zu interpretieren. Dennoch lassen sich einige hinreichend abgesicherte Schlüsse über die in der betrieblichen Praxis verwendeten Verfahren ziehen.

Kein Zweifel besteht etwa an der nach wie vor großen Beliebtheit der stati - schen Verfahren. So belegen beispielsweise für den nordamerikanischen Raum die Studien von Fremgen[2], Brigham[3] und Schall et al.[4] einhellig, daß die statische Amortisationsrechnung in rund 70 %, die Rentabilitäts- rechnung in ungefähr der Hälfte der jeweils befragten Unternehmen regel - mäßig angewendet werden. Vieles spricht allerdings dafür, daß diese "un - sophisticated capital budgeting methods" inzwischen zunehmend als Hilfs- bzw. Zusatzmaßstab fungieren; nur in 6 % (Brigham) bzw. 14 % (Schall et al.) der Fälle werden sie als alleiniges Entscheidungskriterium herangezo - gen. Weitere Beobachtungen legen die Vermutung nahe, daß die einfa - chen Methoden vornehmlich zur Beurteilung kleinerer Projekte benutzt wer - den. So hat z.B. Corr in einer vergleichsweise aktuellen Studie festgestellt, daß "... managers at lower levels are more comfortable with payback, while top management tends to emphasize methods based on cash flows and the time value of money"[5].

---

1) Rappaport, A.: "Capital Budgeting Questionnaires", 1979, S.102.

2) Vgl. Fremgen, J.M.: "Capital Budgeting", 1973, S.20.

3) Vgl. Brigham, E.F.: "Hurdle Rates", 1975, S.18.

4) Vgl. Schall, L.D./Sundem, G.L./Geijsbeck, W.R.: "Survey and Analysis", 1978, S.282f.

5) Corr, A.V.: "Capital Expenditure Decision", 1983, S.59.

Auf ein relativ umfangreiches und ausreichend differenziertes Untersu-
chungsmaterial kann bei Beurteilung der praktischen Relevanz der dynamischen Rechenverfahren zurückgegiffen werden:[1]

Untersuchung	Jahr	Anwendungshäufigkeit		
		DV(ges)	KWM	IZM
Abdelsamad	1970	76,0 %	24,9 %	69,0 %
Fremgen	1971	k.A.	20,4 %	71,0 %
van Vleck	1973	k.A.	35,4 %	62,9 %
Brigham	1975	94 %	70 %	78 %
Gitman/Forrester	1977	k.A.	36,6 %	67,6 %
Schall et al.	1978	86 %	57 %	65 %
Oblak/Helm	1980	94 %	50 %	81 %
Corr	1983	100 %	45,8 %	95,8 %

Abkürzungen: DV(ges) = Dynamische Verfahren insgesamt;
KWM = Kapitalwertmethode; IZM = Interne
Zinssatz-Methode; k.A. = keine Angabe

Tab. 2: Anwendung dynamischer Investitionsrechnungsverfahren in US-
amerikanischen Unternehmen (in chronologischer Reihenfolge)

So geht aus Tabelle 2 hervor, daß sich zumindest die Großunternehmen[2] in den USA zum weit überwiegenden Teil der dynamischen Verfahren zur Investitionsbeurteilung bedienen. Dabei wird mehrheitlich die Methode des internen Zinsfußes eingesetzt, die im Durchschnitt von etwa 3/4 der befragten Unternehmen genannt wurde, während die Kapitalwertmethode in etwa der Hälfte aller Fälle zur Anwendung kommt.

Vergloicht man diese Ergebnisse mit jenen älterer Studien, so wird weiter- hin die im Zeitablauf steigende Akzeptanz der finanzmathematischen Me-

---

1) Für den Bereich der BRD gilt dies nur in eingeschränktem Umfang. Zwar werfen hier Er- hebungen mit prinzipiell anderen Untersuchungszielsetzungen einige für den vorliegen- den Problemkreis relevante Informationen quasi als "Nebenprodukte" ab, es bleibt indes festzustellen, daß die Studie von Grabbe (vgl. Tab. 1) nach wie vor die einzige breit ange- legte Erhebung zur Investitionsrechnung in der deutschen Großindustrie darstellt.

2) Vgl. Tab. 1, S.21.

thoden sichtbar. Zur Verdeutlichung dieser Entwicklung kann die Untersu - chung von Istvan[1] angeführt werden, der 1961 im Zuge einer Befragung von 48 US-amerikanischen Großunternehmen aller Branchen zu dem Er - gebnis kam, daß bei lediglich 7 Unternehmen, also gerade 15 %, über - haupt dynamische Kalküle herangezogen wurden.

Aufschlüsse über die Investitionsrechnungspraxis in westeuropäischen Firmen gewähren die in Tabelle 3 ausgewerteten Untersuchungen:

Untersuchung	Land	Jahr	Anwendungshäufigkeit		
			DV(ges)	KWM	IZM
Meier	Schweiz	1968	50 %	23,3 %	16,7 %
Honko/Virtanen	Finnland	1975	76,1 %	37,0 %	71,7 %
Eppink et al.	Niederlande	1976	k.A.	70 %	60 %
van Dam	Niederlande	1976	70 %	58 %	48 %
Eschenbach/Vana	Österreich	1979	77,6 %	27,1 %	34,1 %

Tab. 3: Anwendung dynamischer Investitionsrechnungen in westeuro - päischen Unternehmen (in chronologischer Reihenfolge)

Zwar ist im unmittelbaren Vergleich mit den nordamerikanischen Primärer - hebungen ein insgesamt etwas niedrigeres Anwendungsniveau festzustel - len, immerhin ist aber aus den Untersuchungen der letzten 10 Jahre abzu - lesen, daß sich rund 2/3 der Firmen der modernen Kalküle bedienen. Deut - lich weniger ausgeprägt ist dagegen die Dominanz der Interne-Zinsfuß-Me - thode gegenüber der Kapitalwertmethode, die lediglich in der finnischen In - dustrie klar zutage tritt, während in den niederländischen Untersuchungen die Kapitalwertmethode sogar häufiger vertreten ist.

---

[1] Vgl. Istvan, Donald E.: "Economic Evaluation", 1962, S.45.

Untersuchung	Jahr	Anwendungshäufigkeit		
		DV(ges)	KWM	IZM
Schneider	1975	39,6 %	6,3 %	27,1 %
Schütt	1975	k.A.	36 %	41 %
Grabbe	1976	59,6 %	19,5 %	39,6 %
Melzer	1977	46,0 %	7,7 %	37,6 %
Lüder	1977	66,7 %	33,3 %	58,3 %

Tab. 4: Anwendung dynamischer Investitionsrechnungsverfahren in bun - desdeutschen Unternehmen (in chronologischer Reihenfolge)

Die relativ geringste Neigung zum Einsatz finanzmathematischer Methoden läßt sich gemäß Tabelle 4 für die bundesdeutschen Unternehmen ausma - chen. Allerdings ist hier wegen der erwähnten eingeschränkten Vergleich - barkeit der Untersuchungen eine größere Zurückhaltung bei der Interpreta - tion der Ergebnisse angebracht. So liegen der Studie zur Investitionskon - trolle von Lüder und der Erhebung von Melzer sehr kleine Stichproben zu - grunde (vgl. Tab. 2, S. 21), während Schneider seine Untersuchungen le - diglich auf Unternehmen der Maschinenbau- und Elektroindustrie im Wirt - schaftsraum Erlangen/Nürnberg/Fürth konzentriert hat.

Immerhin kann, vergleicht man die vorliegenden Ergebnisse mit jenen älte - rer Untersuchungen, in denen die dynamischen Kalküle überhaupt noch keine Erwähnung finden[1], auch für die Bundesrepublik Deutschland mit einiger Berechtigung davon ausgegangen werden, daß die modernen Me - thoden der Wirtschaftlichkeitsbeurteilung - zumindest in Großunternehmen - eine zunehmend bedeutende Rolle spielen.[2]

Gewisse Probleme treten auch beim Versuch auf, eindeutige Erkenntnisse über den Grad der Anwendung von Simultankalkülen in den Unternehmen

---

1) Vgl. Gutenberg, E.: "Untersuchungen", 1959, S.195ff., Oursin, T.: "Investitionsentschei - dungen", 1962, S.43ff.

2) Diese Annahme wird durch die empirische Untersuchung im Teil 3 der Arbeit bekräftigt, vgl. unten S. 192ff.

zu gewinnen. Es liegen zwar einige Untersuchungen vor, die sich - zumindest unter anderem - mit diesem Aspekt der Investitionsanalyse in der betrieblichen Praxis beschäftigen und gemäß denen sich etwa folgende Anwendungshäufigkeiten für die lineare Programmierung ergeben:

Abdelsamad	: 28,9 %
Honko/Virtanen	: 37 %
Petty/Bowlin	: 25,3 %
Eppink et al.	: 45 %;

indessen sind deutliche Anzeichen dafür nicht zu übersehen, daß mit diesen unzweifelhaft als "surprisingly high level of support"[1] zu wertenden Ergebnissen der Einsatz von LP-Modellen in der Investitionsplanung überbewertet wird. "The share of linear programming, 37 %, seems quite high in this connection. It should be added that when this matter was asked about more precisely in connection with planning of financing, only 7 firms, i.e. about 15 %, answered the question affirmatively."[2]

Die Vermutung liegt nahe, daß häufig Unklarheiten hinsichtlich der Verbindung von Investitionsplanung und linearer Programmierung von LP-Modellen zu Ergebnisverfälschungen führen. Die Anwendung in anderen betrieblichen Funktionsbereichen, wie etwa der Produktion, scheint oftmals dem Investitionsentscheidungsprozeß zugeschlagen zu werden. Diese Auffassung läßt sich bekräftigen durch die Untersuchung von Toepfer, auf dessen Frage (mit festen Antwortvorgaben) nach den in der Unternehmensplanung eingesetzten Instrumenten 15,8 % der Unternehmen angaben, lineare Programmierungsmodelle anzuwenden, nur 7 % der Firmen hingegen erklärten, eine simultane Investitionsplanung zu betreiben.[3] Nur in diesem Lichte scheint es weiterhin überhaupt als erklärlich, daß Fabozzi[4] in einer breit

---

[1] Petty, J.W./Bowlin, O.D.: "Quantitative Decision", 1976, S.36.

[2] Honko, J./Virtanen, K.: "Investment Process", 1975, S.57.

[3] Vgl. Toepfer, A.: "Planungs- und Kontrollsysteme", 1975, S.295.

[4] Vgl. Fabozzi, F.J.: "Research Techniques", 1978, S.40.

angelegten über die Operations Research Society of America lancierten Studie mit 12 % ein signifikant niedrigeres Anwendungsniveau als die oben zitierten Erhebungen ermittelte.

Die empirische Relevanz der Simultanplanung in der Wirtschaftlichkeits - rechnung muß somit als recht gering bezeichnet werden. Bedenkt man, daß die maßgeblichen Entwicklungen auf diesem Gebiet mittlerweile rund ein Vierteljahrhundert zurückliegen, besteht zudem auch wenig Grund zu der Annahme, daß diesbezüglich noch wesentliche Veränderungen zu er - warten sind. Vielmehr legen die bisherigen Beobachtungen eher den Schluß nahe, daß die einschlägigen Verfahrensweisen den Unternehmen zwar bekannt sind, in der praktischen Investitionsplanung jedoch allenfalls vereinzelt zur Anwendung kommen.

1.1.3. Zur Bedeutung von Verzinsungsmaßstäben für die Investitionsbeur- teilung

Aus den vorangegangenen Ausführungen geht hervor, daß zunächst die statischen Investitionsrechnungsverfahren eines Verzinsungsmaßstabes bedürfen. So gehen etwa die Kapitalkosten als Verzinsungsanforderung für das durchschnittliche gebundene Kapital in die Kostenvergleichsrechnung und damit mittelbar auch in die übrigen statischen Bewertungsmethoden ein. Weiterhin wird für die Rentabilitätsrechnung eine Mindestrenditegröße als Vergleichsmaßstab benötigt.

Während diese Tatsache aufgrund der zurückhaltenden Beurteilung, die den einfachen Bewertungsmethoden aus Sicht der Theorie zuteil wird, eher für die Unternehmungspraxis von Bedeutung sein dürfte, ist die Not - wendigkeit, Verzinsungsmaßstäbe in Form von Kalkulationszinsfüßen für die dynamischen Investitionsrechnungsverfahren zu bestimmen, aus bei - den Sichtweisen gegeben: So macht zum einen die Auswertung der empi- rischen Befunde deutlich, daß jene Investitionsentscheidungskriterien, die sich eines Kalkulationszinsfußes bedienen, in den Unternehmen zuse -

hends häufiger zum Einsatz kommen. Zum anderen, dies zeigt die Rezeption der wesentlichen Argumente in der theoretischen Diskussion hinsichtlich der Bewertungseignung der Kalküle, ist insbesondere die lange Zeit propagierte theoretische Überlegenheit der Simultanmodelle neuerdings einer zurückhaltenderen Beurteilung gewichen, gleichzeitig werden auch von Seiten der Theorie Empfehlungen laut "... finanzmathematische Methoden und insbesondere die Kapitalwertmethode zu gebrauchen... "[1]. Die Notwendigkeit, Kalkulationszinsfüße zur Begründung zweckentsprechender Investitionsentscheidungen zu bestimmen, erscheint allein aufgrund dieser Entwicklungen als offenkundig. Allerdings könnten Bedenken an dieser Notwendigkeit daraus resultieren, daß gerade die meisten simultananalytischen Kalküle, so auch die oben beschriebenen, ohne Kalkulationszinsfuß auszukommen. Diesem denkbaren Einwand[2] ist nachzugehen.

In den Endwertmodellen von Hax und Jacob werden sämtliche reale Kapitalanlagemöglichkeiten und die Konditionen für die Aufnahme finanzieller Mittel als bekannt vorausgesetzt und in die Kalküle einbezogen. Damit werden diesbezügliche Pauschalannahmen nicht mehr benötigt, der Kalkulationszinsfuß ist, so betrachtet, überflüssig. Die Notwendigkeit seiner Ermittlung entfällt allerdings nur formal, nicht aber faktisch. Wenn nämlich alle Reinvestitionsalternativen bekannt sind, so impliziert dies, daß als Maßstab, an dem die Durchführung bzw. Ablehnung von Projekten gemessen wird, nur die sowohl von Hax[3] als auch von Jacob[4] explizit vorgegebene Rendite der jederzeit möglichen Finanzinvestition fungieren kann.[5] Diese entspricht freilich dem Satz, der , zöge man - gleiche Bedingungen vorausgesetzt - zur Beurteilung etwa die Kapitalwertmethode heran, auch dort als

---

1) Schmidt, R.H.: "Grundzüge", 1986, S.58.

2) Vgl. z.B. Hax, H.: "Investitions- und Finanzplanung", 1964, S.441.

3) "In jedem Jahr können beliebige Beträge auf ein Jahr mit einer Verzinsung von 4 % angelegt werden"; Hax, H.: "Investitions- und Finanzplanung", 1964, S.443.

4) "Die ... nicht benötigten Mittel können ... zu 6 % p.a. in den Finanzinvestitionen angelegt werden"; Jacob, H.: "Entwicklungen", 1964, S.66.

5) Zu beachten ist, daß die Zahlungsreihen der Fremdfinanzierung explizit eingehen, hier also nur über die Verwendung "überschüssiger" Mittel entschieden wird.

Kalkulationszinsfuß dienen würde. Zwar ist letzterer für die LP-Modelle in seiner Funktion entbehrlich, die Einschätzung jedoch, man komme deshalb gänzlich ohne ihn aus, erscheint vom materiellen Standpunkt aus als nicht gerechtfertigt. Es ist Drukarczyk zuzustimmen, wenn er folgert: "Was hier 'ausgeschaltet' wird, ist demnach nicht der Kalkulationszinsfuß, sondern der Diskontierungsvorgang."[1]

Auch auf die Diskontierung kann allerdings nicht völlig verzichtet werden, stellt sich doch bei den vorliegenden Programmformulierungen regelmäßig das Problem, jene Zahlungen einzubeziehen, die über das Ende des Planungshorizontes T hinausgehen. Will man diese nicht außerhalb der Betrachtung lassen, kommt man nicht umhin, sie durch Abzinsung auf den Zeitpunkt T zu bewerten. Die hervorragende Bedeutung des Kalkulationszinsfußes kommt somit auch hier zum Tragen; aufgrund der in den Modellen unterstellten, sofortigen Reinvestition aller Einzahlungsüberschüsse fallen die Rückflüsse überwiegend jenseits des Planungshorizontes an, so daß sich die ermittelten Endwerte zum großen Teil aus diskontierten Zahlungen zusammensetzen.

1.2. Grundsätzliche Probleme bei der Bestimmung adäquater Verzinsungsmaßstäbe - Die Kalkulationszinsfußdiskussion

Wenngleich die Bestimmung von Verzinsungsmaßstäben also unzweifelhaft notwendig ist, um Investitionsentscheidungen zu treffen, so ist die Hilfestellung, die dem Entscheider von Seiten der einschlägigen Literatur zuteil wird, als eher gering zu beurteilen.
Während auch in neueren Lehrbüchern Empfehlungen zur Bestimmung des Kalkulationszinsfußes teilweise überhaupt nicht gegeben werden[2], finden sich in anderen Werken wenig operationale Maßgaben. So führt Jacob

---

1) Drukarczyk, J.: "Investitionstheorie", 1970, S.77. Drukarczyk macht seine Folgerung allerdings hauptsächlich an der bei Jacob unterstellten Konstanzbedingung der Finanzanlagerenditen fest.

2) So etwa Kruschwitz, L.: "Investitionsrechnung", 1987.

aus, daß "... der Kalkulationszinsfuß eine fiktive Größe darstellt, deren Höhe irgendwie gegriffen werden muß"[1]; nach Ansicht von Kern können "... nur subjektiv fixierte, von den Möglichkeiten des einzelnen Investors abhängige Zinsfüße Anwendung finden, wobei Opportunitätserwägungen fallbezogen Platz greifen"[2]. Wie diese im Einzelfall zu quantifizieren sind, erörtert er jedoch nicht. Sofern überhaupt konkretere Vorschläge unterbreitet werden,[3] ist zudem festzustellen, daß diese häufig nicht im Einklang miteinander stehen, keine dieser Empfehlungen ist darüberhinaus unwidersprochen geblieben.

Es erscheint daher als geboten, diesen Problemkreis systematisch zu bearbeiten. Anhand der Aufgaben, die ein zweckentsprechender Kalkulationszinsfuß erfüllen muß, sind sowohl die theoretischen Lösungsversuche als auch die praktischen Operationalisierungskonzeptionen zu überprüfen, um einen gangbaren Weg aufzuzeigen, diesem Problem zumindest in gewissem Umfang abzuhelfen.

1.2.1. Aus den Zielvorstellungen von Investoren abzuleitende Anforderungen an den Kalkulationszinsfuß

Die Klärung der Anforderungen, die an Mindestrenditesätze zu stellen sind, um das Treffen zweckentsprechender Investitionsentscheidungen sicherzustellen, kann nur auf Basis der unternehmerischen Zielvorstellungen erfolgen. Ohne auf die an anderer Stelle[4] aufgeführten und hinlänglich diskutierten Einwendungen einzugehen, wird hier in Übereinstimmung mit dem investitionstheoretischen Schrifttum[5] von der Annahme ausgegangen, In-

---

1) Jacob, H.: "Entwicklungen", 1964, S.61.
2) Kern, W.: "Investitionsrechnung", 1974, S.83.
3) Vgl. hierzu Abschnitt 1.2.2. der Arbeit.
4) Vgl. z.B. Drukarczyk, J.: "Investitionstheorie", 1970, S.12ff., Schneider, D.: "Investition", 1980, S.48ff., Schmidt, R.H.: "Grundzüge", 1986, S.23ff.
5) Vgl. für viele die in Fußnote 4 angegebene Literatur.

vestoren verfolgten ausschließlich finanzielle Ziele, wie beispielsweise die Maximierung ihres Einkommens, ihres Vermögens oder ihres Wohl - stands[1]).

Akzeptiert man etwa die Wohlstandmaximierung als allgemeine finanzielle Zielvorstellung, so ist die Entscheidung über die Durchführung bzw. Ableh - nung eines Investitionsvorhabens "... at bottom a choice between consump - tion now and consumption later"[2]). Wirtschaftssubjekte streben individuelle, durch eine spezifische Struktur und Breite gekennzeichnete, Einkommens - ströme an.[3]) Sollen Kalküle zuverlässig darüber Auskunft geben, ob die investive Verausgabung von Mitteln in diesem Sinne zu einer Verbesse - rung oder Verschlechterung der Ausgangssituation (des ursprünglichen Zahlungsstroms) führt, müssen sie dieser Tatsache Rechnung tragen: "Would the individual prefer to consume an additional $ 100 ... or to invest the $ 100 and have an additional $ 110 for example, at the end of the year? The choice is entirely subjective and depends upon the individual's time preference ..."[4]).

Die Zeit- oder Konsumpräferenz[5]) eines Investors hängt in erster Linie ab von seinen Persönlichkeitsmerkmalen wie Alter, Gesundheit, Erziehung, psychologischen Eigenschaften, Zugehörigkeit zu einer sozialen Gruppe etc.[6]). Sie bringt die subjektive Wertschätzung von gegenwärtigen Gütern[7]) im Verhältnis zu künftigen Gütern zum Ausdruck. Unter Bezugnahme auf

---

1) Zu diesen, aus dem Streben nach Gewinnmaximierung abgeleiteten Zielkategorien vgl. im einzelnen Schneider, D.: "Investition", 1980, S.161ff.

2) Porterfield, J.T.S.: "Investment Decisions", 1965, S.7.

3) Vgl. Drukarczyk, J.: "Investitionstheorie", 1970, S.17 und S.39f.

4) Porterfield, J.T.S.: "Investment Decisions", 1965, S.7f.

5) Die Begriffe werden hier, wie in der betriebswirtschaftlichen Investitionstheorie üblich, synonym gebraucht.

6) Vgl. z.B. Morgan, T.: "Time Preference", 1945, S.82.

7) Die Güter sind im hier gegebenen Zusammenhang als Nominalgüter zu interpretieren.

die Agiotheorie Böhm-Bawerks[1] wird dabei üblicherweise eine generelle Minderschätzung zukünftiger Güter gegenüber gegenwärtigen, oder, anders ausgedrückt, die Existenz eines positiven Zinssatzes unterstellt.

Übertragen auf das obige Beispiel bedeutet dies, daß ein Individuum, dessen Zeitpräferenz etwa 9 % beträgt, die Investition durchführen würde, erbrächte sie ihm doch nach Diskontierung mit dieser Rate einen Gegenwartswert von 0,9 Dollar und damit eine Verbesserung gegenüber der Unterlassensalternative. Hieraus wird deutlich, daß der Kalkulationszinsfuß, will man nicht die Gefahr eine Fehlbeurteilung laufen, die Zeitpräferenz reflektieren muß; offensichtlich kann ein zu hoher Ansatz das Auslassen vorteilhafter, ein zu niedriger Ansatz die Realisierung unvorteilhafter Projekte zur Folge haben.

Die Reflexion der Konsumpräferenz im Kalkulationszinsfuß ist indessen für das Treffen zieladäquater Investitionsentscheidungen nicht hinreichend. Der Investor muß außerdem den alternativen Kapitalverwendungsmöglichkeiten, die ihm zur Verfügung stehen, Rechnung tragen. Besitzt er beispielsweise die Möglichkeit, die 100 Dollar anderweitig für ein Jahr zu 12 % anzulegen (anstatt sie für die obige Investition zu verwenden), so ist die Entscheidung allein nach der Konsumpräferenz und damit die Realisierung der Zahlungsreihe -100 (t_0) + 110 (t_1) offenkundig falsch. Der richtige Kalkulationszinsfuß müßte in diesem Fall einleuchtenderweise die Opportunitätskosten, also die durch das Unterlassen der Alternativinvestition entgehenden Erträge in Höhe von 12 % widerspiegeln. Gemessen an diesem Standard errechnet sich für das Ursprungsprojekt dann ein Gegenwartswert von -1,8, der folgerichtig zu dessen Ablehnung und zur Realisierung der Alternativanlage führt.

Auch die Einbeziehung der Opportunitätskosten schützt den Investor indessen noch nicht vor Fehlentscheidungen; er muß weiterhin einen dritten Vorteilhaftigkeitsmaßstab, die Kosten der aufzunehmenden Mittel, prüfen. Daß

---

[1] Vgl. von Böhm-Bawerk, E.: "Theorie", 1961, S.318ff.

dies notwendig ist, wird deutlich, wenn man bei Betrachtung der Zahlungsreihe des Alternativprojektes -100 (t_0) + 112 (t_1) unterstellt, der Investitionsbetrag werde dem Individuum nur gegen die Entrichtung von 13 % Zinsen
zur Verfügung gestellt. Es liegt auf der Hand, daß nur dieser Satz der richtige Kalkulationszinsfuß sein kann und die beiden anderen Ansätze auf-
hebt. Nur er führt nämlich korrekterweise zum Unterlassen beider Projekte,
wie die entsprechenden Gegenwartswerte von -2,7 für die Ursprungs- bzw.
-0,9 für die Alternativzahlungsreihe deutlich machen.

Der Kalkulationszinsfuß muß mithin die Konsumwünsche des Investors,
dessen alternative Investitionsmöglichkeiten und schließlich auch die Kosten der zu diesem Zwecke einzusetzenden Mittel insofern zutreffend widerspiegeln, als der jeweils höchste dieser Werte der zu verwendende
Satz ist.

Werden Investitionsprojekte aufgrund von Kalkülen akzeptiert, die diese
Bedingung nicht erfüllen, entstehen daraus regelmäßig ökonomische
Nachteile dergestalt, daß profitable Investitionsmöglichkeiten außer Acht
gelassen werden, unprofitable Projekte realisiert werden und/oder die Zeit-
präferenz des Investors außer Acht bleibt. Sie sind in der nachstehenden
Übersicht zusammengefaßt.

Konstellation	Richtiger KZF	ökonomische Nachteile bei Annahme von Investitionsprojekten aufgrund der Diskontierung mit		
		t	i	k
t < i < k	k	VV	VV	-
t < k < i	i	VV, API	-	API
i < t < k	k	VV	VV, ÜKP	-
i < k < t	t	-	VV, ÜKP	ÜKP
k < t < i	i	API	-	API, ÜKP
k < i < t	t	-	ÜKP	API, ÜKP
Abkürzungen:	KZF = Kalkulationszinsfuß; t = Konsumpräferenzrate; i = Rendite der alternativen Investitionsmöglichkeiten; k = Kosten der einzusetzenden Mittel; VV = Vermögensverlust (Realisierung unprofitabler Investitionen); API = Auslassen profitabler Investitionsgelegenheiten; ÜKP = Übergehung der Konsumpräferenz			

Tab. 5: Durch die Diskontierung mit unzutreffenden Kalkulationszinssätzen
entstehende ökonomische Nachteile

Nun ist allerdings aus investitionstheoretischen Untersuchungen bekannt, daß es unter bestimmten Bedingungen jederzeit möglich ist, den richtigen Kalkulationszinsfuß einheitlich aus dem Markt abzuleiten[1]. Damit wäre die aufgezeigte Problematik der Bestimmung der Mindestrendite gelöst bzw. hinfällig. Die Tragfähigkeit und der Geltungsbereich dieser Argumentation müssen daher genauer untersucht werden.

Zu diesem Zweck wird das vorliegende Problem anhand der Modelle von Fisher und Hirshleifer für den Fall der Kapitalwertmethode beispielhaft expliziert[2].

Zu Beginn eines auf zwei Zeitpunkte (t_0 und t_1) beschränkten Planungszeitraumes stehe einem Investor ein Kapitalbetrag (0M) zur Verfügung, den er, seinem Zielsystem und seinen Handlungsalternativen entsprechend, optimal anzulegen (d.h. auf gegenwärtiges Einkommen (E_0) und zukünftiges Einkommen (E_1) zu verteilen) gedenkt. Seine Realinvestitionsmöglichkeiten seien durch den Kurvenzug MP (sog. Transformationskurve), die Kapitalaufnahme und -anlagemöglichkeiten zum einheitlichen Zinssatz durch die Marktzinsgeraden (ZZ' und hierzu parallele Geraden), die Konsumpläne schließlich durch die Indifferenzkurven (I_1, I_2, I_3, I_4) beschrieben.[3]

---

[1] Vgl. z.B. Hax, H.: "Investitionstheorie", 1985, S.76f.

[2] Vgl. Fisher, I.: "Theory", 1930, S.263ff., Hirshleifer, J.: "Investment Decision", 1958, S.329ff. Die Modelle sind inzwischen fester Bestandteil der theoretischen und der Lehrbuchliteratur geworden. Von den Publikationen, die die vorliegende Problemstellung explizit abhandeln, sind insbesondere zu nennen: Drukarczyk, J.: "Investitionstheorie", 1970, S.44ff., Fama, E.F./Miller, M.H.: "Theory", 1972, S.58ff. und S.76, Schneider, D.: "Investition", 1980, S.361ff., Drukarczyk, J.: "Finanzierungstheorie", 1980, S.27ff., Hax, H.: "Investitionstheorie", 1985, S.74ff., Spremann, K.: "Finanzierung", 1986, S.204ff., Loistl, O.: "Kapitalwirtschaft", 1986, S.13ff.

[3] Zu den Prämissen und zur Konstruktion der Modelle vgl. im einzelnen z.B. Fama, E.F./Miller, M.H.: "Theory", 1972, S.59ff.

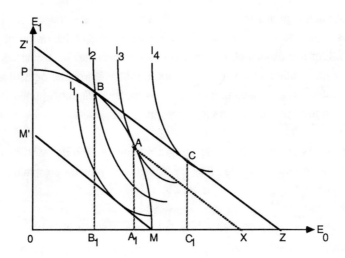

Abb. 1: Kalkulationszinsfußermittlung bei gegebenen Investitionsmöglichkeiten unter den Bedingungen des vollkommenen Kapitalmarktes

Da Investitionen in Finanzanlagen aufgrund der Identität von Soll- und Habenzins ex definitione kapitalwertneutral sind, kann der Entscheider seine
Zielvorstellung nur durch Investitionen in Sachanlagen erreichen. Naheliegend wäre es für ihn zunächst, den Betrag A_1M für produktive Zwecke zu
verwenden, also den Punkt A auf der Transformationskurve zu realisieren,
weil dort die marginale Rendite der Investition seiner marginalen Zeitpräfe-
renzrate entspricht. Er realisiert damit ein vergleichsweise hohes Konsum-
niveau (I_3) und zugleich einen positiven Kapitalwert in Höhe von MX.

Diese Vorgehensweise ist indessen nicht optimal. Der Entscheider kann
nämlich durch Ausdehnung seines Investitionsvolumens bis zu dem Punkt,
in welchem die marginale Investitionsrendite dem Marktzins entspricht (Investition des Betrages B_1M), einen höheren Kapitalwert (MZ) erzielen. Zwar
übergeht er damit zunächst seine Konsumwünsche, dies kann jedoch in
einem weiteren Schritt durch Kapitalaufnahme in Höhe von B_1C_1 mehr als
ausgeglichen werden; der Investor erreicht auf diese Weise neben dem
maximalen Vermögenszuwachs bezogen auf t_0 auch das maximale Kon-
sumniveau I_4.

Solchermaßen trennbare, sukzessive Entscheidungen über Investitionen und Konsum sind Ausdruck des sog. Separationstheorems. Dieses besagt, daß das Produktionsoptimum (B) stets auch das Verwendungsoptimum (C) determiniert. Es ist damit für den Investor hinreichend, die kapitalwertmaximale Alternative unter Außerachtlassen seiner Zeitpräferenz zu realisieren, weil er diese im nachhinein durch die konsumplangerechte Umstrukturierung des Zahlungsstromes berücksichtigen kann.
Der richtige Kalkulationszinsfuß kann auf dem vollkommenen Kapitalmarkt somit leicht ermittelt werden. Es ist jener Satz, der sich aus der Identität von Kapitalmarktzins, marginaler Investitionsrendite und marginaler Konsumpräferenzrate ergibt. Diese einfache Bestimmung ist allerdings nur unter den Bedingungen des vollkommenen Kapitalmarktes möglich, wie die folgenden Betrachtungen, bei denen die Prämisse des einheitlichen Soll- und Habenzinssatzes aufgehoben wird, deutlich machen.

Erfaßt man die Unvollkommenheit des Kapitalmarktes vereinfacht dadurch, daß der einheitliche Marktzins durch je einen konstanten Satz für Mittelaufnahmen und Mittelanlagen ersetzt wird, wobei der erstere - den Bedingungen der Realität entsprechend - höher als der letztere zu wählen ist, ergibt sich folgendes Bild:[1]

---

1) Die gestrichelten Abschnitte der Sollzinsgeraden ($Z_b Z'_b$) bzw. der Habenzinsgeraden ($Z_l Z'_l$) repräsentieren keine realen Möglichkeiten zur Umstrukturierung von Vermögenspositionen; Mittel können nur zum Habenzins angelegt bzw. zum Sollzins geliehen werden. Die Gerade $Z_m Z'_m$, deren Steigung die Konsumpräferenzrate des Individuums mit der Indifferenzkurve I_B repräsentiert, ist aus diesem Grunde zur Gänze gestrichelt gezeichnet; zu diesem Satz können überhaupt keine realen Transaktionen durchgeführt werden.

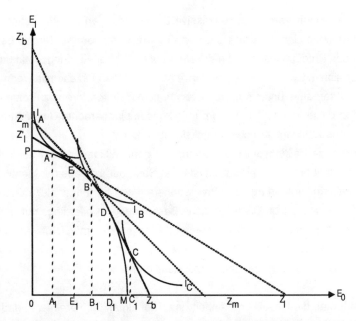

Abb. 2: Kalkulationszinsfußermittlung bei gegebenen Investitionsmöglichkeiten unter den Bedingungen des unvollkommenen Kapitalmarktes

Befindet sich der Investor in der Position eines Kreditnehmers, für den, wie die Lage der Indifferenzkurve I_C andeutet, die Realisierung etwa des Punktes C mit einer Kreditaufnahme verbunden ist, so ist der relevante Kalkulationszinsfuß der Sollzinssatz. Damit sind alle auf der Transformationskurve oberhalb von D befindlichen Investitionsprojekte für den Entscheider suboptimal, liegen ihre Renditen doch sämtlich unter diesem Zins. Er investiert daher den Betrag D_1M und realisiert auf diese Weise den für ihn maximalen Kapitalwert MZ_b und entsprechend den vorteilhaftesten Konsumplan I_C.

Dem Investor, der demgegenüber als Kapitalanleger auftritt, stellt sich die Situation gänzlich anders dar. Bedingt durch seine geringe Zeitpräferenz wird er den Investitionsumfang solange ausdehnen, bis die marginale Investitionsrendite der Steigung der Geraden $Z_lZ'_l$ entspricht, also E_1M investieren. Nur der Habenzinssatz eröffnet ihm die Möglichkeit, sein Verwendungsoptimum, repräsentiert durch die Kurve I_A, zu verwirklichen, indem er, ausgehend von Punkt E, den Betrag A_1E_1 anlegt. Demgemäß ist auch der Anlagezins der zur Kapitalwertermittlung anzuwendende Kalkulationszinsfuß; nach entsprechender Diskontierung ergibt sich für die Durchführung des Investitionsprojektes E ein Vermögenszuwachs in t_0 von MZ_I.

Zu berücksichtigen ist schließlich eine dritte Problemlage, in der Finanztransaktionen auf dem (vereinfacht dargestellten) Kapitalmarkt vernünftigerweise unterbleiben sollten. Sie trifft auf das Individuum mit dem Indifferenzkurvenabschnitt I_B zu. Letzterer ist offensichtlich so beschaffen, daß er allein durch die produktive Verwendung des Betrages B_1M erfüllt wird und folglich weder durch die Aufnahme noch durch die Anlage von Kapital verbessert werden kann. Die in den beiden ersten Fällen hilfreiche Tangentiallösung ist hier nicht anwendbar, die Bestimmung des korrekten Kalkulationszinsfußes, i.e. die marginale Konsumpräferenz, kann nicht durch die Identifizierung mit einem der beiden Marktzinssätze erfolgen. Zutreffend ist vielmehr ein hiervon abweichender, zwischen diesen Sätzen liegender dritter Satz, der zu einem Gegenwartswert von MZ_m führt.

Aus diesen Betrachtungen geht unmittelbar hervor, daß das Separationstheorem bereits dann seine Gültigkeit verliert, wenn elementare Marktunvollkommenheiten in das Modell aufgenommen werden. Zwar kann, solange die Konstanz der Zinssätze gewährleistet ist, noch für einen Teil der denkbaren Konstellationen gemäß der jeweiligen Präferenzstruktur angegeben werden, ob der Soll- oder der Habenzins den richtigen Diskontierungsfaktor darstellt, die Ableitung eines einheitlichen, allgemeingültigen Kalkulationszinsfußes gelingt jedoch nicht mehr. Überdies können für all jene Investoren mit Konsumplänen, die nicht durch Finanztransaktionen optimierbar sind, auch Aussagen wie die obigen nicht mehr getroffen werden.

Der richtige Kalkulationszinsfuß ist in diesen Fällen nur durch den Rückgriff auf individuelle Daten, also nicht objektiv, bestimmbar.[1)]

Damit werden auch die Schwierigkeiten offenbar, die sich bei der Übertragung der unter der Prämisse des vollkommenen Kapitalmarktes unproblematischen Kalkülkonzeptionen auf reale Problemstellungen ergeben. Unter Einschluß von Marktunvollkommenheiten, wie sie die Entscheidungskriterien in der praktischen Wirtschaftlichkeitsrechnung zu bewältigen haben, erschöpft sich die Aussagefähigkeit der Investitionstheorie weitgehend in dem Nachweis, daß richtige Kalkulationszinsfüße existieren, ohne operationalisierbare Ansatzpunkte zu liefern, wie sie zu bestimmen sind.[2)]

Man steht, so kann rückblickend auf die bisherigen Ausführungen festgestellt werden, einer mißlichen Situation gegenüber: Einerseits bietet die Investitionstheorie keine besseren Entscheidungshilfen als die finanzmathematischen Kalküle an, andererseits läßt sich mit ihrer Hilfe eben kein allgemeingültiger Kalkulationszinsfuß bestimmen, der für praktische Investitionsprobleme verwendbar wäre. Es ist indessen unzweifelhaft, daß diese

"... unabdingbare Berechnungsgrundlage von finanzmathematischen Investitionsrechnungen irgendwie einer Lösung bedarf"[3)]. Man kommt daher nicht umhin, auch "praktische", d.h. theoretisch ggf. nicht hinreichend begründbare Verfahren in die Überlegungen einzubeziehen, um diese Größe zumindest näherungsweise zu bestimmen.

---

1) Aufgrund der Krümmung der Transformationskurve weisen alle Investitionsmöglichkeiten auf dem relevanten Kurvensegment ED (vgl. Abb.2, S.38), dessen Erstreckung vom Ausmaß der Divergenz von Soll- und Habenzins abhängt, unterschiedliche Marginalrenditen auf. Damit gelten für alle in diesem Bereich denkbaren Investitionspläne, i.e. Tangentialpunkte von Transformations- und Indifferenzkurven, auch unterschiedliche Kalkulationszinsfüße.

2) Dies gilt natürlich umso mehr, je höher der Grad von Marktunvollkommenheiten ist, die im Modell zugelassen werden. Beispielhaft sei etwa verwiesen auf die Berücksichtigung mit zunehmender Verschuldung steigender Sollzinsen bzw. auftretender absoluter Kreditgrenzen. Zur Integration dieser (empirischen) Tatbestände in die Modellanalyse vgl. Weingartner, M.H.: "Capital Rationing", 1977.

3) Wittmann, W.: "Betriebswirtschaftslehre II", 1985, S.296.

1.2.2. Einschätzung der Eignung bestehender Konzeptionen zur Operationalisierung der Kalkulationszinsfußbestimmung

An Empfehlungen, den Kalkulationszinsfuß durch die Heranziehung von Hilfsmaßstäben zu bestimmen, herrscht in der Literatur kein Mangel.[1] Diese Maßstäbe sind als Bestrebungen zur bestmöglichen Approximation des theoretisch richtigen Satzes aufzufassen und "... daher notwendigerweise mit Mängeln behaftet. Insofern können sich die Vorschläge zur Bestimmung eines praktikablen Kalkulationszinsfußes nur im Grad ihrer Unvollkommenheit unterscheiden."[2] Im folgenden soll daher geprüft werden, ob bzw. inwieweit die Vereinfachungen, die bei den wichtigsten Konzeptionen in Kauf zu nehmen sind, als zweckmäßig bzw. vertretbar erscheinen.

Ein von Albach[3] und von E. Schneider[4] vertretener Vorschlag lautet, als Kalkulationszinsfuß jene Verzinsung anzusetzen, die für die Branche, in der die betreffende Unternehmung angesiedelt ist, als "üblich" bzw. "normal" eingeschätzt wird. Die mangelnde Präzisierbarkeit dieser Empfehlung liegt auf der Hand: Die Ermittlung von Branchenrenditen ist realiter, sofern überhaupt möglich, mit erheblichen Abgrenzungs- und Meßproblemen verbunden; hinsichtlich der Konsequenzen, die sich aus einem dadurch bedingten zu hohen bzw. zu niedrigen Ansatz des Rechenzinsfußes ergeben, sei auf die im letzten Abschnitt dargestellten grundsätzlichen Überlegungen verwiesen.[5] Auch bei Kenntnis dieser Größe kann ihre Anwendung dennoch Schwierigkeiten bereiten: Lateral diversifizierte, also in mehreren Wirtschaftszweigen tätige Unternehmungen stünden vor der Situation, daß Investitionen in stagnierenden Geschäftsbereichen als besonders vorteil-

---

1) Einen Überblick über die vielfältigen Empfehlungen bieten z.B. die diesbezüglichen Ausführungen bei Frischmuth, G.: "Investitionsentscheidungen", 1969, S.91ff., Schulte, K.W.: "Wirtschaftlichkeitsrechnung", 1986, S.72ff. und Siegel, T.: "Bedeutung", 1983, S.11.

2) Schulte, K.W.: "Wirtschaftlichkeitsrechnung", 1986, S.73.

3) Vgl. Albach, H.: "Wirtschaftlichkeitsrechnung", 1959, S.38.

4) Vgl. Schneider, E.: "Wirtschaftlichkeitsrechnung", 1968, S.68.

5) Vgl. hierzu insbesondere Tab. 5, S.34.

haft erschienen[1], auch für Firmen mit deutlich über bzw. unter dem Branchendurchschnitt liegenden Renditen kann ein solcher Ansatz kaum als geeigneter Vorteilhaftigkeitsmaßstab angesehen werden.

Albach hat seinen ursprünglichen Vorschlag später insoweit modifiziert, als er den zweckmäßigsten Kalkulationszinsfuß nicht mehr in der Durchschnittsrentabilität der Branche, sondern lediglich in jener der Unternehmung sieht,[2] ohne jedoch Angaben darüber zu machen, wie er die letztere numerisch zu bestimmen gedenkt.[3]

Gegen diesen Ansatz wird insbesondere eingewendet, die ausschließliche Realisierung solcher Investitionsprojekte, die eine über die Durchschnittsrendite hinausgehende Verzinsung erbringen, impliziere eine stetige Steigerung der Rentabilität und stelle die Unternehmung über kurz oder lang vor das Problem, keine geeigneten Investitionsprojekte mehr zu finden.[4] Wenn man auch von diesem Extremfall absehen mag, so ist doch nicht zu verkennen, daß ein auf diese Weise zwangsläufig entstehendes, hohes Kalkulationszinsfußniveau unweigerlich insofern zu einer fehlerhaften Investitionspolitik führt, als etwa Projekte, deren Verzinsungen deutlich über den Kosten der dafür aufzubringenden Mittel liegen, die Durchschnittsrendite der Unternehmung aber knapp unterschreiten, regelmäßig nicht zur Durchführung gelangen.[5] Der Ansatz der Durchschnittsrendite als Kalkulationszinsfuß ist aus diesem Grunde abzulehen.

---

[1] Hierauf hat Frischmuth hingewiesen; vgl. Frischmuth, G.: "Investitionsentscheidungen", 1969, S.95.

[2] Vgl. Albach, H.: "Investition", 1962, S.86.

[3] Ausgeschlossen werden kann allerdings die Überlegung, sie als Maßstab für die zukünftige Unternehmensentwicklung anzusetzen, da diese ja gerade durch die zur Disposition stehenden Investitionsalternativen maßgeblich bestimmt wird.

[4] Vgl. hierzu Hax, H.: "Investitions- und Finanzplanung", 1964, S.434 und vor allem Moxter, der auch ein von Albach zur Vermeidung dieser Konsequenz vorgeschlagenes Ergänzungskriterium strikt ablehnt; vgl. Moxter, A.: "Kapitaltheorie", 1963, S.297ff.

[5] Diese Möglichkeit schließt Albach in seinem Berechnungsbeispiel durch den Ansatz extrem hoher Fremdkapitalkosten von bis zu 40 % weitgehend aus; vgl. Albach, H.: "Investition", 1962, S.190.

Nach Ansicht anderer Fachvertreter[1] besteht die zweckmäßigste Möglichkeit zur praktischen Bestimmung der Mindestrendite in der Heranziehung des Kapitalmarktzinses als Maßstab, etwa in Form des sog. landesüblichen Zinsfußes.[2] Zwar ist auch dieser prinzipiell keine eindeutig fixierte Größe, akzeptiert man aber, daß er als Durchschnitt der Renditen festverzinslicher Wertpapiere zu ermitteln ist, so dürften die Abweichungen, die aus der Zusammensetzung dieses "Fonds" resultieren, angesichts der vergleichsweise geringen Renditedifferenzen eher vernachlässigbar sein. Als bedenklicher ist indes die Tatsache zu werten, daß mit dem Ansatz des Anlagezinsfußes der Forderung nach Berücksichtigung der besten konkreten Investitionsalternative[3] tatsächlich nur selten genüge getan sein wird. Ein Blick auf das relativ geringe Niveau, welches auf diese Weise quantifizierte Zinsfüße aufweisen[4], verdeutlicht diese Feststellung. Wurde oben argumentiert, daß bei sehr hohen Renditeanforderungen die Tendenz besteht, sich bietende Projekte zu ungünstig zu beurteilen, so besteht hier in umgekehrter Auslegung die Gefahr, daß unprofitable Investitionsmöglichkeiten "gutgerechnet" werden. Da die Zinsfüße für die Aufnahme finanzieller Mittel über jenen der Kapitalanlage liegen, kann leicht der Fall eintreten, daß mit dem Ansatz des landesüblichen Zinssatzes als Kalkulationszinsfuß Investitionen realisiert werden, die zu Vermögensverlusten führen.

Um derartige Fehlbeurteilungen auszuschließen, wird vorgeschlagen[5], den landesüblichen Zinsfuß als Untergrenze bzw. Basiszins aufzufassen, der um Risikozuschläge - im Rahmen von "nicht viel mehr als 1 %"[6] bis zu

---

1) Vgl. hierzu den bei Störrle, W.: "Marktzins", 1970 auf den Seiten 96ff. gegebenen Literaturüberblick.

2) Vgl. z.B. Keifer, R.: "Kalkulationszinsfuß", 1970, S.99ff.

3) Vgl. oben, S.32ff.

4) Dieser Satz lag in der Bundesrepublik Deutschland etwa im Jahre 1983 zwischen 7 und 8 %; vgl. die Monatsberichte der Deutschen Bundesbank, 36.Jg. (1984), S.52.

5) Vgl. z.B. Schwarz, H.: "Investitionsentscheidungen", 1967, S.51ff.

6) Ebenda, S.52.

Größenordnungen in Höhe des Basiszinssatzes selbst oder gar darüber[1] - zu erhöhen ist. Ohne auf die an anderer Stelle diskutierte Problematik einer solchen pauschalen Risikoberücksichtigung einzugehen[2] ist festzustellen, daß der Vorteil der relativ leichten Quantifizierbarkeit damit hinfällig wird; die Bestimmung von (pauschalen) Risikozuschlägen ist kaum objektiv durchführbar. Damit scheidet auch der landesübliche Zinsfuß - modifiziert wie unmodifiziert - als Lösungsvorschlag aus.

Ein weiterer Ansatz besteht darin, den Kalkulationszinsfuß durch die Rendite einer Anlagealternative zu bestimmen[3]. Dabei wird von der Vorstellung ausgegangen, daß durch die Realisierung des betrachteten Projektes andere Investitionsmöglichkeiten verdrängt werden. Der Opportunitätskostensatz stellt dann die Verzinsung der besten unterlassenen Alternative dar. Allerdings ergibt sich hierbei regelmäßig die Schwierigkeit, diese "zweitbeste" Anlage auszumachen, weil man zum Bewertungszeitpunkt die beste Investitionsmöglichkeit noch gar nicht kennt. Steht die letztere hingegen fest, wird die Alternativrendite nicht mehr benötigt. "Der Kalkulationszinsfuß kann deshalb nur in einem abgeschwächten Sinne Opportunitätskosten messen"[4].

Als Fortführung des Alternativanlagegedankens kann der insbesondere in steuerlich orientierten Arbeiten gemachte Vorschlag aufgefaßt werden, als Kalkulationszinsfuß die erwartete Wiederanlageverzinsung anzusetzen[5]. Im Unterschied zu den bislang diskutierten Konzeptionen, die stillschwei-

---

[1] Vgl. Däumler, K.-D.: "Wirtschaftlichkeitsrechnung", 1978, S.54f.

[2] Bereits unter diesem Aspekt ist die vorliegende Konzeption abzulehnen; vgl hierzu Schneider, D.: "Investition", 1980, S.230.

[3] Vgl. z.B. Moxter, A.: "Bestimmung", 1961, S.186ff.

[4] Ballwieser, W.: "Unternehmensbewertung", 1987, S.180; noch ablehnender Siegel: "... der Kalkulationszinsfuß ... kann nicht als Alternativrendite erklärt werden."; Siegel, T.: "Bedeutung", 1983, S.26.

[5] Vgl. z.B. Siegel, T.: "Steuerwirkungen", 1982, S.65ff., ders.: "Bedeutung", 1983, S.10ff., Georgi, A.A.: "Investitionsplanung", 1986, S.18.

gend von der Prämisse eines vollkommenen Kapitalmarktes[1] mit identischen Aufnahme- und Anlagezinssätzen ausgehen, wird hier der Realität insofern besser Rechnung getragen, als ausdrücklich Soll- und Habenzinsen in unterschiedlicher Höhe unterstellt werden[2]. Der Wiederanlagezins kann dann in Abhängigkeit von der zugrundeliegenden Problemstellung entweder ein Habenzins (z.B. jederzeit mögliche Finanzanlage am Kapitalmarkt) oder ein Sollzins (z.b. jederzeit mögliche Kredittilgung) sein. Diese Vorgehensweise besitzt den Vorzug, daß die tatsächliche Verzinsung entsprechend der Bewertungssituation berücksichtigt werden kann. Mit der Wiederanlageverzinsung wird somit jener Anlagezinsfuß bestimmt, der als zukunftsbezogener Ertragsatz den positiven Rückflüssen zuzurechnen ist[3]. Beim Auftreten von negativen Rückflüssen sind deshalb - gleichfalls in Abhängigkeit von der Bewertungssituation - entsprechende Implikationen zu beachten[4]. Die Eigenschaft als Anlagezinsfuß macht es zudem erforderlich, die Finanzierungszahlungen, wie beispielsweise Fremdkapitalzinsen, explizit in der Zahlungsreihe des Investitionsprojektes zu erfassen[5]. Der Kalkulationszinsfuß wird auf diese Weise der Aufgabe enthoben, auch die notwendigen Finanzierungsmaßnahmen wiederzugeben[6]; es liegt m.a.W. ein geringerer Grad der Modellvereinfachung vor als in den oben untersuchten Ansätzen.

Die z.T. schwerwiegenden Bedenken, die auf die oben untersuchten Vorschläge in der einen oder anderen Form zutrafen, können gegen die Wiederanlageverzinsung nicht erhoben werden. Sofern die Problemstellung so

---

[1] Diese Annahme ist für investitionstheoretische Partialmodelle "unnötig streng"; vgl. Siegel, T.: "Bedeutung", 1983, S.11 FN 7.

[2] Diese Differenzierung ist grundsätzlich auch bei anderen Kalkulationszinsfußkonzeptionen denkbar; vgl. Georgi, A.A.: "Investitionsplanung", 1986, S.21f.

[3] Vgl. Siegel, T.: "Bedeutung", 1983, S.12.

[4] Vgl. hierzu die Ausführungen bei Siegel, T.: "Kalkulationszinsfuß", 1975, S.6 und S.17, der verschiedene Bewertungssituationen unterscheidet sowie bei Schulte, K.W.: "Wirtschaftlichkeitsrechnung", 1986, S.75.

[5] Vgl. Georgi, A.A.: "Investitionsplanung", 1986, S.22.

[6] Vgl. ebenda.

beschaffen ist, daß die Finanzierungskosten explizit in der Projektzahlungsreihe berücksichtigt werden können und die erwähnten Implikationen keine negativen Einflüsse zeitigen, sollte ihr daher bei der Kalkulationszinsfußbestimmung der Vorzug gegeben werden.

Für die übrigen, i.d.R. schlechter strukturierten Bewertungssituationen, in denen der Kalkulationszinsfuß ein größeres "Restentscheidungsfeld"[1] abzudecken hat, kann es - insbesondere aus praktischer Sicht - sinnvoll sein, den Kalkulationszinsfuß näherungsweise als einheitlichen Satz zu bestimmen[2]. In diesen Fällen erscheint häufig "... der Ansatz des Kalkulationszinsfußes als Kapitalkostensatz ... als am wenigsten bedenklich, da die Finanzierung auf die Vorteilhaftigkeit eines Investitionsobjektes einen erheblichen Einfluß ausübt."[3]

Als ein solcher Satz wird i.d.R. ein gewogener Durchschnittsfinanzierungskostensatz in der Form

$$k = \frac{k_{EK} \cdot EK + k_{FK} \cdot FK}{EK + FK}$$

mit

k = durchschnittlicher Kapitalkostensatz
k_{EK} = Eigenkapitalkostensatz
k_{FK} = Fremdkapitalkostensatz
EK = Eigenkapitalbetrag
FK = Fremdkapitalbetrag

---

1) Zur Begriffsbildung vgl. Wagner, F.W.: "Grundfragen", 1984, S.206.

2) Zu den Implikationen dieser Vorgehensweise vgl. Wagner, F.W./Dirrigl, H.: "Steuerplanung", 1980, S.31.

3) Schulte, K.W.: "Wirtschaftlichkeitsrechnung", 1986, S.75; ähnlich zu interpretierende Aussagen finden sich etwa bei Loistl, O.: "Kapitalwirtschaft", 1986, S.135, Hax, H.: "Finanzierung", 1984, S.402, Rudolph, B.: "Bestimmung", 1986, S.609.

vorgeschlagen[1].

1.3. Zur Relevanz von Kapitalkosten für die Investitionsprojektbeurteilung

Die Auffassung, daß Aussagen über die Rentabilität von Investitionsprojekten nur anhand der Konditionen von Finanzierungsmaßnahmen getroffen werden können[2], läßt sich als Ergebnis der bisherigen Ausführungen durch die folgenden Feststellungen bekräftigen.

Zunächst kommt den Finanzierungskosten eine wesentliche Bedeutung bei der Projektbewertung mithilfe der statischen Investitionsrechnungsverfahren zu. Sie dienen hier als Meßgröße für die geforderte Verzinsung auf das durchschnittlich gebundene Kapital und sind insofern ein notwendiges Berechnungsdatum für alle statischen Bewertungskonzeptionen.

Bei den dynamischen Investitionsrechnungsverfahren kommt den Kapitalkosten in mehrfacher Hinsicht Bedeutung zu: "Im investitionstheoretischen Partialmodell bei unterstellter Sicherheit entspricht der Kalkulationszinsfuß der erwarteten Wiederanlageverzinsung..."[3]. Die Finanzierungskosten sind dann zum einen als Ausprägung der Wiederanlageverzinsung zu bestimmen. Zum anderen ist ihre Ermittlung notwendig, um sie explizit in die Zahlungsströme einbeziehen zu können.

Schließlich kann dem Kalkulationszinsfuß auch die Aufgabe zufallen, die Finanzierungskosten pauschal auszudrücken. Letztere dienen dann als Näherungslösung, wenn etwa die Zurechnung von Finanzierungskosten auf Investitionsprojekte nicht möglich ist.

---

1) Vgl. z.B. Schneider, E.: "Wirtschaftlichkeitsrechnung", 1968, S.68, Gerke, W./Philipp, F.: "Finanzierung", 1985, S.104, Hax, H.: "Investitionstheorie", 1985, S.159, Loistl, O.: "Kapitalwirtschaft", 1986, S.134f.

2) Vgl. Spremann, K.: "Finanzierung", 1986, S.197.

3) Siegel, T.: "Bedeutung", 1983, S.26.

2. Zur Leistungsfähigkeit der Finanzwirtschaftslehre für die Ermittlung von Kapitalkosten

2.1. Forschungskonzeptionen innerhalb der Finanzwirtschaftslehre

Im letzten Abschnitt wurde gezeigt, daß die adäquate Kapitalkostenermittlung eine unabdingbare Voraussetzung für das Treffen rationaler Investitionsentscheidungen darstellt. In einem weiteren Schritt ist daher der Frage nachzugehen, welche Hilfestellung die Finanzwirtschaftslehre Entscheidungsträgern zur Ermittlung von Kapitalkosten in unterschiedlichen Entscheidungssituationen zu leisten imstande ist.

Die Durchführung dieses Vorhabens erweist sich indessen nicht gerade als unproblematisch. Finanzwirtschaftslehre kann nämlich nicht begriffen werden als aus einem einheitlichen Denkansatz hervorgegangenes Bündel von Instrumenten und Maßnahmen zur Erkenntnisgewinnung auf den relevanten Problemfeldern. Charakteristisch für die "Lehre von den Finanzen", wie Schmidt[1] treffend formuliert, ist vielmehr das Nebeneinander unterschiedlicher Betrachtungsweisen und theoretischer Konzeptionen, für welches sie zunächst kaum mehr als einen gemeinsamen begrifflichen Bezugsrahmen liefert: Handlungsempfehlungen, die den verschiedenen (gleichwohl "finanzwirtschaftlichen") Sichtweisen entspringen, sind nicht in gleichem Maße auf reale Problemstellungen übertragbar, weil ihnen jeweils unterschiedliche Erklärungszielsetzungen und Annahmekombinationen zugrunde liegen.

Um den hier interessierenden Gegenstandsbereich der Finanzwirtschaftslehre vollständig erfassen zu können und insbesondere um die jeweiligen Ausprägungen und Funktionen der Kapitalkosten innerhalb der einzelnen Ansätze offenzulegen, erscheint es daher zunächst als notwendig, die unterschiedlichen Forschungskonzeptionen voneinander abzugrenzen.

---

1) Vgl. Schmidt, R.H.: "Grundzüge", 1986, S.3ff.

2.1.1. Die traditionelle Finanzwirtschaftslehre - zur empirisch-institutionellen Dimension des Kapitalkostenproblems

a. Erklärungszielsetzung des traditionellen Ansatzes

Historisch betrachtet, hat sich der traditionelle Ansatz in der Finanzwirtschaftslehre - sicherlich nicht zufällig etwa zu der Zeit, in der Schmalenbach[1] seine ersten Publikationen auf diesem Gebiet veröffentlichte - als Teildisziplin aus der Betriebswirtschaftslehre entwickelt. Die Aufgabenbereiche von Finanzierung und Investition waren daher zunächst geprägt durch den Einfluß einer vorherrschenden güterwirtschaftlich orientierten Sichtweise betriebswirtschaftlichen Handelns: Im Mittelpunkt des Interesses standen Absatzziele und Produktionsprogramme; diese führten zur Aufstellung von Investitionsplänen, zu deren Realisierung dann schließlich finanzielle Mittel bereitzustellen waren.[2] Eine grundlegende eigenständige Zielvorstellung existierte nicht.

Charakteristisch für die traditionelle Finanzwirtschaftslehre ist weiterhin ein deskriptiv-pragmatischer Denkansatz. In der Realität vorfindbare Tatbestände sollen möglichst exakt und umfassend beschrieben werden, um daraus Handlungsempfehlungen für die Unternehmenspraxis abzuleiten. Die Vielzahl von Institutionen und institutionellen Randbedingungen, die in diesem Sinne zu berücksichtigen sind, verleiht der Disziplin indessen auch eine beträchtliche Komplexität, die nicht ohne (konzeptionelle) Folgen bleibt: Es ist schwierig, zu generellen Aussagen zu gelangen, wenn stets eine spezifische, die jeweilige Problemsituation kennzeichnende Konstellation von institutionellen Merkmalen den Ausgangspunkt von Überlegungen und Analysen bildet. Der Schwerpunkt der traditionellen Ausrichtung liegt daher

---

1) Vgl. Schmalenbach, E.: "Finanzierungen", 1916.

2) Schmidt spricht in diesem Zusammenhang von Hilfsfunktionen, welche die Finanzierung für die Investition einerseits, die Investition für güterwirtschaftliche Vorgänge andererseits zu erfüllen haben; vgl. Schmidt, R.H.: "Grundzüge", 1986, S.8.

eindeutig auf der Suche nach Lösungen für (unternehmens-)individuelle Problemstellungen.[1]

Die geringe Eigenständigkeit als Forschungsdisziplin an sich und die starke Bezugnahme auf empirische Phänomene begrenzten zugleich den Aktivitätsumfang der klassischen Lehre, der sich idealtypisch etwa folgendermaßen verdeutlichen läßt: Aus anderen betrieblichen Bereichen stammende Vorgaben (z.B. die Finanzierung einer geplanten Investition) werden unter Einsatz des verfügbaren relevanten Instrumentariums (z.B. unterschiedliche Möglichkeiten der Kapitalaufbringung) unter Berücksichtigung gewisser Restriktionen (z.B. Rechtsform der Unternehmung) bestmöglich zu erfüllen gesucht.

Damit werden Fragen, die die Sinnhaftigkeit von Entscheidungsproblemen oder die Existenz bestimmter Instrumente betreffen, nicht gestellt[2], und zwar zum einen, weil die fehlende "hierarchische Kompetenz" keinen Anlaß gibt, derartige Tatbestände zu problematisieren, zum anderen, weil die Fülle der zu beachtenden Institutionen und institutionellen Nebenbedingungen kaum die Möglichkeit bietet, isolierte Betrachtungen anzustellen.

Ein grundlegendes Defizit des traditionellen Ansatzes wird auf diese Weise offensichtlich: Seine Erklärungskraft ist gering, es fehlt "... eine entwickelte konzeptionelle und theoretische Fundierung".[3]

b. Funktionen und Ausprägungen der Kapitalkosten im traditionellen Ansatz

Der Kapitalkostenermittlung kommt im traditionellen Ansatz gleichwohl eine erhebliche Bedeutung zu; neben der Aufrechterhaltung der Zahlungsfähigkeit und der Stärkung der Kreditwürdigkeit zählt insbesondere die Frage,

---

1) Vgl. auch Ballwieser, W./Schmidt, R.H.: "Unternehmensverfassung", 1981, S.655.

2) Vgl. Schmidt, R.H.: "Ansatz", 1981, S.136f.

3) Ebenda.

woher und zu welchen Konditionen die Unternehmung finanzielle Mittel beschaffen kann, zu den im Mittelpunkt des Interesses stehenden Managementproblemen.[1]

Dabei wird hauptsächlich abgestellt auf die Ermittlung bzw. Zusammensetzung der optimalen, d.h. kostenminimalen Finanzierung zur Kapitalbedarfsdeckung. Finanzierungskosten als Kriterium für die Beurteilung von Kapitalverwendungsentscheidungen finden wegen der geschilderten partiellen Sichtweise wenig Beachtung; es besteht kein simultanes, sondern ein sukzessives Planungsverständnis.

Die Kapitalkostenermittlung vollzieht sich vor dem Hintergrund realer, also (grob) unvollkommener Kapitalmärkte, auf denen eine Vielzahl unterschiedlichster Finanzierungsinstrumente anzutreffen ist. Der Kalkülansatz selbst ist dadurch gekennzeichnet, daß die mit der institutionellen Ausgestaltung spezifischer Finanzierungsmaßnahmen verbundenen Auszahlungen möglichst exakt zu quantifizieren versucht werden. Eine solche Vorgehensweise führt zunächst insbesondere im Bereich der Fremdfinanzierung[2] zu einer realitätsgerechten Einschätzung der Kosten einzelner, auch komplexer Finanzierungsalternativen. Beispielhaft sei verwiesen auf Hielscher/Laubscher[3], die zur Ermittlung der Finanzierungskosten etwa von Industrieschuldverschreibungen nicht weniger als 24 Auszahlungsarten auflisten.

In anderer Hinsicht ist die Leistungsfähigkeit dieses auszahlungsbezogenen, auch als pagatorisch bezeichneten Kostenbegriffs, allerdings begrenzt. Es gelingt nämlich nicht, die Kosten(-komponenten) solcher Finanzierungsformen (bzw. deren einzelner Bestandteile) numerisch zu bestimmen, die nicht oder zumindest nicht unmittelbar zu Auszahlungen führen.

---

1) Vgl. z.B. Spremann, K.: "Finanzierung", 1986, S.29.

2) Von Problemen, die sich bei der Quantifizierung sog. "impliziter" Kapitalkostenbestandteile ergeben, wird an dieser Stelle abgesehen; auf sie wird später zurückzukommen sein.

3) Vgl. Hielscher, U./Laubscher, H.D.: "Finanzierungskosten", 1976, S.18ff.

Hierin ist ein Grund dafür zu sehen, daß in der Unternehmenspraxis vielfach Unklarheit darüber herrscht, ob solche wichtigen Kapitalquellen wie Eigen- und/oder Innenfinanzierungsmittel überhaupt Finanzierungskosten verursachen bzw. wie diese zweckmäßigerweise zu bemessen sind.

2.1.2. Der neoklassische Ansatz - zur kapital- und kapitalmarkttheoretischen Dimension des Kapitalkostenproblems

a. Erklärungszielsetzung des neoklassischen Ansatzes

Wie bereits die Namensgebung impliziert, steht der neoklassische Ansatz innerhalb der Finanzwirtschaftslehre für jene Forschungskonzeptionen, denen das Bestreben gemeinsam ist, zur Lösung finanzwirtschaftlicher Probleme durch den Rückgriff auf volkswirtschaftliche, zumeist mikroökonomische Grundeinsichten und Methoden beizutragen. Ein wichtiges Kriterium zur Klassifizierung der innerhalb dieses Ansatzes feststellbaren einzelnen Strömungen ist dabei die Behandlung künftiger Erwartungen. Als wichtigste Vertreter von Analysen unter Sicherheit sind Irving Fisher[1] sowie Friedrich und Vera Lutz[2] zu nennen, während in den Arbeiten etwa von Hirshleifer[3], Modigliani/Miller[4] und Sharpe[5], Lintner[6], Mossin[7] der Unsicherheit der Erwartungen zumindest in gewissem Umfange Rechnung

---

1) Vgl. Fisher, I.: "Theory", 1930, Reprint 1965.
2) Vgl. Lutz, F. und V.: "Investment", 1951.
3) Vgl. Hirshleifer, J.: "Investment Decision", 1958.
4) Vgl. Modigliani, F./Miller, M.H.: "Cost of Capital", 1958.
5) Vgl. Sharpe, W.F.: "Market Equilibrium", 1964.
6) Vgl. Lintner, J.: "Valuation", 1965.
7) Vgl. Mossin, J.: "Equilibrium", 1966.

getragen wird[1]. Ein weiteres wesentliches Strukturierungsmerkmal leitet sich aus der zugrundegelegten Problemsicht[2] ab: Während die kapitaltheoretischen Ansätze die theoretische Fundierung unternehmerischer Investitions- und Finanzierungsentscheidungen in den Mittelpunkt der Überlegungen stellen, operieren die kapitalmarkttheoretischen Beiträge vorwiegend aus Kapitalgebersicht, indem sie versuchen, durch die Einbeziehung entscheidungs- und portfoliotheoretischer Erkenntnisse[3] Aussagen zur Marktbewertung von (risikobehafteten) Anlagen zu treffen.

Der neoklassische Ansatz trägt somit die Züge sowohl einer positiven als auch einer normativen Theorie. Positiv ist er insofern, als er auch Markttheorie ist und sich von daher mit der Erklärung realen Verhaltens auf Kapitalmärkten befaßt.[4] Die normative Komponente ist darin zu sehen, daß Regeln für das Treffen rationaler unternehmerischer Entscheidungen (z.B. bzgl. der Kapitalstruktur) angegeben werden oder doch zumindest die Fundierung solcher Entscheidungen einen Forschungsschwerpunkt darstellt.[5]

Im Gegensatz zur traditionellen Finanzwirtschaftslehre herrscht weiterhin eine streng geldwirtschaftliche Ausrichtung vor. Unternehmungen werden nicht partiell (in ihren einzelnen Funktionsbereichen), sondern ganzheitlich betrachtet und als Zahlungsreihen beschrieben; von güterwirtschaftlichen Prozessen wird, da sie lediglich als Mittel zum Zwecke der Einkommenserzielung dienen, weitgehend abstrahiert. Die Finanzwirtschaft steht demgemäß im Zentrum der Unternehmenspolitik.

---

1) Abweichend von der hier dargelegten Einteilung, mit der Krahnen und Ballwieser / Schmidt gefolgt wird, zählen Standop und Perridon/Steiner lediglich die Ansätze unter Sicherheit zur Neoklassik; vgl. dazu: Krahnen, J.: "Entwicklung", 1981, S.148ff., Ballwieser, W./Schmidt, R.H.: "Unternehmensverfassung", 1981, S.655f. sowie Standop, D.: "Unternehmensfinanzierung", 1981, S.20ff., Perridon, L./Steiner, M.: "Finanzwirtschaft", 1986, S.413.

2) Vgl. hierzu Schmidt, R.H.: "Grundzüge", 1986, S.268ff.

3) Vgl. vor allem: Markowitz, H.: "Selection", 1952.

4) Vgl. Findlay, M.C./Williams, E.E.: "Positivist Evaluation", 1980, S.11f., Hax, H.: "Unternehmenspolitik", 1981, S.15.

5) Vgl. Schmidt, R.H.: "Grundzüge", 1986, S.20, Standop, D.: "Unternehmensfinanzierung", 1975, S.24.

Das Finanzmanagement ist in der mikroökonomischen Finanzierungstheorie ein Aufgabenbereich von vergleichsweise geringer Komplexität. Es existieren nur einige wenige, elementare institutionelle Regelungen; die Mehr-
zahl der in der Realität bedeutsamen Institutionen und Instrumente (wie
etwa Banken oder vielfältige Finanzierungsformen) fallen einer stark vereinfachenden Prämissengebung zum Opfer und finden keinen Eingang in
die Untersuchungen. Die Beschränkung auf die zur Erfassung der wesentlichen Grundzusammenhänge notwendigen institutionellen Tatbestände ermöglicht indessen das Treffen von Aussagen, die nicht nur einen indivi-
dualspezifischen, sondern einen (unter den gegebenen Prämissen) allgemeingültigen Gehalt besitzen. Als zentrale Beispiele hierfür sind die Irrelevanztheoreme[1] und die Separationstheoreme[2] zu nennen. Für die Gewinnung solcher genereller Aussagen ist freilich ein Preis zu zahlen, der
zugleich die Schwächen des Ansatzes offenbart. Aus einer unzureichen-
den Beschreibung der Wirklichkeit abgeleitete Erkenntnisse können nur
schwer auf reale Problemsituationen übertragen werden und besitzen allenfalls ein bescheidenes Maß an empirischer Relevanz.[3] Der Standpunkt, der demgemäß von den Gegnern des Ansatzes vertreten wird, kann
zutreffend mit Standop formuliert werden: "Wirklichkeitsnahe Modelle
lassen sich deshalb nur unter Aufgabe der neoklassischen Konzeption
entwickeln."[4]

---

1) Vgl. Modigliani, F./Miller, M.: "Cost of Capital", 1958.

2) Vgl. Fisher, I.: "Theory", 1930, Reprint 1965, Modigliani, F./Miller, M.H.: "Cost of Capital", 1958 und Tobin, J.: "Liquidity Preference", 1958.

3) Anderer Auffassung ist etwa Miller, der die Irrelevanz der Kapitalstruktur für empirisch be-
legt erachtet; vgl. Miller, M.H.: "Debt", 1976.

4) Standop, D.: "Chicago-Schule", 1976, S.56.

b. Funktionen und Ausprägungen der Kapitalkosten im neoklassischen Ansatz

Kapitalkosten stellen im neoklassischen Ansatz das fundamentale Konzept[1] zur Formulierung von Entscheidungsregeln und zur Beurteilung von Handlungsalternativen dar. Haley und Schall[2] messen den Kapitalkosten drei wesentliche Funktionen zu, gemäß denen diese zu ermitteln sind, um

(1) optimale Finanzierungsentscheidungen zu treffen. Diejenige Finanzierungsweise ist optimal, bei der die durchschnittlichen Kapitalkosten minimiert werden. Die Minimierung der Kapitalkosten wird dabei allgemein als adäquate alternative Formulierung bzw. Operationalisierung des Oberziels der Marktwertmaximierung der Unternehmung aufgefaßt,[3]

(2) optimale Investitionsentscheidungen zu treffen. An Investitionsprojekte zu stellende Mindestrenditeforderungen und Kapitalkosten werden inhaltlich und, zumindest was den anglo-amerikanischen Sprachgebrauch anbelangt, auch begrifflich gleichgesetzt,

(3) Investitions- und Finanzierungsentscheidungen aufeinander abzustimmen. Hierbei wird die Identität der Mindestrenditeforderung für Investitionsprojekte (also der "Investitionskapitalkosten", vgl. (2)) und der Mindestverzinsungsansprüche der Kapitalgeber (also der "Finanzierungskapitalkosten", vgl. (1)) gefordert.

Kapitalkosten sind somit als Kriterien sowohl für Kapitalbeschaffungs- als auch für Kapitalverwendungsentscheidungen und für deren Koordination von Relevanz. Der für den traditionellen Ansatz typischen sukzessiven Auf-

---

1) Nicht wenige Autoren sprechen daher im kapital- und/oder kapitalmarkttheoretischen Zusammenhang vom "Kapitalkostenkonzept"; vgl. Solomon, E.: "Theory", 1963, S.27ff., Schneider, D.: "Investition", 1980, S.608.
2) Vgl. Haley, C.F./Schall, L.D.: "Problems", 1978, S.847f.
3) Vgl. hierzu Standop, D.: "Unternehmensfinanzierung", 1975, S.37ff. und den dort gegebenen Literaturüberblick.

fassung von Planung steht in der Finanzierungstheorie ein simultanes Planungsverständnis gegenüber.

Auch die Kapitalkostenermittlung selbst erfolgt unter anderen Vorzeichen, nämlich der Zugrundelegung vollkommener Kapitalmärkte.[1] Definiert man letztere mit Franke[2] als Märkte, die durch die Abwesenheit von Transaktionskosten und Steuern sowie die Möglichkeit unbeschränkter Kapitalaufnahme und -anlage zu einem einheitlichen Zinssatz gekennzeichnet sind, ergeben sich daraus Folgerungen, die für die Feststellung der Kapitalkosten auf "neoklassischem" Wege bedeutsam sind.

Institutionelle Faktoren, wie sie etwa die Auswirkungen der Besteuerung oder der Anfall (unterschiedlich hoher) Transaktionskosten darstellen, bleiben unbeachtet, die Funktion der Finanzierung(-sformen) wird vielmehr zunächst darin gesehen, Vermögenspositionen (i.e. Investitionserträge) in sog. Parten[3] zu zerlegen. Parten werden von Kapitalgebern gemäß ihrer Risikoeinstellung übernommen und legen fest, in welchem Umfang diese an den aus der Anlage resultierenden Ein- und Auszahlungen partizipieren.

Die Kapitalgebersicht prägt hier die Bewertungskonzeption: Nicht die durch eine spezifische Ausgestaltung von Finanzierungsinstrumenten verursachten Auszahlungen werden bewertet, sondern jene Erträge, die dadurch entgehen, daß die Mittel keiner alternativen Verwendung (Übernahme einer anderen Parte) mehr zugeführt werden können. Aus diesem, auch als Opportunitätskostenkonzept bezeichneten Ansatz folgt, daß Finanzierungskosten faktisch kapitalverwendungsseitig, nämlich durch die Rendite der nächstbesten Anlage definiert werden.

---

1) Eine Ausnahme bilden die an anderer Stelle behandelten und hier nicht weiter diskutierten Simultanplanungsansätze, denen die Annahmenkombination "unvollkommene Kapitalmärkte" und "sichere Erwartungen" zugrunde liegt.

2) Vgl. Franke, G.: "Kapitaltheorie", 1977, S.360.

3) Zum Partenteilungsansatz vgl. etwa Rudolph, B.: "Theorie", 1979, S.1036f. und die instruktive Darstellung bei Schmidt, R.H.: "Grundzüge", 1986, S.174ff.

Gegenüber der traditionellen Finanzwirtschaftslehre ergeben sich damit zwei wesentliche gedankliche Erweiterungen. Zum einen ermöglicht die Bewertung von Alternativverträgen grundsätzlich auch die Quantifizierung von Kosten, die nicht bzw. nicht unmittelbar zu Auszahlungen führen. Eine weitere beachtenswerte Konsequenz dieser Vorgehensweise liegt zudem in der Unsicherheit, mit der Vermögenspositionen behaftet sind, begründet. Während Risikoaspekte in der herkömmlichen Finanzierungslehre wegen der Vernachlässigung der Kapitalverwendungsseite allenfalls von unterge - ordneter Bedeutung waren, finden sie im neoklassischen Ansatz konzeptio - nell Berücksichtigung. So wirken etwa Risikoprämien, die von risikoscheu- en Investoren dafür verlangt werden, daß die Verzinsung einer Vermögens - position im Vergleich zu einer gleichrentierlichen risikolosen Anlage unsi - cher[1] ist, kapitalkostenerhöhend und mindern damit den Wert der Parte.[2]

In Abgrenzung zur geschilderten kapitaltheoretischen Sichtweise herrscht in der kapitalmarkttheoretischen Orientierung des neoklassischen Ansatzes eine modifizierte Bewertungskonzeption vor. Parten werden hier nicht ent - scheidungsträgerorientiert, d.h. unter Bezugnahme auf individuelle Verzin - sungsansprüche, sondern unabhängig davon, durch den "Markt" bewertet. Folgt man der Vorstellung, daß der Wert einer Parte (z.B. börsennotierte Beteiligungstitel) als Marktpreis bekannt ist und ohne den direkten Rückgriff auf die Renditeforderung von Kapitalgebern bestimmt werden kann, so sind die Kapitalkosten aus dem Verhältnis von (erwarteten) Ein- bzw. Auszah- lungen und dem Wert der Parte ableitbar.[3]

Die Grenzen der Kapitalkostenermittlung im neoklassischen Ansatz erge - ben sich letztlich aus den vereinfachenden Annahmen über die Beschaf- fenheit der Realität. In einer Welt ohne Transaktionskosten und Steuern, in

---

1) Vgl. Hax, H.: "Finanzierung", 1984, S.404f.

2) Allgemein formuliert entspricht der Wert einer Parte dem Verhältnis der ihr zurechenbaren (erwarteten) Ein- bzw. Auszahlungen zu den Kapitalkosten.

3) Eine Implikation dieser Vorgehensweise liegt darin, daß der Kapitalkostensatz nicht mehr die Risikoeinstellung des Kapitalgebers, sondern die Risikoposition der Parte reflektiert.

der zudem zu einem einheitlichen Zinssatz Mittel aufgenommen und angelegt werden können, sind die mit der institutionellen Ausgestaltung empirisch bedeutsamer Finanzierungsformen verbundenen Kosten nicht einmal begrifflich erfaßbar.

2.1.3. Die neoinstitutionalistische Sichtweise - zur informationsökonomisch-verfügungsrechtlichen Dimension des Kapitalkostenproblems

a. Erklärungszielsetzung der neoinstitutionalistischen Sichtweise

Ausgehend von einer kritischen Einschätzung des in weiten Bereichen der Wirtschaftswissenschaften praktizierten "hard science approach", sind unabhängig voneinander Ansätze mit der Zielsetzung (weiter-)entwickelt worden, auf dem Wege einer realistischeren, insbesondere auch Verhaltenseinflüsse und Marktunvollkommenheiten einbeziehenden Prämissensetzung zu wirklichkeitsgerechteren Aussagen zu gelangen. Namentlich zu nennen sind insbesondere die Property-Rights Theorie[1], die Agency Theory[2] und die Theorie des Incentive Signalling[3].

Der von Schmidt[4] geprägte Ausdruck des Neoinstitutionalismus steht für ein Konzept, das jene Erkenntnisse der genannten Theorien, die als geeignet erscheinen, institutionelle Tatbestände in finanzierungstheoretische Überlegungen einzubeziehen, in einen gemeinsamen Bezugsrahmen integriert. Angeknüpft wird dabei an der Aufhebung der in der neoklassischen Theorie zur Ableitung der Irrelevanztheoreme explizit formulierten Prämis-

---

1) Vgl. Coase, R.H.: "Nature", 1937, ders.: "Social Cost", 1960; Alchian, A.: "Advances", 1965, Demsetz, H.: "Theory", 1967.

2) Vgl. Ross, S.A.: "Theory", 1973, Jensen, M.C./Meckling, W.H.: "Theory", 1976.

3) Vgl. Akerlof, G.: "Lemons", 1970, Spence, A.M.: "Job Market", 1973, Leland, H.E./Pyle, D.H.: "Informational Asymmetries", 1977, Ross, S.A.: "Incentive-Signalling", 1977.

4) Vgl. Schmidt, R.H.: "Ansatz", 1981, ders.: "Grundformen", 1981, ders.: "Grundzüge", 1986, S.186ff.

se homogener Erwartungen hinsichtlich der Verteilung der aus Vermögenspositionen resultierenden Ein- bzw. Auszahlungen.

Geht man (realistischerweise) davon aus, daß etwa bei Kapitalüberlassungsverhältnissen Informationsungleichgewichte dergestalt bestehen, daß Kapitalnehmer über die zu finanzierende Vermögensposition besser informiert sind als die Kapitalgeber, so ergeben sich für erstere daraus offensichtlich Anreize[1], diesen Vorteil auszunutzen.[2] Andererseits ist zu vermuten, daß Kapitalgeber sich der Risiken bewußt sind und unter diesen Umständen ggf. nicht bereit sein werden, das Kapitalüberlassungsverhältnis einzugehen; die Finanzierung käme möglicherweise nicht zustande.

An dieser Stelle kommt die Erklärungszielsetzung der neoinstitutionalistischen Sichtweise zum Tragen: Finanzierungsformen werden als Bündel von Maßnahmen aufgefaßt, die es dem Kapitalgeber gestatten, sich vor den genannten Risiken wirksam zu schützen und auf diese Weise das Finanzierungsverhältnis u.U. überhaupt erst ermöglichen.

Im Vergleich zum neoklassischen Ansatz erfährt die Finanzierung hier eine umfassendere Auslegung: Neben die Aufteilung der Ansprüche auf Investitionserträge in Parten tritt das Erfordernis, den Informationsstand der Finanziers zu erhöhen bzw. ihren Informationsbedarf zu reduzieren. Dies wird insbesondere sichergestellt durch die Einräumung von Verfügungsrechten.[3]

Finanzierungsformen stellen in der neoinstitutionalistischen Sichtweise Instrumente zur Überwindung der für Kapitalüberlassungsverhältnisse typi -

---

1) Dieses Phänomen wird in der Literatur auch als "moral hazard" (moralische Anfechtbarkeit) bezeichnet; vgl. z.B. Schneider, D.: "Betriebswirtschaftslehre", 1985, S.507.

2) Zu denken ist dabei an eine zu günstige Darstellung der Ertragsaussichten vor der Kapitalüberlassung und/oder die einseitige Wahrnehmung von Eigeninteressen bei nach der Kapitalüberlassung zu treffenden Folgeentscheidungen.

3) Zu nennen sind vor allem Informations-, Kündigungs- und Haftungsbegrenzungsrechte sowie die Mitsprache bei Entscheidungen (Kontrollrechte).

schen, asymmetrischen Informationsverteilung dar und sind damit auch theoretisch erklärbar. Über diesen positiven Theorieaspekt hinaus ist eben- falls eine normative Verwendung denkbar, die in der Empfehlung besteht "... Kapitalgeber so ... zu informieren und zu sichern, daß die Gesamtheit der bewerteten Nachteile, die aus der ursprünglich ungleichen Informationsverteilung resultieren, ein Minimum erreicht."[1]

b. Funktionen und Ausprägungen der Kapitalkosten im neoinstitutionalistischen Ansatz

Kapitalkosten dienen im neoinstitutionalistischen Ansatz hauptsächlich dazu, die Vorteilhaftigkeit von Finanzierungsalternativen zu beurteilen und ggf. Bedingungen für die Realisierung von Finanzierungsoptima anzugeben. Eine Finanzierungsmaßnahme ist einer anderen vorzuziehen, wenn die Summe der bewerteten Nachteile, die ein Kapitalnehmer zu ihrer Realisierung hinnehmen muß, geringer ist; ein Finanzierungsoptimum ist dementsprechend dann erreicht, wenn sie minimal wird.

Methodische Grundlage eines so interpretierten Kapitalkostenbegriffs[2] ist das aus der Property-Rights Theorie bekannte Transaktionskonzept.[3] Zu bewertende Transaktionskosten im Sinne der vorliegenden Problemstellung sind folglich beispielsweise Kosten der Gewährung von Haftungsbeschränkungen, Kosten der Informationseinräumung oder der (Mit-)Geschäftsführung.

---

1) Schmidt, R.H.: "Grundformen", 1981, S.192.

2) Der hier verwendete Kapitalkostenbegriff ist wesentlich weiter als der in den vorangegangenen Konzeptionen zugrundegelegte: In Abgrenzung zum traditionellen Ansatz beinhaltet er auch solche Kosten, die nicht mit Auszahlungen verbunden sind (vgl. S.59 FN3); gegenüber dem neoklassischen Ansatz jene Kosten, die aus der Aufhebung der Prämisse des vollkommenen Kapitalmarktes resultieren. Schmidt spricht daher, nach seiner Auffassung umfassender, von Finanzierungskosten; vgl. Schmidt, R.H.: "Ansatz", 1981, S.146ff.

3) Vgl. zum Transaktionskonzept: Coase, R.H.: "Social Cost", 1960, S.15.

Die Schwächen der Bewertungskonzeption und damit des Ansatzes an sich sind unübersehbar: Transaktionskosten werden letztlich aus dem allgemeinen Ziel der Nutzenmaximierung abgeleitet[1] und sind von daher zwar einer begrifflichen, kaum aber einer numerischen Bestimmung zugänglich. Getroffen werden vornehmlich qualitative Aussagen, die nicht unmittelbar in operationale Handlungsempfehlungen umgesetzt werden können.

Immerhin ist aber zumindest die begriffliche Konkretisierung von Marktunvollkommenheiten als Fortschritt zu betrachten: "Wenn sich fallweise begründen läßt, welche Annahme über die Funktionsfähigkeit der relevanten Märkte vertretbar ist, kann auch der Einsatz (anderer; d.V.) ... Planungs- und Entscheidungstechniken begründet werden."[2]

2.2. Kapitalkostendefinitionen und ihre theoretischen Grundlagen

2.2.1. Definitionskonzepte zur Bestimmung der Eigenkapitalkosten

Die Unterschiedlichkeit der geschilderten Forschungsansätze konkretisiert sich im Hinblick auf die Definition des Eigenkapitals zunächst darin, daß man sich, abhängig vom jeweiligen Erklärungsansatz, mit unterschiedlichen Begriffsextensionen auseinanderzusetzen hat.

Der am stärksten differenzierte Eigenkapitalbegriff findet sich dabei in der traditionellen Finanzierungslehre.[3] Dies gilt insbesondere für die externen Maßnahmen der Eigenfinanzierung, die i.d.R. nach den Merkmalen der Unternehmensrechtsform und des Finanzierungsanlasses weitergehend un-

---

[1] Vgl. Schneider, D.: "Betriebswirtschaftslehre", 1985, S.491.

[2] Schmidt, R.H.: "Finanztheorie", 1983, S.486.

[3] Neuere Darstellungen des Eigenkapitalbegriffs in der Finanzierungslehre finden sich etwa bei Hahn, O.: "Finanzwirtschaft", 1983, Wöhe, G./Bilstein, J.: "Unternehmensfinanzierung", 1984, Drukarczyk, J.: "Finanzierung", 1986 und Vormbaum, H.: "Finanzierung", 1986.

terschieden werden.[1] Die Vielzahl der einzelnen Beteiligungsfinanzierungsformen kann so in empirisch zutreffender Weise begrifflich erfaßt werden. Die internen Eigenfinanzierungsmaßnahmen werden demgegenüber vorwiegend danach differenziert, ob der entsprechende Mittelzufluß aus dem Umsatzprozeß auf dem Wege der Gewinnerwirtschaftung, der Abschreibung von eigenfinanzierten Vermögensgegenständen oder sonstiger (Eigen-)Kapitalfreisetzungen erfolgt.

Da der neoklassische Ansatz von diesen institutionellen Regelungen weitgehend abstrahiert, ist hier die definitorische Festlegung des Eigenkapitalbegriffs entsprechend weniger vielschichtig. Finanzierungsformen unterscheiden sich gemäß dem zugrundeliegenden Partenteilungsansatz überhaupt nur danach, in welchem Umfang die an der Finanzierung beteiligten Parteien an den erwirtschafteten Investitionserträgen partizipieren. Damit reduziert sich die Eigenfinanzierung faktisch zunächst auf den Anspruch des Kapitalgebers auf einen proportionalen Anteil am Einzahlungsüberschuß. In der neoklassischen Literatur wird demzufolge als Eigenkapital vorwiegend die Beteiligungsfinanzierung betrachtet und abgehandelt; die Selbstfinanzierung ist hauptsächlich deshalb relevant, weil sie als Problem der Ausschüttungspolitik aufgefaßt wird[2], ohne sich von der Beteiligungsfinanzierung materiell zu unterscheiden.[3]

Diese relativ enge Ausrichtung wird vom neoinstitutionalistischen Ansatz überwunden. Die Interpretation von Finanzierungsformen als Kombination von Rechten und Handlungsmöglichkeiten der Kapitalgeber erlaubt es, zwischen verschiedenen Eigenkapitalformen zu unterscheiden.[4] Dabei liegt das Hauptaugenmerk bei der Beteiligungsfinanzierung auf der Inter-

---

[1] Vgl. die auf S.61 FN3 angegebene Literatur.

[2] Vgl. z.B. Schmidt, R.H.: "Grundzüge", 1986, S.186 und 209.

[3] Dies gilt insbesondere auch für die mit diesen Finanzierungsformen verbundenen Kapitalkosten; vgl. z.B. Schmidt, R.H.: "Grundzüge", 1986, S.195.

[4] Vgl. hierzu insbesondere Schmidt, R.H.: "Grundformen", 1981, der die Eigenkapitalfinanzierung einer idealtypischen Personengesellschaft und jene einer idealtypischen Kapitalgesellschaft unterscheidet.

aktionsbeziehung zwischen Kapitalgeber und Kapitalnehmer, während die Selbstfinanzierung auch hier vorwiegend unter dem Gesichtspunkt der Überschußverwendung diskutiert wird.[1]

2.2.1.1. Eigenkapitalkosten im traditionellen Ansatz

Wie bereits oben dargelegt[2], werden im traditionellen Ansatz als Kapitalkosten nur jene Aufwendungen aufgefaßt, die insofern quantifizierbar sind, als sie unmittelbar zu Auszahlungen führen.[3] In diesem Sinne definierte Kapitalkosten können vielfältiger Natur sein.[4] Gemeinsam ist ihnen, daß sie jeweils nur einzelfallbezogen ermittelt werden können, da Auftreten und Ausmaß der Auszahlungen abhängig von den institutionellen Bedingungen sind, unter denen der Kapitalzufluß erfolgt (z.B. Rechtsform). Legt man beispielsweise für den Fall der Beteiligungsfinanzierung exemplarisch die Kapitalerhöhung einer Aktiengesellschaft zugrunde, so sind etwa folgende kostenverursachende Tatbestände zu berücksichtigen:[5]

(1) <u>Vorbereitungskosten</u>
  - Kosten der Hauptversammlung (Einladung, Veröffentlichung, etc.)
  - Notarkosten (Feststellung des Beschlusses der Hauptversammlung, Handelsregistereintragung)

---

1) Vgl. Drukarczyk, J.: "Finanzierung", 1986, S.239.

2) Vgl. S.50ff. dieser Arbeit.

3) Hinzuweisen ist darauf, daß der traditionelle Kapitalkostenbegriff sich insofern nicht mit den - etwa von Süchting verwendeten - sog. expliziten Kapitalkosten deckt, da er keine Gewinnausschüttungen umfaßt. Vgl. hierzu unten, S. 63f. und Süchting, J.: "Finanzmanagement", 1984.

4) Vgl. z.B. Oberparleiter, K.: "Kapitalkosten", 1954, S.2f.

5) Vgl. hierzu die ausführlichen Darstellungen etwa bei Albach, H.: "Kapitalausstattung", 1984, S.23f., Fritsch, U.: "Eigenkapitallücke", 1984, S.62ff., Hielscher, U./Laubscher, H.D.: "Finanzierungskosten", 1976, S.30ff. und Rusch, H.: "Wandelschuldverschreibung", 1956, S.134ff.

(2) Begebungskosten
 - Übernahmeprovision
 - Gesellschaftsteuer
 - Kosten für den Druck der Aktien

(3) Kosten der Börseneinführung
 - Börseneinführungsprovision
 - Kosten der Kurspflege
 - Bogenerneuerungsdienst.

Als problematisch erweist sich bei einer auf diese Weise durchgeführten Kapitalkostenermittlung neben dem Umstand, daß die aufgeführten Kosten - bestandteile z.T. schwierig zu bestimmen sind[1], insbesondere die Tatsa - che, daß ein Großteil der genannten Aufwendungen einmalig anfällt. Da die Dauer der Kapitalüberlassung bei der Beteiligungsfinanzierung in der Regel ex ante nicht bestimmt werden kann, ist eine Verteilung auf die Perioden, in welchen das Kapital genutzt wird, nicht möglich. Es kann somit keine Zahlungsreihe aufgestellt werden, für die sich ein interner Zinsfuß er - mitteln ließe.[2]

Hinzu tritt, daß ein Kapitalnutzungsentgelt, welches sich Kapitalgeber in Form des Anspruchs auf Beteiligung an den ggfs. erwirtschafteten Ertrags - überschüssen ausbedingen, nach traditioneller Auffassung sinnvoll nicht erfaßt werden kann. Dies hat zunächst Gründe, die in der Begriffsdefinition zu suchen sind; etwaige Dividendenzahlungen bzw. Gewinnausschüttun - gen stellen nach herkömmlicher Sichtweise bereits terminologisch keine Kosten dar.[3] Zwar mangelt es dennoch nicht an Empfehlungen, die Eigen - kapitalkosten unter Einbeziehung der ausgeschütteten Gewinnanteile zu

---

1) Vgl. hierzu im einzelnen Abschnitt 2.3. der Arbeit.

2) Geht man von der plausiblen Vorstellung aus, daß die Laufzeit unbegrenzt ist, so tendie - ren die Emissionskosten gegen 0.

3) Vgl. etwa Lipfert, H.: "Unternehmensfinanzierung", 1969, S.42f.

ermitteln[1]), hier besteht indessen das Problem, daß die Kapitalgeberansprüche auf diese Weise kaum vollständig erfaßt werden können. Versucht man, um diesem Mangel abzuhelfen, auch thesaurierte Gewinnanteile zu berücksichtigen, so ergibt sich die Schwierigkeit, daß diese erst mit der Liquidation der Unternehmung zur Auszahlung gelangen und insofern zum Bewertungszeitpunkt kaum hinreichend genau quantifizierbar sein dürften.

Festzustellen ist freilich, daß selbst eine in diesem Sinne korrekte Quantifizierung der den Kapitalgebern zuzurechnenden Ausschüttungen und Einbehaltungen nicht zu sinnvollen Ergebnissen führen würde. Die Eigenkapitalkosten wären in ertragsstarken Zeiten höher als in ertragsschwachen Zeiten; würden keine Gewinne erzielt, bestünde die Implikation gar darin, daß Eigenkapital "kostenlos" wäre.[2])

Als ähnlich gering ist die Leistungsfähigkeit des traditionellen Ansatzes im Hinblick auf die Bestimmung der Kosten der auf dem Wege der Innenfinanzierung gewonnenen Eigenmittel einzustufen. Da im Gegensatz zu den Maßnahmen der externen Finanzierung i.d.R. weder Beschaffungsaufwendungen noch Auszahlungsverpflichtungen gegenüber den Kapitalgebern anfallen, bestehen kaum Anhaltspunkte, die Finanzierungskosten aus Zahlungen abzuleiten.

Diese Einschätzung läßt sich etwa für die Kosten der Abschreibungsfinanzierung treffend mit einem Zitat von Hielscher/Laubscher belegen: "Die Finanzierung mit diesen Mitteln erfordert weder Fremdleistungs- noch Nutzungskosten. Soweit Abschreibungen aufgrund steuerlicher Bestimmungen absetzbar sind, fallen auch keine steuerlichen Belastungen an. Demnach sind die Finanzierungskosten gleich Null."[3]) Ähnlich ist die Argumentation im Falle der Selbstfinanzierung, welche "... als die uneingeschränkt

---

1) Vgl. für viele z.B. Büschgen, Hans E.: "Aktienemission", 1967, S.112ff.

2) Vgl. Fischer, O.: "Entwicklungen", 1969, S.34f., Hax, H.: "Finanzierung", 1984, S.404.

3) Hielscher, U./Laubscher, H.D.: "Finanzierungskosten", 1976, S.76.

günstigste Finanzierungsquelle"[1], die "keine Kosten"[2] verursacht, angesehen wird. Dies würde freilich implizieren, daß es sinnvoll wäre, diese Mittel auch noch so gering verzinslichen Anlagen zuzuführen.

2.2.1.2. Eigenkapitalkosten im neoklassischen Ansatz

2.2.1.2.1. Alternativertragsätze als grundlegende Bewertungskonzeption

Gemeinsames Kennzeichen der neoklassischen Arbeiten auf dem Gebiet der Kapitalkostenermittlung ist - wie bereits erwähnt[3] - zunächst eine maß - gebliche Erweiterung der Problemsicht gegenüber dem traditionellen An - satz. Im Mittelpunkt der Analysen stehen demnach nicht länger die Modalitäten, unter denen die Kapitalbeschaffung aus Sicht der Unternehmung vonstatten geht; angeknüpft wird vielmehr an den Zielvorstellungen und dem Entscheidungsfeld der jeweiligen Kapitalgeber.

Die reine Zahlungsorientierung wird dabei überwunden durch die Grund - überlegung, daß Investoren gewöhnlich nur dann bereit sind, einer Unter - nehmung finanzielle Mittel zur Verfügung zu stellen, wenn mit einem sol - chen Engagement eine Anwartschaft auf die Erfüllung gewisser Mindestverzinsungsvorstellungen einhergeht. Bei der Bestimmung ihrer Mindestverzinsung werden sich potentielle Kapitalgeber an ihren Opportunitätsko - sten ausrichten, also an jenen Erträgen, die ihnen dadurch entgehen, daß sie die Mittel keiner der ihnen zur Verfügung stehenden sonstigen Anlage - möglichkeiten zuführen können. Die der Unternehmung entstehenden Eigenkapitalkosten werden somit bewertet anhand der Renditeforderungen

---

[1] Hahn, D.: "Finanzwirtschaft", 1983, S.338.

[2] Ebenda; z.T. werden auch jene zusätzlichen Steuerzahlungen, die daraus resultieren, daß die Rücklagenbildung die Bemessungsgrundlage für die vermögensabhängigen Steuern erhöht, als Kosten der Selbstfinanzierung aufgefaßt; vgl. Hielscher, U./Laub - scher, H.D.: "Finanzierungskosten", 1976, S.71.

[3] Vgl. S. 52ff. dieser Arbeit.

der Kapitalgeber, welche diese wiederum subjektiv aus den Ertragsätzen der günstigsten Verwendungsalternative ableiten.[1]

Diese auf den ersten Blick einleuchtende Bewertungskonzeption offenbart indessen Schwächen beim Versuch, sie zu operationalisieren. Evident ist zunächst das Problem, vor dem eine Unternehmung mit mehreren Eigenkapitalgebern (zu denken ist etwa an eine Publikumsgesellschaft) unweigerlich steht, wenn sie ihre Eigenkapitalkosten auf die geschilderte Weise ermitteln will. Es ist schwer vorstellbar, daß die Aktionäre, geschweige denn deren Renditeforderungen, im einzelnen bekannt sind. Selbst die Kenntnis davon dürfte kaum weiterhelfen: Geht man realistischerweise davon aus, daß die Zielvorstellungen und Entscheidungsfelder der Anleger individuell verschieden sind, so resultieren daraus i.d.R. auch unterschiedlich hohe Opportunitätskosten. Zwar ist es möglich, letztere zu einem einheitlichen Satz zu aggregieren, der Individualität der Ertragserwartungen wird dann aber nicht mehr Rechnung getragen.

Schwierigkeiten werfen auch jene Operationalisierungsansätze auf, die das Problem insofern umgehen, als sie allen Anlegern ohne Rückgriff auf deren persönliche Alternativrenditen einen einheitlichen, gleichsam "objektiven" Opportunitätskostensatz unterstellen.[2] So wäre es zunächst denkbar, der Bewertung eine jedermann zugängliche Anlagealternative zugrundezulegen, deren Risiko mit jenem vergleichbar ist, welches mit der Investition in der Unternehmung anfällt. Es liegt jedoch auf der Hand, daß das Vorhandensein einer solchen Anlage eher die Ausnahme sein wird und im Regelfall nicht zur Bewertung herangezogen werden kann.

Vielfach diskutiert worden ist weiterhin der Vorschlag, als Alternativvertragssatz den Zinsfuß festverzinslicher Wertpapiere anzusetzen. Sollen die Eigenkapitalkosten auf diese Weise ermittelt werden, so ist zu beachten, daß festverzinsliche Wertpapiere eine relativ sichere Rendite erbringen,

---

1) Vgl. etwa Süchting, J.: Finanzmanagement", 1984, S.317f.

2) Vgl. Hax, H.: "Finanzierung", 1984, S.404f.

während die Investition in die Unternehmung mit vergleichsweise großen Risiken behaftet ist. In der Bemessung der Prämie für die Übernahme dieses zusätzlichen Risikos liegt hier die Schwierigkeit, die letzlich zur subjekt- bezogenen Bewertung zurückführt: Ein angemessener Renditezuschlag kann sinnvoll nur unter Bezugnahme auf die individuellen Risikoeinstellungen der Kapitalgeber quantifiziert werden.

Der wesentliche Vorzug des Opportunitätskostenprinzips ist somit vor allem in der Eröffnung einer neuen Bewertungsperspektive zu sehen, während die Maßstäbe, die sich prima facie zur Operationalisierung dieser Konzeption anbieten, kaum als geeignet erscheinen, die Eigenkapitalkosten zutreffend zu ermitteln. Hierzu bedarf es offensichtlich solcher Kriterien, welche die Probleme, die aus der Individualität der Ertragserwartungen bzw. aus der Subjektivität der Risikobewertung resultieren, konzeptionell berücksichtigen. Auf diese soll im folgenden eingegangen werden.

2.2.1.2.2. Kapitaltheoretische Kapitalkostenbestimmung: Das Dividenden-wachstumsmodell

Ein Ansatz zur Vereinheitlichung der unterschiedlichen Alternativrenditen der Anleger besteht in der Verknüpfung des Opportunitätskostenansatzes mit gleichgewichtstheoretischen Bedingungen auf vollkommenen Kapital- märkten. Ausgegangen wird dabei zunächst von einem Aktienbewertungs- modell, nach welchem Aktionäre den Wert eines Unternehmensanteils (P_0) durch die Kapitalisierung aller zukünftigen Dividenden (D_t) ermitteln, wobei sie als Diskontierungsfaktor (r) ihren Alternativertragssatz ansetzen. Unter diesen Bedingungen errechnet sich der Anteilswert als

$$P_0 = \sum_{t=1}^{\infty} \frac{D_t}{(1+r)^t} \qquad (1.1.)$$

bzw. unter der üblichen Annahme im Zeitablauf gleichbleibender Dividendenzahlungen als

$$P_0 = \frac{D}{r}. \qquad (1.2.)$$

Geht man weiterhin davon aus, daß die Dividenden mit einer konstanten
Rate (g) wachsen[1], so erhält man mit

$$P_0 = \frac{D_1}{r-g} \qquad (1.3.)$$

die als Gordon-Modell[2] bekannte Bewertungsformel für eine wachsende
Unternehmung.

Es läßt sich nun zeigen, daß im Kapitalmarktgleichgewicht der Diskontierungsfaktor r nicht nur die Renditeforderungen der Anleger, sondern zugleich den Finanzierungskostensatz der Unternehmung widerspiegelt.[3]
Dabei wird unterstellt, daß Anleger den realen Marktwert einer Aktie mit jenem Preis P_0 vergleichen, den sie aufgrund ihres persönlichen Alternativ-
ertragsatzes gemäß Gleichung (1.3.) ermitteln. Die durch diesen Vergleich
ausgelösten Aktionen der (ggf. potentiellen) Aktionäre (Zukauf/Verkauf;
Kauf/Nichtkauf) beeinflussen den Marktwert der Aktien solange, bis er
"... mit dem auf der Basis der individuellen Rentabilitäts- und Risikoerwar-
tungen der Aktionäre ermittelten Preis übereinstimmt."[4] Deren subjektive
Präferenzen werden somit durch den Gleichgewichtskurs P_0 quasi harmo-

---

1) Diese Wachstumsrate ergibt sich aus der Multiplikation der (konstanten) Selbstfinanzierungsquote b mit der (ebenfalls als konstant angenommenen) Rendite i, die die Gesellschaft voraussetzungsgemäß auf ihre einbehaltenen Gewinne erzielt (g = b · i); vgl. Gordon, M.J./Shapiro, E.: "Mindestrendite", 1975, S.57.

2) Vgl. Gordon, M.J./Shapiro, E.: "Mindestrendite", 1975 und Gordon, M.J.: "Investment",
1962, S.43ff.

3) Ein anschauliches numerisches Beispiel hierzu geben Weston, J.F./Brigham, E.F.:
"Finance", 1981, S.598f.

4) Gerke, W./Philipp, F.: "Finanzierung", 1985, S.102.

nisiert.[1] Dies erlaubt es wiederum der Unternehmung, ihre (mit den Opportunitätskosten der Anleger nunmehr identischen) Eigenkapitalkosten (k_{EK}), bekannte zukünftige Dividendenzahlungen vorausgesetzt, durch Auflösung des Ausdrucks (1.3.) nach r zu berechnen.

$$k_{EK} = r = \frac{D_1}{P_0} + g \qquad (1.4.)$$

Bei dieser Vorgehensweise ist allerdings zu beachten, daß es sich bei dem Dividendenwachstumsmodell gem. Beziehung (1.3.) um eine normative Bewertungsgleichung handelt, die zunächst nur eine Aussage darüber zuläßt "... wie Aktionäre vernünftigerweise Aktien bewerten sollten."[2] Verwendet man diesen Ansatz dagegen als Erklärungsmodell für die Preisbildung von Aktien, so unterstellt man implizit, daß Anleger die Aktienwertermittlung auch tatsächlich auf jene Weise durchführen, die das (normative) Dividendenwachstumsmodell vorsieht.

Neben der im Modell unterstellten reinen Eigen- und Innenfinanzierung[3] sind ebenfalls die sehr weitgehenden Konstanzbedingungen[4] des Ansatzes als mögliche Anwendungsbeschränkungen zu werten. Sie erstrecken sich auf die Selbstfinanzierungsquote der Unternehmung, die von ihr erzielbaren, sicheren (!) Investitionsrenditen und insbesondere auf die Dividendenwachstumsrate[5]. Zwar sind diese mit den Annahmen eines im Gleichgewicht befindlichen vollkommenen Kapitalmarktes unter Sicherheit

---

1) Damit wird allerdings implizit der Fall eingeschlossen, daß Anleger denselben Aktienkurs aufgrund unterschiedlicher Dividendenerwartungen und Mindestrenditeforderungen ermitteln.

2) Schmidt, R.H.: "Grundzüge", 1986, S.199.

3) Vgl. hierzu auch die Ausführungen in den Abschnitten 2.3.1.1.2. und 2.3.2.1. dieser Arbeit.

4) Vgl. hierzu insbesondere Robichek, A.A./Myers, S.C.: "Decisions", 1965, S.62ff.

5) Zu beachten ist außerdem, daß die Wachstumsrate aufgrund der Struktur von Gleichung (1.3.) immer geringer zu wählen ist als die Renditeforderung r, damit überhaupt ein (sinnvoller) Kurswert bestimmt werden kann.

theoretisch konsistent, schwer zu beantworten ist jedoch die Frage, welche Auswirkungen die Einbeziehung von Ungleichgewichtsphänomenen, wie sie etwa profitable[1] Investitionsmöglichkeiten darstellen, hierauf zeitigt.

Die Antwort hierauf und damit die Beurteilung der Anwendungseignung wird von der Finanzierungsliteratur auf den Einzelfall verlagert, wie das folgende Zitat von Van Horne belegen mag: "If it is felt ... that a perpetual-growth model is an appropriate valuation model, ... (it, d.V.) might be used in determining the cost of equity capital".[2] Es bleibt daher zu untersuchen, ob es gelingt, dieses "Gefühl" durch die Bereitstellung geeigneten empirischen Datenmaterials soweit zu konkretisieren, daß eine etwas verbindlichere Bewertung des Modells getroffen werden kann.

2.2.1.2.3. Risikoadjustierte Kapitalkostenermittlung mit Hilfe des CAPM

Relativ neu ist der Ansatz, die Kosten des Eigenkapitals von Unternehmungen als Gleichgewichtsrenditen riskanter Wertpapiere mithilfe des Capital Asset Pricing Model (CAPM) aus dem Kapitalmarkt abzuleiten.[3] Methodische Basis[4] dieser Vorgehensweise ist neben preis-, allokations- und risikopräferenztheoretischen Grundzusammenhängen insbesondere die auf Markowitz zurückgehende und von Tobin maßgeblich erweiterte

---

[1] Als profitabel ist in dieser Interpretation ein Projekt zu bezeichnen, das eine über die Gleichgewichtsrendite hinausgehende Verzinsung erbringt.

[2] Van Horne, J.C.: "Financial Management", 1980, S.229.

[3] Das CAPM hat im Anschluß an die originären Beiträge von Sharpe, Lintner und Mossin (vgl. S.52 FN 5-7) inzwischen breiten Eingang in die theoretische und in die Lehrbuchliteratur gefunden; die folgenden Ausführungen stützen sich insbesondere auf die Publikationen von Brealey, R.A./Myers, S.C.: "Principles", 1984, S.117ff., Copeland, T.E./Weston, J.F.: "Theory", 1983, S.142ff., Van Horne, J.: "Financial Management", 1980, S.190ff. sowie für die deutschsprachige Literatur auf Drukarczyk, J.: "Finanzierungstheorie", 1980, S.293ff., Schneider, D.: "Investition", 1980, S.517ff., Schmidt, R.H.: "Grundzüge", 1986, S.243ff. und Krahnen, J.P.: "Finanztheorie", 1983, S.31ff.

[4] Vgl. Adelberger, O.L.: "Lösung", 1981, S.102.

Theorie der optimalen Wertpapiermischung. Unter den Voraussetzungen, daß[1]

(1) der Betrachtungszeitraum eine Periode umfaßt,

(2) die Anleger
- risikoscheu sind,
- am Kapitalmarkt als Preisnehmer auftreten,
- den Nutzen ihres Endvermögens maximieren,
- identische Wahrscheinlichkeitsverteilungen hinsichtlich des Erwartungswertes und der Varianz für die Aktienrendite je Unternehmen besitzen,

(3) der Kapitalmarkt insofern vollkommen ist, als
- alle Anlageobjekte unendlich teilbar sind,
- Informationen frei und kostenlos zur Verfügung stehen,
- weder Transaktionskosten, Steuern noch sonstige Marktunvollkommenheiten existieren,
- alle Marktteilnehmer ungehinderten Marktzutritt haben und zum risikofreien einheitlichen Zinssatz Kapitalanlagen und -aufnahmen tätigen können,

läßt sich zunächst zeigen, daß Anleger unter größtmöglicher Ausnutzung von risikovermindernden Diversifikationseffekten nur solche Portfolios nachfragen, die in dem Sinne effizient sind, daß sie bei gegebener erwarteter Rendite das geringste Risiko bzw. bei gegebenem Risiko den höchsten Renditeerwartungswert aufweisen. Bezieht man in einem zweiten Schritt die Möglichkeit ein, zum Zinssatz R_f risikolose Kapitalanlagen zu tätigen, so können Portfolios aus riskanten und risikofreien Titeln gebildet werden.

---

[1] Vgl. Copeland, T.E./Weston, J.F.: "Theory", 1983, S.186.

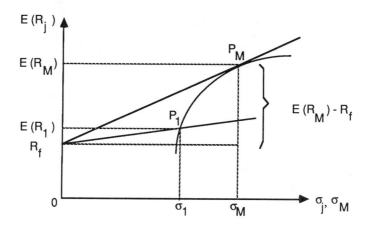

Abb.3: Ableitung der Kapitalmarktlinie

Repräsentiert der Punkt R_f den risikofreien Zinssatz und die gekrümmte Kurve die Linie der effizienten Portefeuilles, dann geben etwa die Punkte auf den Strahlen $R_f P_1$ und $R_f P_M$ mögliche Mischungsverhältnisse der beiden Anlageformen an.[1] Dabei dominieren Portfoliokombinationen aus R_f und P_M alle übrigen denkbaren Zusammensetzungen, weil sie bei gleichem Erwartungswert jeweils ein geringeres Risiko, bei gleichem Risiko einen jeweils höheren Erwartungswert aufweisen als die übrigen Kombinationen. Alle Anleger investieren daher ungeachtet ihrer Risikopräferenzen in das Optimalportfolio P_M (sog. Marktportefeuille), das demzufolge Anteile aller risikobehafteten Titel enthält und frei von diversifizierbaren Risiken ist.

Die Berücksichtigung der individuellen Risikoeinstellungen findet ihren Niederschlag ausschließlich in der Aufteilung des Investitionsbetrages auf die risikolose Anlage und auf die risikobehaftete Anlage.[2]

---

[1] Links vom Schnitt- bzw. Tangentialpunkt befindliche Positionen stellen dabei Anlagen, rechts davon befindliche Aufnahmen von Kapital zum risikolosen Zinssatz dar.

[2] Die Unabhängigkeit der Anlageentscheidung von den individuellen Risikoeinstellungen der Investoren ist Inhalt des Tobin'schen Separationstheorems.

Graphisch resultiert daraus eine neue Effizienzlinie in Form eines in R_f beginnenden, die Kurve der riskanten effizienten Portefeuilles tangierenden Strahls. Dieser wird als Kapitalmarktlinie ("capital market line") bezeichnet und gibt mit seiner Steigung

$$\frac{E(R_M) - R_f}{\sigma_M} \qquad (2.1.)$$

an, wie die Übernahme einer zusätzlichen Risikoeinheit vom Markt honoriert wird.

Aufbauend auf der Konzeption der Kapitalmarktlinie läßt sich in einem weiteren Schritt der Gleichgewichtspreis eines einzelnen Vermögensobjektes innerhalb des Marktportefeuilles bestimmen.

Notwendig hierzu ist letztlich der Nachweis[1], daß jene Kurve (z.B. $P_1 P_M$ in Abb.3), die sich ergibt, wenn der Investitionsbetrag auf ein einzelnes Wertpapier (P_1, das in diesem Fall als lediglich aus einem Wertpapier bestehendes Portfolio zu interpretieren ist) und das Marktportefeuille (P_M) aufgeteilt wird, mit zunehmender Annäherung an die im Marktportefeuille tatsächlich gehaltenen Anteile von P_1 zur Tangente an die Kapitalmarktlinie wird, bis sie schließlich im Punkt P_M die Steigung

$$\frac{[E(R_1) - E(R_M)] \cdot \sigma_M}{cov(R_1, R_M) - \sigma_M^2} \qquad (2.2.)$$

aufweist[2], welche jener der Kapitalmarktlinie entspricht.

---

1) Diesen Nachweis führt Sharpe; vgl. Sharpe, W.F.: "Portfolio Theory", 1970, S.88ff.

2) Da im Marktgleichgewicht die Grenzrate der Substitution zwischen Renditeerwartung und Risiko eines Wertpapiers dem reziproken Preisverhältnis dieser Größen (das durch die Steigung der Kapitalmarktlinie gegeben ist) entsprechen muß, kann der Quotient unter Heranziehung des Erwartungswertes und der Standardabweichung des aus P1 und PM gebildeten Portfolios gebildet werden. Zur formalen Beweisführung vgl. wiederum Sharpe, W.F.: "Portfolio Theory", 1970, S.87 FN1.

Setzt man die Ausdrücke (2.1.) und (2.2.) gleich, so ergibt sich:

$$\frac{[E(R_1) - E(R_M)] \cdot \sigma_M}{\text{cov}(R_1, R_M) - \sigma_M^2} = \frac{E(R_M) - R_f}{\sigma_M} \qquad (2.3.)$$

Nunmehr läßt sich der Erwartungswert der Rendite des Wertpapiers P_1 durch Auflösung nach $E(R_1)$ bestimmen. Nach entsprechenden Umformungen erhält man

$$E(R_1) = R_f + [E(R_M) - R_f] \cdot \frac{\text{cov}(R_1, R_M)}{\sigma_M^2} \qquad (2.4.)$$

Der Erwartungswert der Rendite eines einzelnen Vermögensobjektes setzt sich also zusammen aus dem risikolosen Zinssatz und einer Risikokomponente. Diese Komponente ist aufzufassen als Prämie, mit der im Marktgleichgewicht die Bereitschaft, in riskante Titel zu investieren, entgolten wird $[E(R_M) - R_f]$, relativiert durch einen anlagespezifischen Faktor, der das systematische Risiko des Wertpapiers P_1 als Verhältnis zwischen Kovarianz der Renditeerwartungen von P_1 bzw. P_M und Varianz des Marktportefeuilles ausdrückt. Dieser Faktor wird als "Beta" des Wertpapiers

$$\beta_1 = \frac{\text{cov}(R_1, R_M)}{\sigma_M^2} \qquad (2.5.)$$

bezeichnet, womit sich Gleichung (2.4.) zu

$$E(R_1) = R_f + [E(R_M) - R_f] \cdot \beta_1 \qquad (2.6.)$$

bzw., in allgemeiner Schreibweise, zu

$$E(R_j) = R_f + [E(R_M) - R_f] \cdot \beta_j \qquad (2.6.1.)$$

vereinfacht.

Angesichts der - zumindest temporären - Konstanz der Modellparameter R_f bzw. $E(R_M)$ stellt β_j die einzig variable Größe dar und ist insofern eine wesentliche Einflußgröße für die Bestimmung der Gleichgewichtsrendite eines Wertpapiers j und - in analoger Interpretation[1] - der Eigenkapitalkosten k_{EK} einer Unternehmung j.

$$k_{EK_j} = E(R_j) = R_f + [E(R_M) - R_f] \cdot \beta_j \qquad (2.6.2.)$$

Die marktbezogene Risikohöhe ßj eines Wertpapiers j wird dabei normiert durch das Marktportefeuille ($\beta_M = 1$). Sie nimmt für Wertpapiere, die gemessen an der Renditeentwicklung des Gesamtmarktes überproportional (unterproportional) stark schwanken, Werte größer als 1 (kleiner als 1) an, wodurch die Renditeerwartung des einzelnen Wertpapiers entsprechend linear steigt (sinkt).

Ungeachtet ihrer formalen Schlüssigkeit ist die Eigenkapitalkostenermittlung mithilfe des Kapitalmarktmodells nicht frei von methodischen Schwächen, welche die Übertragbarkeit auf reale Entscheidungssituationen bereits aus theoretischer Sicht[2] als eher begrenzt erscheinen lassen. Neben den an anderer Stelle[3] ausführlich dargelegten Bewertungsproblemen,

---

[1] Die Anleger treten hier den emittierenden Unternehmen gegenüber als Eigenkapitalgeber auf. Die Gleichgewichtspreise determinieren dann das Eigenmittelvolumen, welches die Unternehmen zur Realisierung geplanter Investitionen aufzubringen in der Lage sind, die Gleichgewichtsrenditen sind entsprechend als Kosten des Eigenkapitals aufzufassen; vgl. z.B. Rudolph, B.: "Theorie", 1979, S.1039.

[2] Die anwendungsbezogenen Probleme, die sich bei der Erhebung geeigneten empirischen Datenmaterials ergeben können, sind Gegenstand des Abschnitts 2.3. der Arbeit.

[3] Vgl. hierzu insbesondere Adelberger, O.L.: "Lösung", 1981, S.109ff. und Rudolph, B.: "Theorie", 1979, S.1049ff.

die daraus resultieren, daß eine Reihe empirischer Phänomene nicht im Einklang mit den zugrundeliegenden Prämissen steht[1] und zu den z.T. erheblichen Zweifeln, die aus meßtechnischen[2] und modellogischen[3] Gründen an der empirischen Validierbarkeit des CAPM bestehen, sind dabei insbesondere jene Implikationen kritisch zu würdigen, die sich bei der Übertragung des Modells auf Sachinvestitionsentscheidungen ergeben.

Geht man davon aus, daß die Verwirklichung eines Investitionsprojektes I_j dann zur Steigerung des Marktwertes einer Unternehmung beiträgt, wenn seine Renditeerwartung den gemäß Gleichung (2.6.2.) bestimmten Kapitalkostensatz übersteigt, also die Bedingung

$$E(R_j^o) > R_f + [E(R_M) - R_f] \cdot \beta_j^o \qquad (2.7.)$$

bzw. bei[4]

---

1) Als problematisch ist in diesem Zusammenhang insbesondere die Konsequenz zu werten, daß mit zunehmendem Einschluß prämisseninkonformer Tatbestände wie etwa Transaktions-, Informations- und Konkurskosten die Möglichkeiten für die Anleger, voll diversifizierte Portefeuilles zu bilden, eingeschränkt werden und damit (vermutlich beträchtliche) Teile des unsystematischen Risikos bewertungsrelevant werden; vgl. van Horne, J.C.: "Financial Management", 1980, S.208f.

2) Die prinzipiellen technischen Schwierigkeiten bestehen darin, daß (vgl. Rudolph, B.: "Theorie", 1979, S.1048f.)
- das CAPM in (empirisch nicht erhebbaren) Erwartungsgrößen formuliert ist
- das CAPM als statisches Gleichgewichtsmodell mit einer über längere Zeiträume vorgenommenen ex-post Datenermittlung nur dann vereinbar ist, wenn für den Kapitalmarkt ein (empirisch jedoch nicht nachweisbares) stationäres Gleichgewicht angenommen wird
- das aus Anteilen aller Vermögensanlagen (incl. sog. non-marketable assets) bestehende Marktportefeuille empirisch bestenfalls approximiert werden kann.

3) Roll hat gezeigt, daß das CAPM insofern eine Bewertungstautologie darstellt, als die Linearitätsbeziehung zwischen Rendite und Risiko eines Wertpapiers allein aus der Risikoeffizienz des Marktportefeuilles folgt. Dies impliziert, daß alle Tests davon abhängen, wie gut letzteres approximiert werden kann (vgl. FN3), ein Tatbestand also, der sich einer empirischen Überprüfung wiederum entzieht. Vgl. Roll, R.: "Critique", 1977 sowie die ausführlichen Darstellungen des originären Beitrags in den Lehrtexten von Schneider, D.: "Investition", 1980, S.551ff. und Krahnen, J.P.: "Finanztheorie", 1983, S.106ff.

4) Die erwartete Rendite ist hierbei ausgedrückt als Relation zwischen Vermögenszuwachs (erwarteter Rückfluß am Ende der Periode $E(P_T)$ abzüglich der Anschaffungsauszahlung P_0) und Anschaffungsauszahlung P_0; vgl. Copeland, T.E./Weston, J.F.: "Theory", 1983, S.195.

$$E(R_j^o) = \frac{E(P_T) - P_0}{P_0} \qquad (2.8.)$$

und Einsetzen in (2.7.)

$$\frac{E(P_T) - P_0}{P_0} > R_f + [E(R_M) - R_f] \cdot \beta_j^o \qquad (2.9.)$$

die Bedingung

$$P_0 < \frac{E(P_T)}{1 + R_f + [E(R_M) - R_f] \cdot \beta_j^o} \qquad (2.10.)$$

erfüllt ist, so sind gegen diese Verwendung des Kapitalmarktmodells im einzelnen folgende Bedenken geltend zu machen:

(1) Die Existenz von Investitionsprojekten mit Renditeerwartungen, die den risikoadjustierten Alternativvertragssatz überschreiten, ist streng genommen Ausdruck des Bestehens einer Ungleichgewichtssituation[1]. Im Marktgleichgewicht müßten alle risikobehafteten Anlagen als Bestandteil des Marktportefeuilles auf der Marktbewertungslinie liegen.

(2) Jede neue Investition wird als risikobehaftete Anlage annahmegemäß Bestandteil des Marktportefeuilles und nimmt damit auch Einfluß auf dessen Erwartungswert und Varianz, jene Entscheidungsparameter also, aufgrund derer die Vorteilhaftigkeit des Projektes u.a. ermittelt wurde.

---

1) Nur unter diesem Aspekt ist es überhaupt zu rechtfertigen, die Ausdrücke (2.7.), (2.8.) bzw. (2.10.) nicht als Gleichheitsbeziehungen, sondern als Ungleichungen zu formulieren.

(3) Eine Bewertung von Investitionsprojekten, mit denen unternehmensspezifische Synergieeffekte verbunden sind, ist ex definitione nicht möglich[1], da mit dem ß-Faktor nur die Kovarianz der Erträge des Projektes zum Ertrag des Gesamtmarkts (2.4.) erfaßt werden kann (vgl. Ausdruck (2.4.), S.73).

(4) Kaum zu überwindende theoretische Probleme verursachen jene Implikationen, die sich bei der Bewertung von (Investitionsprojekte üblicherweise kennzeichnenden) mehrperiodigen Zahlungsströmen mithilfe des einperiodigen CAPM ergeben.[2] Die zentrale Kritik[3] besteht darin, daß die bei einperiodiger Betrachtungsweise als sicher anzunehmenden Marktparameter $E(R_M)$ bzw. R_f im Mehrperiodenfall zu veränderlichen und damit unsicheren Größen werden. Die durch diese Unsicherheit geschaffenen Risiken (, die sich auf Gesamtmarktdaten beziehen, also systematischer Natur und natürlich nicht "wegdiversifizierbar" sind,) induzieren Selbstschutzreaktionen der Anleger, deren Ausmaß wiederum von den individuellen Risikoeinstellungen abhängt, so daß letzlich das Separationstheorem seine Gültigkeit verliert.

Die berechtigte Kritik am Modell selbst und an dessen Übertragbarkeit auf reale Entscheidungssituationen ist allerdings in Anbetracht der - z.T. bereits gezeigten - erheblichen Probleme, welche die Eigenkapitalkostenermittlung generell bereitet, zu relativieren. Positiv zu würdigen ist insbesondere, daß das Kapitalmarktmodell im Gegensatz zu den übrigen Ansätzen die Unsicherheit der Erwartungen und die grundlegenden Funktionsmechanismen von Kapitalmärkten konzeptionell berücksichtigt. Damit liegt zugleich die Vermutung nahe, daß "the long list of potential criticisms of the CAPM

---

1) Vgl. Rubinstein, M.: "Mean-Variance Synthesis", 1973, S.173 und 175.
2) Vgl. Bogue, M.C./Roll, R.: "Capital Budgeting", 1974, S.132f. und S.135, Copeland, T.E./Weston, E.F.: "Theory", 1983, S.354ff., Brealey, R.A./Myers, S.C.: "Principles", 1984, S.184ff. sowie die insgesamt kritischeren Stellungnahmen im deutschsprachigen Schrifttum etwa bei Saelzle, R.: "Investitionsentscheidungen", 1976, S.135ff., Schneider, D.: "Investition", 1980, S.566f. und S.576ff. bzw. Schmidt, R.H.: "Grundzüge", 1986, S.260ff.
3) Zu weiteren Einwänden vgl. z.B. Schmidt, R.H.: "Grundzüge", 1986, S.261.

may exist, because the CAPM addresses explicitly a number of issues that other methods sweep unter the rug."[1] In diesem Lichte erscheint das CAPM trotz der oben dargelegten Einschränkungen als ein Ansatz, der geeignet ist, jenen unbefriedigenden "Seifenblasenstatus" überwinden zu helfen, der, wie Michael Keenan[2] in seiner ernüchternden Bestandsaufnahme eindrucksvoll nachweist, diesem Forschungszweig anhaftet.

Mit dem Faktor ß steht ein neuartiger relevanter Maßstab zur Abschätzung des mit Unternehmensanteilen bzw. Investitionsprojekten verbundenen relativen Risikos zur Verfügung. Mit welchen Vorbehalten ihm letztlich zu begegnen ist, wird aus theoretischer Sicht davon abhängen, inwieweit es gelingt, den aufgezeigten Problemen im CAPM durch Weiterentwicklungen Rechnung zu tragen.[3] Unter mehr anwendungsbezogenen Aspekten kann das Kapitalmarktmodell hingegen möglicherweise bereits dann als Entscheidungshilfe dienen, "...wenn die angesprochenen Zielfunktions-, Definitions- und Meßprobleme arbiträr 'gelöst' werden"[4]. Hierauf wird an späterer Stelle zurückzukommen sein.

---

1) Kolbe, A.L./Read, A.Jr./Hall, G.R.: "Cost of Capital", 1984, S.78.

2) Vgl. Keenan, M.: "Serm Bubble", 1970.

3) Einen aktuellen Überblick über die wesentlichen Weiterentwicklungen des CAPM geben Uhlir, H./Steiner, P.: "Wertpapieranalyse", 1986, S.162f.

4) Adelberger, O.L.: "Lösung", 1981, S.114.

2.2.1.3. Eigenkapitalkosten im neoinstitutionalistischen Ansatz

Allgemein gesprochen setzt die Definition von Kapitalkosten in der neoinstitutionalistischen Sichtweise bei jenen Risiken an, die sich für einen potentiellen Kapitalgeber aus der Existenz ungleichgewichtiger Informationslagen ergeben.

Fremd- wie Eigenkapitalgeber sind sich zum einen der Tatsache bewußt, daß Kapitalnehmer zwar einen Anlaß haben, ehrlich zu erscheinen, wenn sie über die Ertragsaussichten und die Risiken eines zu finanzierenden Projektes bzw. die Vor- und Nachteile einer Beteiligung berichten, es aber wahrscheinlich dann nicht sind, wenn sie befürchten müssen, daß die zutreffende Darstellung eine Finanzierung nicht zustande kommen läßt.[1] Sie wissen zum anderen, daß Kapitalnehmer bei nach Vertragsabschluß notwendig werdenden Folgeentscheidungen und bestehenden Interessendivergenzen[2] nicht mehr motiviert sind, solche Handlungsmöglichkeiten zu wählen, die ihren eigenen Interessen zuwiderlaufen.

Auf der anderen Seite sehen Kapitalnehmer die den Kapitalgebern erwachsenden Risiken und damit auch die Gefahr, daß die Finanzierung abgelehnt wird, wenn die asymmetrische Informationsverteilung[3] bestehen bleibt. Sie werden daher versuchen, den Informationsstand ihres Verhandlungspartners in einer für diesen erkennbar verläßlichen Weise zu verbessern. Die Summe der daraus entstehenden bewerteten Nachteile ist Ausdruck der Finanzierungskosten im neoinstitutionalistischen Sinne.

---

1) Auf die Risiken, die daraus erwachsen, daß Kapitalgeber schwerlich beurteilen können, ob Projekten, die ihnen angetragen werden (und die vermutlich meistens als finanzierungswürdig erscheinen) zutreffende oder unzutreffende Informationen zugrundeliegen, hat Akerlof in Analogie zum amerikanischen Gebrauchtwagenmarkt hingewiesen; vgl. Akerlof, G.: "Lemons", 1970, S.489f.

2) Zu denken ist etwa an einen geschäftsführenden (Eigen-)Kapitalnehmer, der ihn persönlich betreffende Entscheidungen zu fällen hat oder an einen ebensolchen (Fremd-)Kapitalnehmer, der Handlungsalternativen mit unterschiedlichen Risiko-/Chance-Strukturen zur Auswahl hat, wobei er etwaige Verluste abwälzen kann; vgl. auch unten, S.83f. und S.99f.

3) Vgl. auch oben, S.58f.

Nach Schmidt[1] lassen sich dabei prinzipiell zwei Gruppen von Kosten unterscheiden. Die erste Gruppe besteht aus den Zahlungen, die notwendig sind, um die Kapitalgeber zur Kapitalüberlassung zu bewegen. Hierzu zählt neben den entgangenen Erträgen aus einer alternativen Verwendung insbesondere ein Entgelt für das Risiko ("Mißtrauens-Zuschlag"), welches der Kapitalgeber in Form einer etwaigen Schädigung durch Fehlinformationen und/oder ungünstige Folgeentscheidungen übernimmt.

Die zweite Gruppe setzt sich aus den Kosten zusammen, die mit jenen Maßnahmen verbunden sind, die ein Kapitalnehmer ergreift, um das berechtigte Mißtrauen des Kapitalgebers abzumildern. Er kann dies tun, indem er dessen Informationsstand erhöht oder den Informationsbedarf mindert. Um Informationen verbindlich zu übertragen, muß er etwa Garantien auf von ihm als wahrscheinlich gehaltene Ereignisse geben, wobei ihm im Falle des Nichteintretens der (vereinbarte) Schaden auch dann entsteht, wenn er die Informationen zutreffend weitergegeben hat. Diese Nachteile lassen sich als Informationskosten auffassen.

Den Informationsbedarf des Kapitalgebers könnte der Kapitalnehmer beispielsweise dadurch reduzieren, daß er sich von vornherein vertraglich verpflichtet, bestimmte Handlungsweisen zu unterlassen. Allerdings ist zu diesem Zeitpunkt nicht bekannt, ob die solchermaßen ausgeschlossenen Aktivitäten tatsächlich zu Schädigungen führen würden. Der Kapitalnehmer erleidet einen Verlust an Flexibilität in der Form, daß er bestimmte, für ihn möglicherweise vorteilhafte Maßnahmen auch dann nicht ergreifen kann, wenn sie die Position des Finanziers unberührt lassen würden. Er trägt Sicherungskosten.

Dieser allgemeine Ansatz zur definitorischen Erfassung von Finanzierungskosten läßt sich nun anhand bestimmter Formen der Eigenfinanzierung konkretisieren. Dabei wird rechtsformspezifisch zwischen der Beteiligungs-

---

1) Vgl. Schmidt, R.H.: "Ansatz", 1981, S.146f.

finanzierung bei der Personengesellschaft und der Beteiligungsfinanzierung bei der Kapitalgesellschaft[1] differenziert[2].

Bei der Beteiligung an einer Personengesellschaft werden die negativen Folgen ungleichgewichtiger Informationen insbesondere dadurch abgemildert, daß

- der Anreiz für den Altgesellschafter, Fehlinformationen zu übermitteln, insofern entfällt, als der Kapitalgeber im Falle des Zustandekommens der Beteiligung über denselben Informationsstand verfügen wird und Fehlverhalten ggfs. durch Zurückziehen der Einlage direkt sanktionieren kann

- in bezug auf die zu treffenden Folgeentscheidungen die Partizipation an den erwirtschafteten Überschüssen einerseits eine Harmonisierung der Interessen schafft und die Mitgeschäftsführung dem neuen Gesellschafter andererseits die Möglichkeit bietet, seine diesbezüglichen Interessen aktiv wahrzunehmen.

Diese institutionellen Regelungen sind mit spezifischen Kosten für den Kapitalnehmer verbunden. Rationale Kapitalgeber werden nämlich antizipieren, daß

(1) sie mit der Beteiligung auch einen "Insiderstatus" erwerben, der zu Schwierigkeiten bei der Weiterveräußerung des Anteils führt[3]

(2) die aufwendige Informationsbeschaffung und -verarbeitung eine Konzentration ihrer Anlagemöglichkeiten bedingt und Nachteile in der Liquiditätsdisposition und in der Risikoposition (aufgrund entgehender Diversifikationsmöglichkeiten) zur Folge hat

---

1) Es werden jeweils idealtypische Gesellschaften untersucht, wobei im Falle der Kapitalgesellschaft eine AG unterstellt wird.

2) Vgl. zu den folgenden Ausführungen Schmidt, R.H.: "Grundformen", 1981, S.195ff.

3) Potentielle Käufer werden ihnen mit ähnlichem Mißtrauen begegnen, das sie den Altgesellschaftern entgegengebracht haben.

(3) die Abstimmung mit den übrigen an Geschäftsführung und Gesell-
schaftsvertretung Beteiligten einen beträchtlichen Koordinationsauf-
wand erfordert

und die dadurch verursachten Kosten vor Vertragsabschluß auf den Kapitalnehmer überwälzen. Diesem entstehen darüberhinaus Risiken aus dem Kündigungsrecht des Neugesellschafters, welches letzterer etwa auch dann auszuüben berechtigt ist, wenn er liquide Mittel benötigt. Daraus können Probleme bei der Kapitalsubstitution resultieren, weil potentielle neue Kapitalgeber wiederum mutmaßen werden, daß andere Gründe (z.B. schlechte Ertragsaussichten) für die Kündigung maßgeblich waren.

Abweichend vom Fall der Personengesellschaft wird die Übernahme einer Beteiligung an einer Aktiengesellschaft nicht durch eine Erhöhung des Informationsstandes, sondern durch eine Verminderung des Informationsbedarfes der Kapitalgeber begünstigt. Diese wird im einzelnen durch folgende institutionelle Merkmale ermöglicht:

- die Begrenzung der Haftung auf den Wert der Beteiligung reduziert die Gefahren, die sich aus Fehlinformationen und/oder Folgeentscheidungen ergeben können

- mit dem Fortfall der (direkten) Mitgeschäftsführung und Vertretung der Gesellschaft entstehen den Beteiligten geringere Informationskosten, die Fungibilität der Anteile von Aktiengesellschaften ermöglicht zudem eine sehr flexible Liquiditätsdisposition und eine weitergehende Risikoreduktion durch Ausnutzung von Diversifikationsmöglichkeiten.

Diesen Vorteilen der Aktiengesellschaft stehen folgende Kosten gegenüber:

(1) Kontrollkosten. Bei Aktiengesellschaften sind i.d.R. angestellte Manager, die allenfalls geringe Firmenanteile besitzen, mit der Ge-

schäftsführung betraut[1]. Sie verfügen über Kompetenzen, die es ihnen ermöglichen, sich Zusatzeinkommen, etwa in der Form sog. nicht-pekuniärer Vorteile, anzueignen. Um zu verhindern, daß sich Manager durch Dienstwagen, Reisen, aufwendige Büroausstattungen etc. zu Lasten der Unternehmung persönlich bereichern, müssen die Aktionäre kontrollierend[2] tätig werden und haben dementsprechende Kosten zu tragen.[3]

(2) Kosten der Haftungsbeschränkung. Die Vorbehalte der Kapitalgeber sind höher als etwa im Falle der Personengesellsschaft, weil sie vermuten müssen, daß wegen der Begrenzung der persönlichen Haftung das Interesse an der Erfüllung der Verbindlichkeiten zwar nach wie vor gegeben, aber nicht mehr notwendigerweise existentiell ist. Die Gewinnmöglichkeiten, die der Gesellschaft etwa dadurch entgehen, daß Kapitalgeber aus den genannten Gründen u.U. nicht bereit sind, weitere profitable Investitionen zu finanzieren, sind den Kosten der Finanzierung zuzurechnen.

(3) Publizitätskosten. Hierunter sind alle Kosten zu zählen, die der Aktiengesellschaft durch die Notwendigkeit entstehen, ihre Kapitalgeber - "ein anonymes Publikum potentieller Anteilskäufer"[4] - hinreichend zu informieren.

Der Vorzug des neoinstitutionalistischen Ansatzes ist somit offensichtlich darin zu sehen, daß er in der Lage ist, Eigenkapitalkosten durch den Rückgriff auf empirisch beobachtbare Tatbestände zu erklären. In der Vorge-

---

1) Dieser Problemkreis wird in der neueren Finanzierungstheorie unter dem Stichwort "Prinzipal-Agenten Beziehung" sehr ausführlich diskutiert; der derzeit umfassendste Literaturüberblick findet sich bei Barnea, A./Haugen, R.A./Senbet, L.W.: "Financial Contracting", 1985.

2) Zu den einzelnen Kontrollmöglichkeiten vgl. Spremann, K.: "Finanzierung", 1986, S.50ff.

3) Dabei sind die Kontrollkosten gegen die bewerteten Nachteile aus den unerwünschten Handlungen der Manager abzuwägen; einen diesbezüglichen Ansatz haben Jensen, M.C./Meckling, M.H.: "Theory", 1976 vorgelegt.

4) Schmidt, R.H.: "Grundformen", 1981, S.201.

hensweise, die definitorische Abgrenzung an den aus institutionellen Merkmalen resultierenden qualitativen Verhaltenswirkungen festzumachen, liegt allerdings auch seine entscheidende Schwäche begründet: Es ist sehr schwierig, die relevanten kapitalkostenverursachenden Tatbestände numerisch zu bestimmen.

2.2.1.4. Ansätze zur Integration von weiteren Einflußfaktoren bei der Bestimmung der Eigenkapitalkosten

Neben der isolierten Untersuchung der Kapitalkosten haben insbesondere der traditionelle Ansatz und die neoklassische Finanzierungstheorie den Fragen, in welcher Weise Einflußfaktoren wie Verschuldung, Besteuerung der Unternehmung und Geldwertschwankungen auf Finanzierungs- und Investitionsentscheidungen wirken, z.T. große Aufmerksamkeit gewidmet. Die wesentlichen Erkenntnisse sollen hier insoweit kurz referiert werden, als sie für die Kapitalkostenbestimmung von Relevanz sind.

Die im Zuge der Kapitalstrukturdiskussion vertretene traditionelle Auffassung zum Einfluß steigender Verschuldung läßt sich in diesem Sinne wie folgt kennzeichnen[1]: Ausgehend von empirischen Beobachtungen über tatsächliche Verhaltensweisen von Kapitalgebern und -nehmern wird der Standpunkt vertreten, daß eine optimale Kapitalstruktur bzw. ein Bereich optimaler Kapitalstrukturen existiert.

Argumentiert wird dabei dahingehend, daß bei beginnender Verschuldung die Renditeforderungen der Eigen- und Fremdkapitalgeber anfangs unverändert bleiben. Wegen der positiven Leverage-Wirkungen des (billigeren) Fremdkapitals führt dies zu einem Absinken der gewichteten durchschnittlichen Kapitalkosten bzw. zu einer Erhöhung des Marktwertes der Unter-

---

[1] Vgl. etwa Solomon, E.: "Theory", 1963, S.92ff., Süchting, J.: "Finanzmanagement", 1984, S.355f., Perridon, L./Steiner, M.: "Finanzwirtschaft", 1986, S.427ff.

nehmung[1]). Ab einer bestimmten Verschuldungsrelation reagieren dann zunächst nur die Eigenkapitalgeber auf das gestiegene Ausfallrisiko mit einer Erhöhung ihrer Renditeforderungen. Diese wird durch den weiter vermehrten Einsatz von Fremdkapital (dessen Kosten noch unverändert bleiben) gerade soweit ausgeglichen, daß die durchschnittlichen Kapitalkosten in diesem (optimalen) Bereich konstant verlaufen. Erst eine darüber hinausgehende Verschuldung veranlaßt auch die Fremdkapitalgeber zur Erhöhung ihrer Renditeforderungen, was gemeinsam mit einer weiteren Steigerung der Eigenkapitalkosten dann zu einem Anstieg der gewichteten durchschnittlichen Kapitalkosten führt.

Als problemrelevant erscheint im gegebenen Zusammenhang die Aussage, daß Eigenkapitalgeber auf das bei zunehmender Verschuldung steigende Kapitalstrukturrisiko anfangs mit geringen, dann mit stärkeren Erhöhungen ihrer Renditeforderungen reagieren. Sie ist indessen nicht Ergebnis, sondern Voraussetzung der traditionellen Kapitalstrukturthese. Da sie zudem auf empirisch schwer belegbaren (wenngleich plausiblen) Vermutungen basiert und kaum Ansatzpunkte für eine Quantifizierung bietet, sind die Lehren, die hieraus für die Bestimmung der Eigenkapitalkosten zu ziehen sind, mehr als dürftig.

Die Behandlung steuerlicher Tatbestände im Rahmen finanzwirtschaftlicher Entscheidungen knüpft aus traditioneller Sichtweise grundsätzlich an steuerlich-institutionellen Gegebenheiten an. Gefragt werden kann dann etwa "... nach dem Gesamtertrag vor Steuern, der erforderlich ist, um unter Berücksichtigung der Steuergesetzgebung eine bestimmte Kapitalvergütung, beispielsweise 8 Prozent, zahlen zu können."[2]

---

1) Zur Zielsetzung vgl. auch oben, S.55.

2) Hielscher, K./Laubscher, H.D.: "Finanzierungskosten", 1976, S.44.

Sollen die Eigenkapitalkosten zur Beurteilung von Investitionsprojekten[1] herangezogen werden, so ist für deren Bestimmung zunächst maßgeblich, auf welche Art die Besteuerungseinflüsse in den Investitionskalkül integriert werden. Dient der erzielte Einzahlungsüberschuß vor Steuern als Entscheidungskriterium, so muß der Eigenkapitalkostensatz über die angestrebte Verzinsung des Eigenkapitals vor privaten Steuern der Anteilseigner hinaus auch die dem Projekt zuzurechnende Steuerbelastung reflektieren. Werden die Einzahlungsüberschüsse dagegen um die projektbedingten Steuerzahlungen[2] gekürzt, so impliziert dies, daß auch der Eigenkapitalkostensatz "nach Steuern" anzusetzen ist, mithin also die verlangte Rendite des Eigenkapitals nach Steuern widerspiegeln muß[3].

Bei beiden Verfahrensweisen bereitet die Quantifizierung der Steuerlast insofern Schwierigkeiten, als die Bemessungsgrundlagen der relevanten Steuerarten (insbes. Einkommen- bzw. Körperschaftsteuer, Gewerbeertrag- und Gewerbekapitalsteuer, Vermögensteuer) häufig sowohl von der Höhe der Investitionserträge als auch der Art der Finanzierung abhängen[4] und nur im Rahmen einer beide Teilbereiche umfassenden Gesamtplanung bestimmbar sind. Zwar kann zu diesem Zweck - insbesondere in

---

[1] Zu den Verfahrenstechniken zur Berücksichtigung von Ertrag- bzw. Gewinnsteuern vgl. etwa Blohm, H./Lüder, K.: "Investition", 1983, S.117ff. und Kruschwitz, L.: "Investitionsrechnung", 1987, S.124ff. Hinsichtlich einer differenzierteren Einbeziehung von Steuerwirkungen in die Investitionsrechnung muß auf die einschlägige Literatur zur betriebswirtschaftlichen Steuerlehre verwiesen werden; vgl. hierzu Wagner, F.W./Dirrigl, H.: "Steuerplanung", 1980, Siegel, T.: "Steuerwirkungen", 1982 und Mellwig, W.: "Besteuerung", 1985.

[2] Dabei können im Fall der Personengesellschaft erhebliche Probleme bei der Bemessung der Einkommen- und Vermögensteuer auftreten, weil hierzu die persönlichen steuerlichen Verhältnisse der Anteilseigner herangezogen werden müssen. Auch bei Kapitalgesellschaften bereitet die Berechnung der Körperschaftsteuer immer dann große Schwierigkeiten, wenn nicht von einer vollständigen Gewinnthesaurierung ausgegangen werden kann. Die Körperschaftsteuer auf ausgeschüttete Gewinne ist lediglich als Abschlag auf die (der Unternehmung nicht bekannten und wahrscheinlich unterschiedlich hohen) Einkommensteuerzahlungen der Anteilseigner aufzufassen; vgl. z.B. Hax, H.: "Probleme", 1981, S.14ff.

[3] Zu den Vor- und Nachteilen dieser Ansätze, auf die hier nicht eingegangen wird, vgl. insbesondere die Kontroverse zwischen Mellwig, W.: "Investitionsplanung", 1981, ders.: "Steuern", 1981, und Wagner, F.W.: "Quantité", 1981.

[4] Vgl. hierzu insbesondere die instruktive Übersicht über die wichtigsten Bemessungsgrundlagen bei Hax, H.: "Probleme", 1981, S.15.

Form der Teilsteuerrechnung[1] - auf ein differenziertes Instrumentarium der betriebswirtschaftlichen Steuerlehre zurückgegriffen werden; dennoch stellt sich die Eigenkapitalkostenermittlung unter Berücksichtigung von Steuereinflüssen als komplexes und ohne vereinfachende Annahmen praktisch kaum lösbares Problem dar: Geht man vom Eigenkapitalkostensatz im Nichtsteuerfall aus, müssen die steuerlichen Zuschläge[2] auf die Eigenkapitalkosten (Rechnung "vor Steuern"/ungekürzte Zahlungsströme) bzw. die steuerbedingten Abschläge von den Eigenkapitalkosten (Rechnung "nach Steuern"/gekürzte Zahlungsströme) sowohl die Tarife der relevanten Steuerarten als auch die Höhe der jeweiligen Bemessungsgrundlagen reflektieren.

Auch der Einfluß von Geldwertschwankungen auf die Kosten des Eigenkapitals läßt sich auf zwei unterschiedliche Arten berücksichtigen: Werden die zukünftigen Rückflüsse aus Investitionsprojekten real angesetzt, d.h. mit heutigen Geldwerten kalkuliert, so muß auch ein realer Eigenkapitalkostensatz herangezogen werden, der die erwartete Inflationsentwicklung nicht reflektiert. Drücken dagen die prognostizierten Einzahlungen Nominalbeträge, also in zukünftigen Geldwerten formulierte Größen, aus, so müssen die Eigenkapitalkosten einen Ausgleich für die Geldentwertung enthalten, damit die Rechnung zum gleichen Ergebnis führt.[3]
Mit welchen Schwierigkeiten bei der Anwendung der geschilderten Ansätze zu rechnen ist, hängt dabei letztlich von den erwartbaren zukünftigen Geldwertentwicklungen ab. Kann etwa von jährlich konstanten Inflationsraten ausgegangen werden, so sind die Einflüsse auf den Kapitalkostensatz unproblematisch: Bei Deflationierung nomineller Zahlungsgrößen um diesen Wert ist entsprechend ein unmodifizierter, von Prämien für Inflationsrisiken freier Eigenkapitalkostensatz zugrundezulegen; wird dagegen mit nominellen Rückflüssen kalkuliert, so ist dieser reale Satz um die konstante Geldentwertungsrate zu erhöhen.

---

1) Vgl. Rose, G.: "Steuerbelastung", 1973, ders.: "Teilsteuerrechnung", 1979, Siegel, T.: "Steuerwirkungen", 1982, S.37ff.

2) Diese Vorgehensweise entspricht der (allerdings nicht unumstrittenen) Bruttomethode.

3) Vgl. Schneider, D.: "Investition", 1980, S.308ff.

Schwieriger ist die Einbeziehung künftig schwankender, also jährlich nicht konstanter, Geldentwertungsraten. Soweit diese hinreichend genau prognostiziert werden können, wird empfohlen, die Periodenzahlungen auf den zum Kalkulationszeitpunkt aktuellen Geldwert umzurechnen und einen realen Kapitalkostensatz zu verwenden.[1]

Wendet man sich der Berücksichtigung der genannten Einflußfaktoren im neoklassischen Ansatz zu, so hat wohl die Frage der Auswirkungen zunehmender Verschuldung auf die Finanzierung der Unternehmung die intensivste Diskussion erfahren. Ein hier interessierendes Ergebnis ist dabei das Gleichgewichtstheorem von Modigliani/Miller[2]. Nach diesem bestimmen sich die Eigenkapitalkosten von Unternehmungen

$$k_{EK} = r + (r - i) \frac{FK}{EK} \qquad (3.1.)$$

mit r : Investitionsrendite
     i : Fremdkapitalzins
    FK : Marktwert des Fremdkapitals
    EK : Marktwert des Eigenkapitals

als lineare Funktion des Verschuldungsgrades $\frac{FK}{EK}$.[3]

Da diese Aussage weitgehend unter jenen Prämissen[4] abgeleitet werden kann, die auch dem CAPM zugrundeliegen, lassen sich die beiden An-

---

[1] Vgl. Seicht, G.: "Investitionsentscheidungen", 1986, S.116f.

[2] Vgl. Modigliani, F./Miller, M.H.: "Cost of Capital", 1958.

[3] Für die praktische Ermittlung besteht hierbei allerdings das Problem, daß die Marktwerte des Fremd- und des Eigenkapitals nur ermittelt werden können, wenn die Fremd- und Eigenkapitalkosten bereits bekannt sind; vgl. z.B. Hax, H.: "Finanzierung", 1984, S.408f.

[4] So etwa Adelberger, O.L.: "Lösung", 1981, S.107.

sätze miteinander verbinden. Geht man zunächst von einer unverschuldeten Unternehmung aus, deren Eigenkapitalkosten sich gemäß Gleichung
(2.6.2.) wie folgt ermitteln lassen,

$$k_{EK} = R_f + [E(R_M) - R_f] \cdot \beta_j^U, \qquad (3.2.)$$

dann läßt sich der Einfluß der Fremdfinanzierung durch eine Erweiterung
des Beta-Faktors erfassen:[1)]

$$\beta_j^V = \beta_j^U (1 + \frac{FK}{EK}), \qquad (3.3.)$$

so daß die Kosten des Eigenkapitals einer verschuldeten Unternehmung
durch Einsetzen von (3.3.) in (3.2.) analog zum Fall (3.1.) als lineare Funktion der Kapitalstruktur ausgedrückt werden können:

$$k_{EK}^V = R_f + [E(R_M) - R_f] \cdot \beta_j^U (1 + \frac{FK}{EK}). \qquad (3.4.)$$

Zum risikolosen Zinssatz und dem systematischen Risiko als Komponenten
der Eigenkapitalkosten einer unverschuldeten Unternehmung tritt also hier
das Verschuldungsrisiko.

Modigliani/Miller haben ihr ursprüngliches Theorem im Anschluß an die
Diskussion über ihr Kapitalstrukturmodell um den Einfluß der Besteuerung
erweitert.[2)] Danach ermitteln sich die Eigenkapitalkosten einer verschuldeten Unternehmung unter Berücksichtigung eines einheitlichen Gewinnsteuersatzes s als

---

1) Zur Ableitung vgl. Schneider, D.: "Investition", 1980, S.567ff., Copeland, T.E./Weston,
J.F.: "Theory", 1983, S.399ff. und Weston, J.F./Brigham, E.F.: "Finance", 1981, S.656ff.

2) Vgl. Modigliani, F./Miller, M.H.: "Körperschaftsteuern", 1963.

$$k_{EK}^{vs} = r + (r - i)(1 - s) \frac{FK}{EK} . \qquad (3.5.)$$

Diese Bewertungsgleichung läßt sich analog zum reinen Verschuldungsfall in das Kapitalmarktmodell integrieren.[1] Dabei verändert sich das systematische Risiko der voll eigenfinanzierten, unbesteuerten Unternehmung zu

$$\beta_j^{vs} = \beta_j^u \; [1 + (1 - s) \frac{FK}{EK}] , \qquad (3.6.)$$

woraus - eingesetzt in (3.3.) - eine Gleichgewichtsrendite von

$$k_{EK}^{vs} = R_f \cdot [E(R_M - R_f)] \cdot \beta_j^u \; [1 + \frac{FK}{EK}(1 - s)] \qquad (3.7.)$$

resultiert.

Die Berücksichtigung von Geldwertschwankungen im neoklassischen Ansatz ist unproblematisch, sofern über deren Auftreten und Ausmaß einwertige Erwartungen unterstellt werden. "Sichere" Preissteigerungen können vollständig antizipiert werden und haben, sofern nicht weitere Marktunvollkommenheiten hinzutreten[2], keinen Einfluß auf Finanzierungs- und Investitionsentscheidungen.[3]

Schwieriger ist die Integration mehrwertiger, also unsicherer Inflationserwartungen in die (quasi-)sichere neoklassische Modellwelt. Zu erwähnen sind in diesem Zusammenhang vor allem jene Ansätze, die unsichere Inflationserwartungen bei der Ableitung von Gleichgewichtsrenditen mithilfe des CAPM zu berücksichtigen versuchen.[4] Sie gelangen unter den gege -

---

[1] Zur Ableitung vgl. die in FN1 auf S.91 angegebene Literatur.

[2] Dies können insbesondere Steuertatbestände sein.

[3] Es gelten dann die auf S.89 gemachten Ausführungen.

[4] Vgl. z.B. Chen, A.H.: "Uncertain Inflation", 1975, Friend, I./Landskroner, Y./Losq, E.: "Inflation", 1976.

benen Prämissen zu dem Ergebnis, daß sich die Gleichgewichtsrenditen gegenüber dem Nicht-Inflations- und dem Fall sicherer Inflationserwartungen verändern. Um das Ausmaß dieser Änderungen numerisch bestimmen zu können, bedarf es in den Modellen allerdings insbesondere einer in der praktischen Durchführung äußerst problematischen Quantifizierung der Kovarianz zwischen Nominalrenditen und Inflationsraten.

2.2.2. Definitionskonzepte zur Bestimmung der Fremdkapitalkosten

Wie schon beim Eigenkapital, so bietet der traditionelle Ansatz auch im Falle des Fremdkapitals vielfältige Kriterien, nach denen sich dessen spezifische Erscheinungsformen unterscheiden lassen. So kann etwa nach dem Merkmal der Kapitalherkunft sowohl zwischen intern gebildeten und extern beschafften als auch zwischen über den betrieblichen Leistungsprozeß und durch Finanztransaktionen zugeflossenen Fremdmitteln differenziert werden. An der Dauer der Kapitalüberlassung gemessen lassen sich kurz-, mittel- und langfristige Fremdkapitalformen voneinander abgrenzen, während schließlich die Einteilung nach der rechtlichen Sicherung etwa schuldrechtlich gesicherte Kredite von sachenrechtlich gesicherten trennt.[1]

Die für die Behandlung realer Finanzierungsprobleme notwendige Erfassung der institutionellen Eigenschaften einzelner Kapitalformen ist dagegen im neoklassischen Ansatz auch für den Fall der Fremdfinanzierung nicht möglich. Konstitutives Merkmal von Forderungstiteln ist in der theoretischen Sichtweise allein der Anspruch des Gläubigers auf einen fest vereinbarten Zins und einen ertragsunabhängigen Rückzahlungsbetrag. Dies erlaubt zwar die definitorische Abgrenzung des Fremdkapitals vom Eigenkapital[2], nicht aber eine weitergehende Differenzierung von Forderungstiteln, die sich unter den für die Neoklassik typischen Prämissen vollkom-

---

[1] Vgl. zu den Gliederungskriterien etwa Wöhe, G./Bilstein, J.: "Unternehmensfinanzierung",1986, S.127ff.

[2] Vgl. oben, S.61f.

mener Kapitalmärkte und sicherer Investitionserträge demnach als einfach ausgestaltete Kontrakte darstellen.

Im neoinstitutionalistischen Ansatz gewinnen demgegenüber die institutio - nellen Merkmale wieder an Bedeutung, und zwar insoweit, als sie das Zu - standekommen von Kapitalüberlassungsverhältnissen begünstigen. Beim derzeitigen Entwicklungsstand des Ansatzes ist diese Begünstigung aller - dings nur bei einigen Merkmalen durch Gegenüberstellung eindeutig belegbar.[1)]

Sind die Unterschiede in den Merkmalsausprägungen beim Vergleich von Finanzierungsformen dagegen eher gering, bereitet es zumeist Schwierig - keiten, die daraus folgenden Vor- bzw. Nachteile so eindeutig zu bewerten, daß sich daraus unmittelbar Verhaltenswirkungen ableiten ließen. Im Falle der Fremdfinanzierung werden daher die einzelnen Instrumente etwa nach den Kriterien der Dauer der Kapitalüberlassung unterschieden[2)], womit der neoinstitutionalistische Ansatz auch hier eine Mittelstellung im Hinblick auf die Fähigkeit, reale Finanzierungsphänomene zu erfassen, einnimmt.

2.2.2.1. Fremdkapitalkosten im traditionellen Ansatz

Fallen die bei einer Fremdfinanzierung vereinbarten Kapitalüberlassungs - entgelte ausschließlich in Form laufender und gleichbleibender periodiger Zinszahlungen an, so ist die Bestimmung der Finanzierungskosten denk - bar einfach: Sie entsprechen in diesem Falle dem geforderten prozen - tualen Zinssatz, ausgedrückt als Verhältnis der jährlichen Zinszahlung zum effektiven Finanzierungsbetrag, multipliziert mit 100.

---

1) Zu diesem Zweck werden, wie an anderer Stelle für den Fall der Eigenfinanzierung ge - zeigt, insbesondere idealtypische Differenzierungen (z.B. Haftung/begrenzte Haftung/ keine Haftung) herangezogen, weil sich daraus bestimmte Anreizstrukturen am deutlich - sten ableiten lassen.

2) Vgl. Schmidt, R.H.: "Grundformen", 1981, S.204ff.

Im Normalfall wird sich die Ermittlung allerdings etwas schwieriger darstellen, weil zum einen häufig einmalige Kosten wie ein Disagio oder Provisionen erhoben werden, zum anderen Verträge in bezug auf die Höhe des Zinssatzes, Zinszahlungs- bzw. Tilgungstermine und/oder die Höhe der Tilgungsbeträge oftmals variabel, also während des Finanzierungsverhältnisses veränderlich, gestaltet sind.

Zur Bestimmung der Kapitalkosten kann dann alternativ auf zwei Kalküle zurückgegriffen werden:

(1) Die erste Möglichkeit besteht in der annäherungsweisen Berücksichtigung der o.g. Einflußgrößen durch Verteilung der einmaligen Finanzierungsnebenkosten auf die durchschnittliche Kreditlaufzeit. Danach bestimmen sich die sog. "statischen" Finanzierungskosten $k_{FK_{eff}}^{stat}$ gemäß der Formel:

$$k_{FK_{eff}}^{stat} = \frac{i + \frac{d + c_e + c_l \cdot n}{\frac{n+f+1}{2}}}{1 - d - c_e}$$

mit (FN : Nennbetrag der Finanzierung)
  i : Nominalzinssatz in % (bezogen auf FN)
  d : Disagio in % (bezogen auf FN)
  c_e : einmalig anfallende Kapitalbeschaffungskosten in %
       (bezogen auf FN)
  c_l : laufende Finanzierungsnebenkosten in % (bezogen auf FN)
  n : Laufzeit der Finanzierung
  f : tilgungsfreie Jahre

Dabei ist zu beachten, daß eine Durchschnittsberechnung nur dann aussagefähige Ergebnisse zeitigt, wenn keine besonderen Vereinbarungen (z.B. variable periodige Zinssätze und Tilgungsbeträge) existieren, deren Zahlungswirkungen nur schwer zu "normalisieren" sind und deshalb im Kalkül nicht explizit erfaßt werden können.

(2) Sofern etwa die periodigen Auszahlungen große Unterschiede aufweisen oder auch eine unterjährige Zinsentrichtung vereinbart ist, empfiehlt es sich, den zeitlichen Anfall der Zahlungen exakt zu berücksichtigen. Zur Ermittlung der Finanzierungskosten muß in diesen Fällen von der tatsächlichen Zahlungsreihe ausgegangen werden und jener interne Zinsfuß ($k_{FK_{eff}}^{dyn}$) bestimmt werden, bei dem der Barwert der Auszahlungen (A_t) dem Finanzierungsbetrag (E_0) genau entspricht, also die Bedingung

$$E_0 - \sum_{t=1}^{n} \frac{A_t}{(1 + k_{FK_{eff}}^{dyn})^t} = 0$$

erfüllt ist.

Diese "dynamische" Finanzierungskostenermittlung ist formal mit der Berechnung des internen Ertragsatzes bei der Investitionsbeurteilung identisch. Es gelten damit auch die oben[2] dargelegten Implikationen.

Dabei kann die Wiederanlageprämisse unter speziellen Bedingungen, etwa der Berücksichtigung eines Disagios bei Variation der Tilgungsmodalitäten, zu Ungenauigkeiten führen. Dies liegt darin begründet, daß sich die durchschnittliche Laufzeit von Krediten mit abnehmender Zahl tilgungsfreier Jahre verkürzt. Die Anwendung der Interne-Zinssatz-Methode führt zwar dann wegen der höheren periodigen Disagioverrechnung auch folgerichtig zu einem steigenden Effektivzins. Insgesamt allerdings wird dieser Effekt durch die implizite Un-

---

[1] Vgl. hierzu und auch zu den Formen der kurzfristigen Fremdfinanzierung die tagesgenauen dynamischen Kalküle etwa bei Däumler, K.-D./Lienke, H.: "Effektivzinsberechnung", 1982, S.6ff.

[2] Vgl. oben S.12ff.

terstellung, daß auch alle Zwischenfinanzierungen und -anlagen zu diesem erhöhten Satz getätigt werden, etwas überzeichnet.[1]

Die Hinweise auf mögliche Quellen für rechnerische Ungenauigkeiten ändern indessen nichts daran, daß mit dem traditionellen Ansatz ein leistungsfähiges Instrumentarium zur Ermittlung der Fremdkapitalkosten bereitsteht. Im Gegensatz zum Eigenkapitalfall können nämlich einmalige Kosten zweckentsprechend verrechnet werden, da die Dauer der Kapitalüberlassung i.d.R. bekannt ist. Die Kenntnis der Laufzeit ermöglicht überdies den sinnvollen Einsatz der Interne-Zinsfuß-Methode, mit der sich zeitliche wie betragsmäßige Unterschiede in den Zahlungen adäquat berücksichtigen lassen. Zudem entfällt ein weiterer Tatbestand, der bei der Eigenkapitalkostenermittlung erhebliche Schwierigkeiten bereitet: Kapitalnutzungsentgelte sind bei der Fremdfinanzierung normalerweise fest vereinbart, also quantifiziert und damit problemlos erfaßbar.

Eine wesentliche Einschränkung ergibt sich allerdings aus der Tatsache, daß die vorstehend gemachten Ausführungen lediglich für die Maßnahmen der externen Fremdfinanzierung Gültigkeit besitzen. Bei intern gebildetem Fremdkapital ("verdiente" Abschreibungen auf fremdfinanzierte Vermögensteile, Pensionsrückstellungen etc.) existieren i.d.R. keine (zurechenbaren) Vereinbarungen über Kapitalnutzungsentgelte und damit auch keine "sicheren" Daten.

Indessen besteht Anlaß zu der Hoffnung, daß ein solcher Mangel im Hinblick auf diese empirisch bedeutsamen Finanzierungsformen leichter zu überwinden ist als bei der Eigenfinanzierung. Während bei der letztgenannten keinerlei Anhaltspunkte in bezug etwa auf die Dauer der Kapi-

---

1) Zur Dimension der daraus resultierenden (geringen) Abweichungen vgl. Schierenbeck, H.: "Grundzüge", 1986, S.386ff. Um diese "Nebenwirkung" auszuschalten, bietet die finanzwirtschaftliche Literatur einen modifizierten Kalkül an, bei dem die Wiederanlage bzw. die Nachfinanzierung zu einem extern vorgegebenen Satz erfolgen kann; vgl. z.B. Solomon, E.: "Arithmetic", 1956 und den Literaturüberblick bei Siegel, T.: "Rangfolgekriterien", 1976, S.6ff.

talüberlassung gegeben sind[1], bieten sich hier möglicherweise besser abschätzbare Zeiträume an, wenn die Finanzierungsmaßnahmen isoliert betrachtet werden.[2]

2.2.2.2. Fremdkapitalkosten im neoklassischen Ansatz

Wie in der traditionellen Sichtweise, so läßt sich auch in der neoklassischen Finanzierungstheorie der Fremdkapitalkostensatz als interner Zinsfuß der jeweiligen Zahlungsreihe definieren. Allerdings ist diese Definition unter den in der Neoklassik regelmäßig getroffenen Annahmen inhaltlich nicht mehr als eine Tautologie: Der Fremdkapitalkostensatz ist auf vollkommenen Kapitalmärkten ohnehin Datum; institutionelle Faktoren, die Transaktionskosten verursachen könnten, existieren voraussetzungsgemäß nicht, und die Prämisse sicherer bzw. homogener Erwartungen schließt jegliches Risiko für die Fremdkapitalgeber aus.[3] Die Realität läßt sich damit nicht einmal ansatzweise beschreiben oder gar erklären.

Wohl nicht zuletzt in Anbetracht dieses Erklärungsdefizits finden sich in der neoklassischen Finanzierungstheorie z.T. dennoch Ansatzpunkte zur Berücksichtigung zumindest einiger empirisch bedeutsamer Faktoren bei der Kapitalkostenermittlung. Zu nennen ist in diesem Zusammenhang etwa die Einbeziehung von Konkursrisiken bzw. -kosten in die neoklassische Analyse[4]. Beispielsweise sei weiterhin verwiesen auf Copeland/Weston, die trotz der Feststellung, daß "The theory of finance has no good explanations for why some firms use alternative financial instruments"[5], bestimmte Finanzierungsinstrumente, wie etwa Optionsanleihen und Wandelschuldver -

---

1) Dies macht, wie geschildert, die Anwendung der Interne-Zinsfuß-Methode unmöglich.

2) Zu denken ist an die Nutzungsdauer des abzuschreibenden Vermögensgegenstandes oder an den Zeitpunkt des Wechsels von Rückstellungsdotierung zur Betriebsrentenzahlung.

3) Zum Einschluß von Marktunvollkommenheiten vgl. Abschnitt 2.2.2.4.

4) Vgl. hierzu im einzelnen die Ausführungen auf S.104 dieser Arbeit.

5) Copeland, T.E./Weston, J.F.: "Theory", 1983, S.418.

schreibungen, explizit darlegen und auch auf deren grundsätzliche Bedeutung für die Kapitalkostenermittlung hinweisen[1].

2.2.2.3. Fremdkapitalkosten im neoinstitutionalistischen Ansatz

Der in Abschnitt 2.2.1.3. referierte allgemeine Ansatz zur definitorischen Erfassung von Eigenkapitalkosten läßt sich unter zusätzlicher Einbeziehung spezifischer Merkmale auch auf die Fremdfinanzierung übertragen. Ausgegangen wird dabei wiederum von den Risiken, die sich für die Finanziers, in diesem Fall die Fremdkapitalgeber, generell ergeben, wenn sie ein Kapitalüberlassungsverhältnis eingehen. Einzelne (Fremd-)Finanzierungsformen - unterschieden werden die idealtypische kurzfristige und die idealtypische langfristige Fremdfinanzierung[2] - können dann als spezielle institutionelle Regelungen zur Minderung bzw. Vermeidung des Mißtrauens der Fremdkapitalgeber aufgefaßt werden. Die den Kapitalnehmern aus diesen Regelungen erwachsenden bewerteten Nachteile stellen entsprechend - neben der Vergütung für die entgangenen Erträge aus einer alternativen Kapitalverwendung[3] - die Kosten des Fremdkapitals dar.

Im einzelnen können Kreditgebern Risiken insbesondere daraus erwachsen, daß sich für Kapitalnehmer aufgrund der ungleichgewichtigen Aufteilung der Investitionserträge ein Anreiz ergibt, nach Zustandekommen der Finanzierung Entscheidungen zu treffen, die die Position der Finanziers verschlechtern. Dies kann beispielsweise dadurch geschehen, daß der Verschuldungsgrad und damit auch das Ausfallrisiko durch die Aufnahme weiteren Fremdkapitals erhöht wird.[4] Denkbar ist weiterhin, daß eine

---

1) Vgl. ebenda, S. 417ff.

2) Vgl. hierzu und zu den folgenden Ausführungen Schmidt, R.H.: "Grundformen", 1981, S.204ff.

3) Vgl. auch oben, S.82.

4) Zur Beweisführung, die im Gegensatz zur Irrelevanzthese steht, vgl. Smith, C.W. Jr./Warner, J.B.: "Bond Covenants", 1979, S.178ff.

riskantere Investitionsstrategie eingeschlagen wird[1], die im Vergleich zur Ursprungsinvestition zwar mit einer bestimmten Wahrscheinlichkeit höhere Gewinne erwarten läßt, bei der aber - ebenfalls mit einer bestimmten Wahrscheinlichkeit - auch höhere Verluste auftreten können: Während bei positiver Entwicklung die "Zusatzgewinne" gänzlich dem Kapitalnehmer zugute kämen, wären auftretende Verluste - in Abhängigkeit von Situation und Vertragsgestaltung[2] - ggf. vom Kreditgeber mitzutragen. Auch wenn Investoren die Folgeentscheidungen im Sinne der Finanziers treffen, sind indessen Vermögensverluste denkbar. Zum einen können sich Kapitalgeber leicht über die Wahrscheinlichkeitsverteilung von Investitionserträgen irren (wobei aufgrund der Interessenlage nicht zu erwarten ist, daß Kapitalnehmer diese Fehleinschätzung korrigieren werden), zum anderen besteht auch bei zutreffenden Ertragserwartungen die (allerdings entsprechend "unwahrscheinliche") Möglichkeit, daß die Einzahlungsüberschüsse die vereinbarten Rückzahlungsbeträge unterschreiten.

Bei der idealtypischen kurzfristigen Fremdfinanzierung wird davon ausgegangen, daß Kredite nur für kurze Zeiträume gewährt werden, eine Prolongation aber im vorhinein vereinbart ist. Nach Ablauf der Frist bleibt dem Kapitalgeber das Recht vorbehalten, zu prüfen, ob die Bedingungen, unter denen er das Finanzierungsverhältnis eingegangen ist, noch bestehen und die Verlängerung ggf. zu verweigern. Auf diese Weise werden die oben aufgeführten Gefahren gemildert: Der Kapitalnehmer hat ein starkes Interesse an der Prolongation, wenn er andernfalls die Rückzahlung leisten muß, bevor er die Investitionserträge realisieren kann. Durch dieses Risiko wird der Anreiz, schädliche Folgeentscheidungen zu treffen oder passive Informationsmanipulation zu betreiben, aufgehoben.

Die dem Kreditnehmer entstehenden Finanzierungskosten ergeben sich dabei quasi als Saldo zwei gegenläufiger Effekte: Einerseits resultieren bewertbare Nachteile aus der Tatsache, daß die Prolongation auch aus Grün-

---

[1] Vgl. Jensen, M.C./Meckling, W.H.: "Theory", 1976, S.334.

[2] Ein anschauliches numerisches Beispiel hierzu liefert z.B. Hax, H.: "Finanzierung", 1984, S.392f.

den abgelehnt werden kann, für die er nicht verantwortlich ist, andererseits steht zu vermuten, daß Kapitalgeber die so erhöhte Sicherheit auch in Form von geringeren Zinsforderungen honorieren werden.

Analog zur Beteiligungsfinanzierung bei Aktiengesellschaften können im Fall der langfristigen Fremdfinanzierung die Kapitalgeberrisiken nicht durch eine Erhöhung des Informationsstandes, sondern durch die Verringerung des Informationsbedarfs gesenkt werden. Als hilfreich erweist sich dabei die Unterstellung, daß langfristige Kredite jeweils durch (Grund-)Pfandrechte gesichert sind. Dies ermöglicht es Kreditgebern, sich darauf zu beschränken, ihr Pfand zu "beobachten", weil sie ihre Ansprüche auf diese Weise auch dann befriedigen können, wenn die Investitionserträge zu deren Begleichung nicht ausreichen.

Die Kosten der langfristigen Fremdfinanzierung lassen sich als jener Verlust interpretieren, der Kapitalnehmern in Höhe des entgangenen Investitionsgewinns späterer Perioden entsteht, wenn sie dann nicht mehr über ausreichende Pfandgüter verfügen, um die Finanzierung zustande kommen zu lassen. Hinzu treten mögliche bewertbare Nachteile dergestalt, daß ein Pfandrecht auch der Realisierung solcher Handlungsmöglichkeiten entgegensteht, die die Position der Kapitalgeber nicht beeinträchtigen.[1] Wie bei der kurzfristigen Fremdfinanzierung ist demgegenüber ebenfalls zu berücksichtigen, daß rationale Kreditgeber je nach Grad der Absicherung mit entsprechend niedrigeren Verzinsungsansprüchen reagieren werden.

Auch im Falle der Fremdfinanzierung sind die Möglichkeiten zur numerischen Bestimmung der geschilderten Kapitalkostenbestandteile als eher begrenzt einzuschätzen. Es sei allerdings darauf hingewiesen, daß sich die

---

[1] Dies kann insbesondere bei Pfandrechten mit Besitzerfordernis des Pfandnehmers zutreffen.

finanzwirtschaftliche Literatur seit geraumer Zeit mit der Quantifizierung dieser Faktoren beschäftigt.[1]

2.2.2.4. Ansätze zur Integration von weiteren Einflußfaktoren bei der Bestimmung der Fremdkapitalkosten

Abschließend sollen noch die wichtigsten grundsätzlichen Überlegungen zur Berücksichtigung bzw. Einschätzung der Auswirkungen von Verschuldung, Besteuerung und Geldwertänderungen auf die Fremdkapitalkosten berichtet werden. Dabei wird für die Inflationseffekte auf die oben getroffenen[2] allgemeinen Feststellungen verwiesen, weil sie praktisch nur im Rahmen des Kalkulationszinsfußes[3] ohne Differenzierung nach Eigen- bzw. Fremdkapital diskutiert werden.

Was die Auswirkungen unterschiedlicher Kapitalstrukturen auf die Höhe der Fremdkapitalkosten anbelangt, bleibt die herkömmliche Finanzierungslehre ähnlich unbestimmt wie schon im Fall der Eigenfinanzierung. Auch hier wird herausgestellt, daß Kapitalgeber auf zunehmende Verschuldung mit steigenden Zinsforderungen reagieren und so eine Erhöhung der Fremdkapitalkosten bewirken werden. Dabei ergibt sich im Ergebnis insofern ein Unterschied, als davon ausgegangen wird, daß Inhaber von Forderungstiteln ihre Renditeforderungen später bzw. erst ab einer stärkeren Ver-

---

[1] Diese Diskussion wird unter dem Stichwort "implizite Kapitalkosten" geführt; vgl. die originären Beiträge von Hodgman, D.R.: "Bank Loan", 1963, Van Horne, J.C.: "Evaluating", 1967, Süchting, J.: "Kapitalkosten-Funktionen", 1970, Krümmel, H.-J.: "Bankzinsen", 1964 und die Übersichten bei Stahlschmidt, D.: "Schutzbestimmungen", 1982, S.90ff. und Süchting, J.: "Finanzmanagement", 1984, S.382ff. Die wesentlichen Ansätze werden im Abschnittt 2.3.1.2.2. der vorliegenden Arbeit referiert.

[2] Vgl. oben, S.89f.

[3] Vgl. Frischmuth, G.: "Investitionsentscheidungen", 1969, S.105, Krause, W.: "Investitionsrechnungen", 1973, S.165f., Seicht, G.: "Investitionsentscheidungen", 1986, S.116ff., Schneider, D.: "Investition", 1980, S.308ff.

schuldung als die Eigenkapitalgeber erhöhen werden.[1] Zwar ist diese Aussage einleuchtend, weil die Gefahr von Vermögensverlusten für erstere erst dann akut wird, wenn das haftende Eigenkapital aufgezehrt ist, gegen die Umsetzung dieser Erkenntnis sind indessen die oben[2] formulierten Einwände geltend zu machen.

Auch die Berücksichtigung steuerlicher Tatbestände weist Ähnlichkeiten zur entsprechenden Vorgehensweise im Eigenkapitalfall auf.[3] Dort wurde dargelegt, daß einer Investitionsbeurteilung, die mithilfe von "steuerbereinigten" Einzahlungsüberschüssen vorgenommen wird, auch ein Rechenzinsfuß "nach Steuern" zugrundezulegen ist. Überträgt man diese Einsicht auf die Fremdfinanzierung, so folgt daraus, daß der Fremdkapitalkostensatz prozentual um jene Steuern zu kürzen ist, die wegen der steuerlichen Abzugsfähigkeit der Fremdkapitalzinsen bei (ggf. teilweisem) Einsatz dieser Mittel gespart werden. Hierzu muß zunächst die Zusammensetzung der Finanzierung bekannt sein.

Geht man im weiteren davon aus, daß bei der Eliminierung der Steuerzahlungen aus den Einzahlungsüberschüssen eine 100%ige Eigenfinanzierung unterstellt wurde, so ist im Fremdkapitalkostensatz die dem Fremdfinanzierungsanteil entsprechende Steuerersparnis zu berücksichtigen. Hierzu zählen neben den entfallenden Einkommen- und Vermögensteuerzahlungen der Anteilseigner auch eingesparte Körperschaft- und Vermögensteuern bei Kapitalgesellschaften.[4]

---

1) Dies wird insbesondere damit begründet, daß sich der auf die Fremdkapitalgeber entfallende Anteil am Gesamtrisiko der Unternehmung nicht proportional zum Fremdkapitalanteil am Gesamtkapital verhält. Vielmehr tragen die Eigenkapitalgeber wegen der Besicherungsmöglichkeiten des Fremdkapitals und der Bevorzugung von Gläubigeransprüchen gegenüber Aktionärsansprüchen im Konkursfall ein höheres "Risiko pro Aktie"; vgl. Durand, D.: "Cost", 1952, S.434f.

2) Vgl. oben S.87.

3) Zur differenzierten Einbeziehung von Steuerwirkungen in die Investitionsbeurteilung ist auch hier auf die einschlägige Literatur zur betriebswirtschaftlichen Steuerlehre zu verweisen; vgl. hierzu die auf S.88 FN1 gegebenen Literaturhinweise.

4) Als gegenläufiger Effekt ist dabei zu beachten, daß Dauerschulden die Bemessungsgrundlage der Gewerbekapitalsteuer, Dauerschuldzinsen jene der Gewerbeertragsteuer (Hinzurechnung zu 50 %) auch wieder erhöhen.

Erfolgt die Investitionsbeurteilung anhand unkorrigierter Zahlungsströme, so ist die Integration der Steuerwirkungen umgekehrt vorzunehmen. Der Fremdkapitalkostensatz ist dann um jene Bestandteile prozentual zu erhöhen, die den durch den Fremdkapitaleinsatz bedingten absoluten Steuerzahlungen entsprechen. Dies sind im einzelnen die Gewerbeertrag- und die Gewerbekapitalsteuer, für deren Bemessung im übrigen die oben getroffenen[1] Feststellungen gelten.

In der neoklassischen Theorie sind im Hinblick auf die hier zu untersuchenden Einflußfaktoren vor allem jene Ansätze von Interesse, die versuchen, einzelne Marktunvollkommenheiten in die Modelle einzuschließen oder letztere mit eben diesen anzugreifen bzw. zu widerlegen.

Einen solchen Weg hat Baxter[2] mit der Einführung von Konkursrisiken in die gleichgewichtstheoretische Analyse eingeschlagen. Obwohl dieses empirische Phänomen mit den Prämissen der neoklassischen Sicht in keiner Weise vereinbar ist[3], haben viele Autoren diese Überlegung aufgegriffen, was dazu geführt hat, daß insbesondere die Berücksichtigung von Konkurskosten einen festen Platz in der Kapitalstrukturtheorie besitzt.

Dabei wird zumeist getrennt zwischen direkten Konkurskosten (Kosten des Konkursverfahrens im engeren Sinne) und indirekten Konkurskosten (Opportunitätskosten durch Gewinnrückgänge und gesunkene Kreditwürdigkeit aufgrund von Zweifeln am längerfristigen Weiterbestand der Unternehmung). Als Problem stellt sich dabei allerdings die Tatsache dar, daß die letztgenannte gewichtigere Komponente zwar definierbar, aber nicht empirisch meßbar ist.[4] Dieser Mangel haftet all jenen Konkursmodellen an, die sich mit dem Einfluß der Konkurskosten auf den Marktwert der Unterneh-

---

1) Vgl. oben, S.88f. und S.103.
2) Vgl. Baxter, N.D.: "Konkursrisiko", 1975.
3) Hierauf weist zutreffend Krahnen hin; vgl. Krahnen, J.P.: "Entwicklung", 1981, S.74 FN2.
4) Vgl. z.B. Drukarczyk, K.J.: "Finanzierungstheorie", 1980, S.273.

mung befassen. Die einzige Aussage, die sich demgemäß mit hinreichender Sicherheit treffen läßt, ist "... that the rate of return required by bondholders increases with leverage."[1] Damit nähern sich die Aussagen der Finanzierungsstheorie in diesem Punkt jenen der traditionellen Lehre an. Sie sind indessen vom Grad ihrer Unbestimmtheit her gesehen genauso wenig verwertbar.

2.2.3. Zur Ableitung von Gesamtkapitalkosten aus den Definitionskonzepten

An die Darlegung der existierenden Definitionskonzeptionen zur Bestimmung der relevanten Kapitalkostenkomponenten schließt sich nunmehr die Frage an, wie diese zweckmäßigerweise auf die Investitionsbeurteilung angewendet werden können. Hierbei muß grundsätzlich von der Überlegung ausgegangen werden[2], daß die Durchführung von Investitionsprojekten zusätzliches Kapital beansprucht und die Vorteilhaftigkeit entsprechend auch an den diesen Mitteln zuzurechnenden (marginalen) Kapitalkosten zu messen ist.

Allerdings bereitet die Verwendung marginaler Kapitalkostensätze in der praktischen Durchführung oftmals Probleme. So ist insbesondere[3] eine Zuordnung von bestimmten Finanzmitteln auf einzelne Investitionsprojekte nicht immer möglich, weil in der Regel Pools von Finanzmitteln[4] gebildet werden, deren einzelne Quellen zum Zeitpunkt der Investitionsbeurteilung dann nicht mehr identifiziert werden können.

---

1) Copeland, T.E./Weston, J.F.: "Theory", 1983, S.442.

2) Vgl. z.B. Arditti, F.D./Tysseland, M.S.: "Marginal Cost", 1973, mit weiteren Literaturhinweisen und Loistl, O.: "Kapitalwirtschaft", 1986, S.133ff.

3) Zu weiteren, hier nicht verfolgten Einwänden vgl. Lewellen, W.G.: "Cost of Capital", 1969, S.75ff. und Süchting, J.: "Finanzmanagement", 1984, S.403ff.

4) Zum Begriff vgl. Süchting, J.: "Finanzmanagement", 1984, S.404.

In den meisten Fällen erweist es sich deshalb als zweckmäßig, zur Projekt - beurteilung einen gewogenen, an der langfristigen Kapitalstruktur der Un - ternehmung ausgerichteten Durchschnittskapitalkostensatz heranzuziehen. Dem Ansatz marginaler Kapitalkosten wird dabei in der Form Rechnung getragen, daß den zur Disposition stehenden Projekten jeweils unterstellt wird, sie seien "carbon copies of the firm"[1].

Dies gilt nicht nur für die langfristige Kapitalstruktur, welche vom Projekt ex - akt widergespiegelt werden muß, sondern auch für die Unternehmensrisi - ken, die in einem gewogenen Durchschnittskapitalkostensatz zum Aus - druck kommen. Wird die Risikoposition einer Unternehmung durch die Rea - lisierung einer Investition signifikant verändert, so ist deshalb eine Risiko - anpassung - etwa im Sinne der in Abschnitt 2.2.1.2.3. gemachten Ausfüh - rungen - vorzunehmen[2].

---

1) Brealey, R.A./Myers, S.C.: "Principles", 1984, S.420.
2) Vgl. hierzu Rubinstein, M.E.: "Mean-Variance Synthesis", 1973, S.172ff.

2.3. Meßprobleme bei der Kapitalkostenermittlung

Gegenstand des vorangegangenen Abschnitts war die Untersuchung der Definitionskonzeptionen auf ihre Leistungsfähigkeit zur Kapitalkostenbestimmung aus theoretischer Sicht. Dabei stellte sich zunächst allgemein heraus, daß den Vorzügen, die bestimmte Ansätze anderen gegenüber aufweisen, stets auch gewisse Nachteile entgegenstehen, so daß keine uneingeschränkte Empfehlung zur ausschließlichen Orientierung an einem dieser Ansätze ausgesprochen werden kann.

So scheinen etwa - wie gezeigt[1] - bei der Bestimmung der Eigenkapitalkosten die Ansätze der neoklassischen Finanzierungstheorie konzeptionell am besten geeignet zu sein, weil es diesen insbesondere gelingt, nicht pagatorische Kostenbestandteile in die Bewertung zu integrieren. Als gravierende Einschränkung ist jedoch zu werten, daß die im Zuge der Gleichgewichtsanalysen jeweils unterstellten Vollkommenheitsbedingungen von Kapitalmärkten es nicht erlauben, bestimmte, empirisch nachweislich auftretende Kapitalkostenkomponenten zu erfassen. Da diesen naturgemäß vor allem dann eine große Bedeutung zukommt, wenn nicht die reine Modellanalyse, sondern die Behandlung praktischer Entscheidungsprobleme im Vordergrund steht, kann auf die Erkenntnisse und das Instrumentarium der traditionellen Finanzierungslehre nicht verzichtet werden. Die Vermutung liegt daher nahe, daß eine Kombination aus neoklassischem und herkömmlichem Ansatz am ehesten geeignet ist, die Kosten des Eigenkapitals so zu bestimmen, daß sie als Maßstab für die Beurteilung realer Investitionsprojekte dienlich sein können. Für diese Einschätzung spricht - negativ formuliert - insbesondere auch der Mangel an Möglichkeiten, jene Faktoren zu quantifizieren, mit denen in der neoinstitutionalistischen Sichtweise die Existenz und die Zusammensetzung der Kapitalkosten begründet wird. Zwar gelingt es mithilfe der "Theorie der Marktunvollkommenheiten", den

---

[1] Vgl. oben, S.55ff. und S.66ff.

genannten Problemzusammenhang[1] theoretisch schlüssig und definitorisch auch vollständig zu erfassen. Da sie indessen einer Operationalisierung bislang nur in sehr begrenztem Umfange zugänglich ist[2] - diese "be-
dauerliche Unbestimmtheit"[3] wird auch von ihren maßgeblichen Befürwor-
tern beklagt - scheidet sie als Konzeption für die praktische Ermittlung der
Eigenkapitalkosten von vornherein aus.

Für den Fall der Fremdkapitalkostenbestimmung konnte gezeigt werden[4],
daß mit den konventionellen Kalkülen zur statischen und dynamischen
Zinsberechnung ein differenziertes und leistungsfähiges Instrumentarium
existiert, das es ermöglicht, die wesentlichen Kostenkomponenten der
Fremdfinanzierung weitgehend vollständig in die Analyse einzubeziehen.
Abweichend von der Eigenfinanzierung sind hier keine Problembereiche
auszumachen, in denen etwa der neoklassische Ansatz der traditionellen
Sichtweise überlegen wäre. Es ist im Gegenteil festzustellen, daß neben
die hinlänglich diskutierten Schwächen, welche die gleichgewichtstheoretischen Analysen im Hinblick auf die Integration von Marktunvollkommenheiten bei der Eigenkapitalkostenermittlung aufweisen, im Falle der Fremdfinanzierung weitere Erklärungsdefizite treten. Dabei läßt insbesondere die
Tatsache, daß der Fremdkapitalkostensatz unter den Bedingungen vollkommener Kapitalmärkte eine gegebene Größe darstellt, die zwar bere-
chenbar, im Ergebnis aber zwangsläufig invariabel ist, diesen Ansatz als
für den gegebenen Zweck allenfalls begrenzt verwendbar erscheinen.

Daß das Instrumentarium der traditionellen Lehre dennoch nicht ohne jede
Einschränkung zur Bestimmung der Fremdfinanzierungskosten herangezo-

---

1) Gemeint ist die gleichzeitige Berücksichtigung und Bewertung von Finanzierungsko-
stenbestandteilen, die aus Marktunvollkommenheiten resultieren und Kapitalnutzungs-
entgelten, die zum Bewertungszeitpunkt keine Auszahlungen verursachen.

2) Einen Überblick über die bestehenden Operationalisierungskonzeptionen, die sich allerdings auf z.T. sehr spezielle Problemformulierungen beziehen, geben z.B. Barnea,
A./Haugen, R.A./Senbet, L.W.: "Agency Problems", 1983.

3) Schmidt, R.H.: "Grundformen", 1981, S.218, FN46.

4) Vgl. oben, S.94ff.

gen werden kann, liegt mit darin begründet, daß auch bei der Fremdfinanzierung Kosten auftreten können, die sich zum Zeitpunkt der Bewertung noch nicht in Form von entsprechenden Auszahlungen niedergeschlagen haben. Dies läßt sich anhand des neoinstitutionalistischen Ansatzes exemplarisch belegen: Den Fremdkapitalzins nur als Summe der Auszahlungen zu bestimmen, hieße bspw. zu vernachlässigen, daß etwaige eingeräumte Pfandrechte oder eingegangene Prolongationsrisiken den Kredit bereits zum gegenwärtigen Zeitpunkt um jenen Betrag verteuern, der möglicherweise erst bei der Anschlußfinanzierung etwa in Form einer höheren Risikokompensation zu entrichten ist. Zwar besteht auch hier beim neoinstitutionalistischen Ansatz das Problem, diesen Effekt hinreichend zu quantifizieren. Dies führt indessen nicht an der Tatsache vorbei, daß mit ihm eine Kostenkomponente definiert wird, die - in welcher Höhe sie auch immer anzusetzen ist - einem mittels der herkömmlichen Zinskalküle berechneten Satz hinzugerechnet werden muß.[1]

In einer positiven Würdigung kann demgemäß als ein Zwischenergebnis festgehalten werden, daß die Finanzwirtschaftslehre über Definitionskonzeptionen verfügt, mit denen die Kapitalkostenproblematik im hier interessierenden Zusammenhang hinreichend erfaßt werden kann. Dabei sind im Hinblick auf die Eigenfinanzierung der traditionelle und der neoklassische Ansatz von Belang, während für die Fremdkapitalkostenermittlung in der Hauptsache das Instrumentarium der herkömmlichen Lehre und - mit den genannten Einschränkungen - auch die neoinstitutionalistische Sichtweise interessieren.

Indessen läßt diese Bewertung der vorhandenen theoretischen Ansätze noch keine Aussage über deren praktische Verwendbarkeit zu. Aus der formalen Prüfung, wie sie in den vorhergehenden Abschnitten vorgenommen wurde, kann allgemein lediglich geschlossen werden, daß und ggf. wie die

---

[1] Damit besteht ein wesentlicher Unterschied zur Bedeutung des neoinstitutionalistischen Ansatzes im Eigenkapitalfall. Dort ist es durchaus möglich, daß ein - etwa mithilfe des Opportunitätskostenprinzips ermittelter - Satz auch jene Kosten beinhaltet, die definitorisch nur vom neoinstitutionalistischen Ansatz erfaßt werden können (Informations-, Kontrollkosten etc.; vgl. S.81ff.).

Bestimmung der Kapitalkosten erfolgen kann, wenn die in den untersuchten Lösungsansätzen formulierten theoretisch begründeten Datenerfordernisse erfüllt werden. Diese Voraussetzungen, die in der Kenntnis davon bestehen, welche Angaben zur Ermittlung der Kapitalkosten notwendig sind, wurden mit den bisherigen Ausführungen geschaffen. Da der Erfolg des Einsatzes rechnerischer Verfahren letztlich aber auch davon abhängt, ob entsprechende Möglichkeiten zur Beschaffung jener Informationen bestehen, "...die den zu analysierenden Sachverhalt in hinreichendem Maße quantitativ kennzeichnen"[1], bleibt zu untersuchen, ob und ggf. in welchem Umfang das erforderliche empirische Datenmaterial verfügbar ist bzw. welcher Vorgehensweisen es bedarf, um dieses zu gewinnen.

Im folgenden wird daher zunächst aufgezeigt, welche Meß- und Schätzprobleme[2] aus den Datenerfordernissen der einzelnen als lösungsdienlich eingestuften Bewertungskonzeptionen bzw. -verfahren erwachsen und welche Möglichkeiten zu ihrer Operationalisierung bestehen. Die praktische Umsetzung der Operationalisierungskonzeptionen wird dann anhand von konkreten Beispielen für ausgewählte Finanzierungsformen dargelegt. Neben den zu erwartenden meß- und schätzobjektbezogenen Problemen sind dabei insbesondere auch jene Schwierigkeiten zu untersuchen, die durch das zur Kapitalkostenermittlung jeweils eingesetzte Verfahren bedingt sind. Während meß- und schätzobjektbezogene Probleme beispielsweise dann auftreten, wenn zur Quantifizierung eines empirischen Tatbestandes nicht auf "rohes" Datenmaterial, wie es etwa von der amtlichen Statistik bereitgestellt wird, zurückgegriffen werden kann[3] , liegen die verfahrensbezogenen Schwierigkeiten vornehmlich in den Datenanforderungen begründet, welche die Ermittlungsmethoden stellen (Komplexions-, Aggregationsgrad).

---

1) Sabel, H.: "Grundlagen", 1965, S.89.

2) Unter den Begriffen der Messung und der Schätzung wird allgemein die Zuordnung von Zahlenwerten zu empirischen Tatbeständen verstanden. Der Unterschied ist darin zu sehen, daß Messung Sicherheit in der Zuordnung impliziert, während die Schätzung mit Ungewißheit behaftet ist. Beide Ausdrücke werden im folgenden synonym verwandt; vgl. hierzu auch Pfohl, H.C.: "Planung", 1981, S.177.

3) Vgl. Hujer, R./Cremer, R.: "Messung", 1977, S.12f.

2.3.1. Bei Anwendung einzelner Definitionskonzepte auftretende meßobjektbezogene Probleme

2.3.1.1. Meßprobleme bei der Ermittlung der Eigenkapitalkosten

2.3.1.1.1. Traditioneller Ansatz

Im Anschluß an den oben dargelegten traditionellen Definitionsansatz muß nunmehr geprüft werden, inwieweit die Bestimmung der erwarteten Auszahlungen bei der Eigenfinanzierung möglich ist. Wegen der aufgezeigten definitorischen Probleme, die eine Quantifizierung der Kosten der Innenfinanzierung auf herkömmlichem Wege bereits konzeptionell nicht erlauben, ist dabei insbesondere der Fall der Beteiligungsfinanzierung von Interesse. Es wird daher im folgenden Bezug genommen auf die Darlegung im Abschnitt 2.2.1.1., gemäß der die etwa im Zuge einer Kapitalerhöhung anfallenden Kosten in Vorbereitungs-, Begebungs-, Börseneinführungs- und laufende Kosten unterschieden werden.

Gewisse Schwierigkeiten treten hier zunächst bei der Bemessung der **Kosten für die Vorbereitung** der Kapitalerhöhung auf. Sie resultieren hauptsächlich aus der Vorschrift des § 182 AktG, nach der die Aufstockung des Grundkapitals einer Aktiengesellschaft von der Hauptversammlung genehmigt werden muß. Die damit verbundenen Aufwendungen, etwa für die Einladung und deren Veröffentlichung, die organisatorische Vorbereitung, Raummiete, Bewirtung etc., sind jeweils nur dann eindeutig zurechenbar, wenn zum Zwecke der Beschlußfassung eine außerordentliche Hauptversammlung mit nur diesem Tagesordnungspunkt einberufen wird. Da die Kapitalerhöhung aber üblicherweise neben anderen Themen auf einer ordentlichen Hauptversammlung behandelt wird, ergibt sich zumeist das Problem, diese genannten Bestandteile der Vorbereitungskosten anteilmäßig zu bestimmen.[1] Einfacher gestaltet sich die Bemessung der übrigen Vorbereitungskosten. So sind etwa die Notargebühren für die Feststellung und die Registergerichtskosten für die Handelsregistereintragung des Be-

---

[1] Hielscher, U./Laubscher, H.-D.: "Finanzierungskosten", 1976, S.31.

schlusses im "Gesetz über die Kosten in Angelegenheiten der freiwilligen Gerichtsbarkeit" (sog. Kostenordnung) im einzelnen bezeichnet.

Wichtigster Bestandteil der **Begebungskosten** ist die Provision, die den an der Kapitalerhöhung beteiligten Banken insbesondere für die Emissionsvorbereitung und die Übernahme des Plazierungsrisikos gewährt wird. Diese Bank- bzw. - bei Mitwirkung eines Konsortiums - Konsortialprovision wird im Einzelfall ausgehandelt und kann dementsprechend Schwankungen unterliegen. Als realistische Einschätzung der hierdurch durchschnittlich verursachten Emissionskosten kann ein Satz von ca. 5 % des zuzulassenden Grundkapitals angenommen werden.[1] Die Bemessung der Gesellschaftsteuer, mit der die externe Eigenfinanzierung belastet wird, regeln die §§ 8 Abs. 1a und 9 Abs.1 des Kapitalverkehrsteuergesetzes. Die Kosten für den Druck der Aktien schließlich werden pro Urkunde (Mantel und Bogen) erhoben und richten sich insofern nach der Stückelung der Emission.

Zu den **Kosten der Börseneinführung** ist zunächst die Börseneinführungsprovision zu rechnen, die in Höhe von 1 % des Nennwertes der Emission zu entrichten ist. Weitere Aufwendungen fallen an für den Druck des Börsenzulassungsprospektes und dessen Veröffentlichung im Bundesanzeiger und in mindestens einer von der (den) entsprechenden Börse(n) als Pflichtblatt bestellten inländischen Tageszeitung. Darüberhinaus müssen die Aktien selbst am Börsenplatz zugelassen und eingeführt werden. Die hierfür zu entrichtenden Kotierungsgebühren sind aus den dort jeweils geltenden Gebührenordnungen entnehmbar.

Neben diesen einmaligen Aufwendungen müssen zusätzlich **laufende Kosten** in Form von Provisionen für die Einlösung der Kupons und eventuelle Maßnahmen der Kurspflege sowie Kosten für die Erneuerung der Bögen, wenn die Kupons aufgebraucht sind, kalkuliert werden. Ihre Höhe

---

1) Vgl. Albach, H.: "Kapitalausstattung", 1984, S.23 und Fritsch, U.: "Eigenkapitallücke", 1984, S.62.

kann der nachfolgenden tabellarischen Zusammenfassung der wesentlichsten Emissionskostenbestandteile entnommen werden:

KOSTENBESTANDTEIL	KOSTENHÖHE	ABHÄNGIG VON/BEMESSUNG NACH
1. Vorbereitungskosten		
- Kosten der Hauptversammlung	1)	Art der Hauptversammlung
- Kosten der Beschlußfeststellung	max. DM 10.000	§47, Satz1 und 2 und Anlage zu §32 KostO
- Registergerichtskosten	max. DM 1.200	§79, Satz 1 und 2 und Anlage zu §32 KostO
2. Begebungskosten		
- Übernahmeprovision	ca. 5 % des Nennwertes	Placierungsrisiko, Bankusancen
- Gesellschaftsteuer	1 % vom Nennwert 2)	§§8,9 Abs.11 KVStG
- Kosten für den Aktiendruck	DM 1,50 - 2,00 pro Urkunde	Stückelung der Emission
3. Börseneinführungkosten		
- Börseneinführungsprovision	1 % vom Nennwert	Bankusancen
- Druckkosten des Prospekts und Veröffentlichungskosten	DM 50.000 - 100.000	Zahl der Prospekte Zahl der Veröffentlichungen
- Kotierungsgebühren	pro angefangene Million des zuzulassenden Kapitals: 0-20 Mio.: DM 300 21-50 Mio.: DM 200 über 50 Mio.: DM 100 Mindestgebühr: DM 500	§9 Abs.B1 Gebührenordnung für die Frankfurter Wertpapierbörse
4. Laufende Kosten		
- Kuponeinlösungsprovision	0,25 % der zu zahlenden Dividende mindestens DM 0,05 pro Kupon	Häufigkeit der Dividendenzahlungen, Bankusancen
- Kosten der Kurspflege	0,25 % - 1 % vom Nennbetrag	Bankusancen
- Bogenerneuerungsdienst	ca. 1/3 der Kosten des Aktiendrucks	Stückelung der Emission

Tab. 6: Bemessung und Höhe der wichtigsten Emissionskostenbestandteile im traditionellen Ansatz

---

1) Vgl. hierzu die auf S.111 gemachten Ausführungen.

2) Strenggenommen verlangt § 8 Abs. 1a KVStG, die Gesellschaftsteuer vom "Wert der Gegenleistung" zu berechnen. Diese Bemessungsgrundlage wird von den Finanzbehörden i.d.R. unter Heranziehung des Gesamtvermögens und der Ertragsaussichten mithilfe des sog. Stuttgarter Verfahrens geschätzt (vgl. z.B. Loistl, O.: "Unternehmensbesteuerung", 1980, S.160). Um sich nicht der Gefahr auszusetzen, durch Einführung willkürlicher Annahmen über diese Größe Ergebnisverfälschungen zu verursachen, wird die Bemessung hier, wie in der finanzwirtschaftlichen Literatur üblich, vom Nennwert vorgenommen (vgl. für viele Süchting, J.: "Finanzmanagement", 1984, S.77).

Wie aus Tabelle 6 hervorgeht, fällt ein Großteil der Kosten der Kapitalerhöhung proportional zum Nennbetrag an. Dennoch können die Emissionskosten nur einzelfallbezogen ermittelt werden, weil zum einen die Konsortialprovision, die das mit der Emission verbundene spezifische Risiko reflektiert, stark variieren kann und zum anderen der effektive Emissionskostensatz auf das tatsächlich zugeflossene Kapital zu beziehen ist, also nur bei Kenntnis des Ausgabekurses ermittelt werden kann. Die in den einschlägigen Publikationen gemachten Angaben über die Höhe der Aktienemissionskosten sind insofern als Durchschnittswerte zu verstehen: Albach[1] spricht von 6 - 13 %, Ertl[2] von 7 - 10 %, jeweils bezogen auf den Emissionsbetrag.

Wie bereits an anderer Stelle dargelegt[3], besteht auch im traditionellen Ansatz die Einsicht, daß für die Bestimmung der Kosten der Beteiligungsfinanzierung nicht nur die Transaktionskosten, sondern auch Kapitalnutzungsentgelte maßgeblich sind. Die numerische Bestimmung dieser Entgelte bereitet allerdings in zweifacher Hinsicht Schwierigkeiten: Zum einen ist der Anspruch auf Beteiligung an den ggf. erwirtschafteten Überschüssen, der Eigenkapitalgebern in der Regel gewährt wird, nicht mit festen Auszahlungsverpflichtungen verbunden. Zum anderen können die Überschüsse - sofern überhaupt erwirtschaftet - den Kapitalnutzungskosten nicht gleichgesetzt werden.

Ein Ansatz zur Operationalisierung dieser Probleme besteht darin, die Kosten der Beteiligungsfinanzierung in Analogie zum Fall der Fremdfinanzierung zu bestimmen. Dabei wird von der Vorstellung ausgegangen, daß die Anteilseigner ihr Kapital in Form von Krediten - entweder der eigenen Un-

---

1) Vgl. Albach, H.: "Kapitalausstattung", 1984, S.23.
2) Vgl. Ertl, B.: "Erfahrungen", 1985, S.247f.
3) Vgl. oben S.63ff.

ternehmung[1] ("Eigenkredit") oder einer anderen Unternehmung[2] - zur Verfügung stellen. Aus Sicht der "kreditnehmenden" Unternehmung bestehen dann feste, d.h. bewertbare Auszahlungsverpflichtungen, die sich zudem auf die reinen Kapitalnutzungsentgelte beschränken. Dieser, dem Opportunitätskostenkonzept verwandten Fiktion[3] scheinen auch jene "traditionellen" Arbeiten aus jüngerer Zeit zu folgen, die den Kostenvergleichen zwischen Beteiligungs- und langfristiger Fremdfinanzierung identische Kapitalnutzungskosten zugrunde legen.[4] Dies impliziert freilich, daß sich die Kosten der genannten Kapitalarten lediglich durch die Höhe der Transaktionskosten unterscheiden. Ob dies, insbesondere unter Risikoaspekten, als gerechtfertigt erscheint, ist zumindest fraglich.

2.3.1.1.2. Neoklassicher Ansatz

Für die Bestimmung der Eigenkapitalkosten mithilfe des neoklassischen Ansatzes stehen u.a. in Gestalt des Opportunitätskostenprinzips, des Dividendenwachstumsmodells und des Capital Asset Pricing Model drei Bewertungskonzeptionen zur Verfügung, bei denen jeweils unterschiedliche Datenanforderungen zu erfüllen sind.

a. Alternativertragsatzkonzeption

Die Möglichkeiten zur Operationalisierung von Alternativertragsätzen wurden in ihrer Grundstruktur bereits im Abschnitt 2.2.1.2.1. aufgezeigt[5]: Der

---

1) Vgl. Schwantag, K.: "Zinsen", 1953, S.484.

2) Vgl. Hoffmann, R.R.: "Beziehungen", 1962, S.143f.

3) Noch stärker kommt das Denken in Alternativerträgen bei Schmalenbach zum Ausdruck, der den Kapitalisierungszinsfuß für Beteiligungsfinanzierungen auf der Grundlage von Aktienrenditen branchengleicher Unternehmungen zu bestimmen versucht; vgl. Schmalenbach, E.: "Beteiligungsfinanzierung", 1954, S.50ff.

4) Vgl. z.B. Hielscher, U./Laubscher, H.-D.: "Finanzierungskosten", 1976, Bierich, M.: "Kapitalbeschaffung", 1984.

5) Vgl. oben S. 66ff.

Eigenkapitalkostensatz kann zum einen aus der Rendite einer Anlagealternative, welche ein der projektierten Investition vergleichbares Risiko aufweist, abgeleitet werden. Zum anderen ist denkbar, der Ermittlung in einem ersten Schritt die Verzinsung einer risikoarmen Anlage - gleichsam als Basiskomponente - zugrundezulegen und diese dann um einen Satz zu erhöhen, der das mit der Investition in die Unternehmung verbundene Risiko reflektiert.[1]

Für beide Vorgehensweisen ergibt sich damit offensichtlich die Notwendigkeit der Risikobeurteilung. Die über die Rendite einer Alternativinvestition erfolgende indirekte Eigenkapitalkostenbestimmung im ersten Fall erfordert dabei auf den ersten Blick eine qualitativ schwächere Form von Informationen: Um zu beurteilen, ob Projekte hinsichtlich ihrer Risiken miteinander vergleichbar sind, bedarf es lediglich ihrer Zuordnung zu ordinalskalierten Merkmalen[2], etwa in Form von Risikokategorien. Diese in der Unternehmenspraxis durchaus gebräuchliche[3] Differenzierung von Investitionsvorhaben kann anhand verschiedener Klassifikationskriterien erfolgen, so etwa nach der

Investitionsart[4], z.B.
- Erweiterungsinvestition
- Ersatzinvestition
- Neuinvestition

betroffenen Organisationseinheit[5], z.B.
- Tochterunternehmen
- Division
- Produktlinien

---

1) Vgl. ebenda.

2) Zu den Skalierungsmethoden vgl. für viele Pfohl, H.C./Braun, G.: "Entscheidungstheorie", 1981, S.246.

3) Vgl. z.B. Volkart, R.: "Investitionsanalyse", 1981, S.26 und Blohm, H./Lüder, K.: "Investition", 1983, S.188.

4) Vgl. Brigham, E.F.: "Hurdle Rates", 1975, S.19.

5) Vgl. ebenda.

Produkt-/Marktkonstellation[1], z.B.
- vorhandener Markt/eingeführte Produkte
- vorhandener Markt/neue Produkte
- neuer Markt/eingeführte Produkte
- neuer Markt/neue Produkte.

Hierzu ist indessen einschränkend zu bemerken, daß die Zuordnung von Projekten zu den geschilderten Klassen für den vorliegenden Untersu - chungszweck kaum als hinreichend genau angesehen werden kann. Mit zunehmendem Differenzierungsgrad dürfte eine eindeutige Kategorisie - rung allerdings auch entsprechend problematischer werden. Dies schränkt nicht nur den (scheinbaren) Vorteil der Operationalität des Verfahrens stark ein, sondern hat vermutlich auch zur Folge, daß unmittelbar vergleichbare Projekte eher die Ausnahme darstellen.[2]

Schließlich ist auch zu beachten, daß sich die Kapitalkostenermittlung, selbst wenn diese Bedingung erfüllt ist, keineswegs einfach gestaltet. Es muß dann der interne Zinsfuß des Vergleichsobjektes bestimmt werden, womit wiederum die bekannten Schätz- und Prognoseprobleme bei der Er - mittlung und Aufbereitung des für die Investitionsbeurteilung notwendigen Datenmaterials verbunden sind.[3]

Ähnlich zurückhaltend müssen die Möglichkeiten zur Lösung jener Ab- schätzungsprobleme beurteilt werden, die bei der Kapitalkostenermittlung auf Basis der Verzinsung risikoarmer Anlagen auftreten. Zwar ist die Fest- stellung der Renditen etwa von festverzinslichen Wertpapieren unproble- matisch - sie können beispielsweise den Monatsberichten der Deutschen Bundesbank mit hinreichender Genauigkeit entnommen werden. Schwie- rigkeiten bereitet dagegen die Bemessung des adäquaten Risikozuschla - ges, welche oben umgangen wurde: Sie kann letztlich nur unter Bezugnah -

---

1) Vgl. Blohm, H./Lüder, K.: "Investition", 1983, S.188.

2) So auch Hax, H.: "Finanzierung", 1984, S.405.

3) Zu den Datenproblemen bei der Ermittlung der Projektzahlungsströme, auf die hier nicht explizit eingegangen wird, vgl. z.B. Blohm, H./Lüder, K.: "Investition", 1983, S.128ff.

me auf das Präferenzsystem von Individuen bestimmt werden und entzieht sich insofern einer objektiven Quantifizierung. Bedenkt man in diesem Licht, daß die etwa von den Unternehmen der deutschen Industrie tatsächlich angesetzten Eigenkapitalkosten vor Steuern im Durchschnitt das Doppelte, nicht selten auch das Dreifache der Umlaufrendite festverzinslicher Wertpapiere betragen[1], so erscheinen Zweifel an der Angemessenheit des Verfahrens als angebracht.

b. Dividendenwachstumsmodell

Mit dem Dividendenwachstumsmodell von Gordon wurde ein weiterer Bewertungsansatz vorgestellt[2], nach welchem sich die Kosten des Eigenkapitals als Quotient aus zukünftiger Dividende (D_1) und Anteilswert (P_0), erhöht um die erwartete Dividendenwachstumsrate (g) der Unternehmung ergeben:

$$k_{EK} = \frac{D_1}{P_0} + g \ . \qquad (1.4.)$$

Während die Bestimmung von D_1 formal problemlos ist - die Höhe der zukünftigen Dividende kann nach Bestimmung der Wachstumsrate aus dem aktuellen Ausschüttungsbetrag geschlossen werden[3] - können bei der Quantifizierung der Wachstumsrate selbst und u.U. auch des Anteilswertes der Unternehmung z.T. erhebliche Abschätzungsschwierigkeiten auftreten.

---

1) Vgl. hierzu den Abschnitt 3.3.4.3. im empirischen Teil der Arbeit.

2) Vgl. oben, S.68ff.

3) Dies folgt aus der Beziehung:

$$\frac{D_1}{P_0} + g = \frac{D_0}{P_0}(1+g) + g$$

Für die Bemessung des Anteilswertes gilt dies immer dann, wenn es sich bei der betreffenden Unternehmung nicht um eine börsennotierte Aktiengesellschaft handelt. In diesem Fall ist nämlich ein "situationsadäquater Bewertungsmaßstab"[1], wie ihn der Aktienkurs darstellt, nicht unmittelbar als Datum verfügbar, sondern muß durch einen gesonderten Bewertungsvorgang festgestellt werden. Zwar steht zu diesem Zweck mit den Verfahren der Unternehmensbewertung grundsätzlich ein entwickeltes und auch differenziertes[2] Instrumentarium bereit. Die spezifischen Charakteristika der Gesamtbewertung geben indessen Anlaß zu Zweifeln, ob dieses auch geeignet ist, einen dem Börsenkurs vergleichbaren Wert für nicht notierte Gesellschaften zu ermitteln. So sind zumindest bei den theoretisch fundierten Verfahren[3] durchwegs zukünftige Größen bewertungsrelevant, die u.a. auch von solchen Aktionen abhängen, die im Bewertungszeitpunkt noch gar nicht bekannt sind. Sie verleihen den notwendigen Schätzungen und Prognosen eine zusätzliche Problemdimension, die letztlich nur durch subjektive Wertentscheidungen zu bewältigen ist.[4] Damit werden wiederum Spielräume eröffnet, die eine hinreichend objektivierte Bewertung, wie sie etwa die Börsennotierung von Unternehmensanteilen darstellt, kaum gewährleisten.[5]

---

1) Zur Begriffsbildung vgl. Loistl, O.: "Bewertung", 1984, S.68.

2) Einen guten Überblick über die zur Unternehmensbewertung herangezogenen betriebswirtschaftlichen Theorien vermittelt Coenenberg, A.G.: "Unternehmensbewertung", 1981; zu den Verfahren im einzelnen vgl. etwa Ballwieser, W.: "Unternehmensbewertung", 1987 und Moxter, A.: "Grundsätze", 1983.

3) Davon zu unterscheiden sind die meßpraktisch bedingten, substanzwertorientierten Hilfsverfahren, die auf Kategorien des Rechnungswesens, also Vergangenheitsgrößen, zurückgreifen. Sie werfen zwar geringere Meßprobleme auf, sind aber lediglich als Schätzwerte aufzufassen, die wegen der "...Resignation von den letztlich ... unüberwindlichen Schwierigkeiten einer hinlänglich zuverlässigen Abschätzung der Zukunftsentwicklung einer Unternehmung" (Adelberger, O.L.: "Bestimmung", 1977, S.142) als grobe Orientierungsmaßstäbe herangezogen werden.

4) Vgl. Adelberger, O.L.: "Bestimmung", 1977, S.139ff.

5) Darüberhinaus besteht auch ein logisches Problem dergestalt, daß für die Bewertung zukünftiger Erfolgsströme ein Diskontierungszinsfuß benötigt wird, der durch das Dividendenwachstumsmodell bestimmt werden soll.

Um einen Ausweg aus dieser Situation zu finden, ist in jüngerer Zeit versucht worden, objektivierbare Anteilswerte aus empirischen Kapitalmarktdaten zu gewinnen.[1] Dabei werden für börsennotierte Gesellschaften aufgrund statistischer Zusammenhänge Bewertungsfunktionen abgeleitet, welche die aktuellen Wertpapierkurse mit hinreichender Genauigkeit erklären.[2] Unter der Annahme, daß diese Zusammenhänge auch für andere Gesellschaften Gültigkeit besitzen[3], wird die ermittelte Bewertungsfunktion dann auf nicht notierte Anteile übertragen. Allerdings stellt sich bei einer solchen Vorgehensweise das Problem, daß zur Einschätzung der Angemessenheit der so bestimmten Anteilswerte nicht einmal grobe empirische Anhaltspunkte gegeben sind. Angesichts der Tatsache, daß bei entsprechenden Datenkonstellationen etwa auch negative Anteilswerte auftreten können, sind deshalb die bisherigen Ergebnisse dieser Bemühungen eher so zu beurteilen, "..., daß ein weiteres Arbeiten in diese Richtung lohnen dürfte".[4], als daß sie für die Eigenkapitalkostenermittlung unmittelbar verwendbare Daten liefern könnten. Die Anwendung des Dividendenwachstumsmodells sollte daher auf börsennotierte Aktiengesellschaften beschränkt werden.

Hierzu ist es indessen notwendig, die zukünftige, theoretisch notwendigerweise als konstant unterstellte Dividendenwachstumsrate der betreffenden Unternehmung zu quantifizieren. Zu diesem Zweck werden im Schrifttum mehrere unterschiedliche Vorgehensweisen empfohlen. Insbesondere in der amerikanischen Literatur findet sich häufig der Vorschlag, die Wachstumsrate von Wertpapieranalysten bestimmen zu lassen oder sie den regelmäßig publizierten Firmenreports der einschlägigen Informationsdienste zu entnehmen. So veröffentlicht die amerikanische Value Line Investment Survey regelmäßig die Daten von 1400 US-Aktiengesellschaften. Aus den vierteljährlich für jedes dieser Unternehmen erscheinenden Reports kön-

---

1) Vgl. z.B. Loistl, O.: "Bewertung", 1984.

2) Vgl. Hansmann, K.W.: "Aktienanlage-Planung", 1980.

3) Vgl. Loistl, O.: "Bewertung", 1984, S.68f

4) Loistl, O.: "Bewertung", 1984, S.81.

nen unter anderem sowohl die in der Vergangenheit realisierten als auch die für die Zukunft erwarteten Gewinn- und Dividendenwachstumsraten abgelesen werden.

Sofern ein solches Datenmaterial nicht verfügbar ist, wird empfohlen, die Wachstumsrate aus der Selbstfinanzierungsquote und der Investitionsrendite abzuleiten:[1)]

$$g = \text{Selbstfinanzierungsquote} * \text{Investitionsrendite}$$
$$= (1 - \text{Ausschüttungsrate}) * \text{Investitionsrendite}$$

Faktisch handelt es sich bei diesem Berechnungsansatz um die zur theoretischen Ableitung des Modells getroffene entsprechende Annahme.[2)] Für die praktische Verwendung ist dabei zu beachten, daß mit dieser die Konstanz der Einbehaltungsquote wie auch der erzielbaren Renditen unterstellt wird. Wie die Praktikabilität dieses Verfahrens zu beurteilen ist, hängt letztlich davon ab, inwieweit

- die unterstellte Konstanz der Variablen als realistisch erscheint
- es gelingt, die Berechnungsgrößen mit hinreichender Genauigkeit zu prognostizieren.

Ein gewisser Vorteil mag unter eher pragmatischen Gesichtspunkten zunächst darin zu sehen sein, daß Firmen oftmals bestrebt sind, ihre Ausschüttungsquoten stabil zu halten[3)] und dementsprechend auch konkrete Vorstellungen über deren Höhe besitzen. Sofern dies im Einzelfall zutrifft, können die genannten Bedingungen für den ersten Faktor als erfüllt gelten; es dürfte dann nicht schwierig sein, die zukünftige Selbstfinanzierungsquote zu bestimmen. Größere Probleme bereitet dagegen die Einschät-

---

1) Vgl. z.B. Brigham, E.F.: "Management", 1979, S.562, van Horne, J.C.: "Financial Management", 1980, S.227, Kolbe, A.L./Read, J.A.Jr./Hall, G.R.: "Cost of Capital", 1984, S.55.

2) Vgl. oben S.69, FN1.

3) Vgl. Kolbe, A.L./Read, J.A.Jr./Hall, G.R.: "Cost of Capital", 1985, S.55.

zung der von der Unternehmung zukünftig erzielbaren Renditen. Hierzu bedarf es neben der Beurteilung unternehmensspezifischer Erfolgsfaktoren wie etwa der Struktur der Produktlebenszyklen auch der Einschätzung all - gemeinwirtschaftlicher Einflußgrößen wie beispielsweise der gesamtwirt - schaftlichen oder der branchenbezogenen wirtschaftlichen Entwicklung.[1]

Die letztlich unüberwindlichen Schwierigkeiten, aus derartigen Fundamentalanalysen gleichermaßen objektiv begründbare wie operationale Größen abzuleiten, lassen es aus praktischer Sicht als angeraten erscheinen, die Wachstumsrate unter Rückgriff auf historische Daten zu schätzen. Dabei legt es die Tatsache, daß sich die Schätzprobleme vervielfachen, wenn die Wachstumsrate in einzelne, möglicherweise wachstumsbestimmende Kom - ponenten zerlegt wird, zudem nahe, sie direkt, also ohne vorherige Aufspaltung, zu bestimmen.

Die häufigste in der Literatur gegebene Empfehlung besteht demgemäß auch darin, vergangene Daten zugrundezulegen und die Wachstumsrate daraus auf "technischem" Wege, d.h. unter Einsatz geeigneter statistischer Methoden, abzuleiten.[2] Als Datenmaterial finden dabei in der Regel die Gewinne der letzten Perioden Verwendung, da die Dividenden wegen der vielfach praktizierten stabilen Dividendenpolitik nur bedingt als Wachstumsindikator geeignet sind.[3]

Hierbei erweist es sich allerdings als Problem, daß die einzelnen Prognosemethoden - als hauptsächlich zur Bestimmung von Wachstumsraten verwendete Techniken sind die exponentielle Glättung, die Regressionsanalyse, das Verfahren der gleitenden Durchschnitte und deren zahlreiche

---

1) Vgl. etwa Francis, J.C.: "Investments", 1980, S.339ff.

2) Vgl. z.B. Brigham, E.F.: "Management", 1979, S.562, van Horne, J.C.: "Financial Manage - ment", 1980, S.227, Kolbe, A.L./Read, J.A.Jr./Hall, G.R.: "Cost of Capital", 1984, S.55.

3) Dies bedeutet nicht, daß die Dividendenwachstumsrate im Modell "stillschweigend" durch eine Gewinnwachstumsrate ersetzt wird. Die in der Vergangenheit realisierten Gewinne sind ausdrücklich als Hilfsgrößen zur Prognose der zukünftigen Dividendenentwicklung aufzufassen. "The g we are concerned with is always a dividend g - but the recent divi - dend record of the firm may not always be our best source of information." (Lewellen, W.G.: "Cost of Capital", 1969, S.101); vgl. auch unten, S.187f.

Varianten zu nennen[1] - zu z.T. erheblich voneinander abweichenden Ergebnissen führen können.[2] Nimmt man hinzu, daß die Ergebnisse bereits bei Anwendung nur eines Verfahrens in Abhängigkeit von der Länge des zugrundegelegten Betrachtungszeitraums beachtlich voneinander abweichen können[3], so erscheint es als geboten, das statistische Instrumentarium mit einer gewissen Zurückhaltung anzuwenden. Dies gilt insbesondere für jene Fälle, in denen das historische Datenmaterial starke Schwankungen aufweist.

Neben diesen meß- und schätztechnischen Problemen bei der Bestimmung der Modelleinflußgrößen besteht eine weitere Schwierigkeit, die bei der Umsetzung des Ansatzes auf reale Problemsituationen von Bedeutung ist: Die Bestimmung der Eigenkapitalkosten einer Unternehmung auf der Grundlage einer reinen Eigen-/Innenfinanzierung wird im Dividendenwachstumsmodell insbesondere dadurch ermöglicht, daß eine feste Beziehung zwischen Kapitalstruktur und Selbstfinanzierungsrate unterstellt wird.[4] Man geht m.a.W. davon aus, daß der Verschuldungsgrad von Unternehmen, die ihre Investitionsprojekte sowohl aus einbehaltenen Gewinnen als auch aus neu aufzunehmenden Krediten finanzieren, jeweils - d.h. für eine unendliche Zahl von Perioden - unverändert bleibt: "Die neue Verschuldung wird bei Konstanz des Verschuldungsgrades durch den Eigenkapitalanstieg bei Gewinnthesaurierung ermöglicht."[5]

Hieraus folgt, daß Variationen des relativen Fremdkapitalanteils etwa durch den verstärkten Einsatz von Krediten im Modell nicht quantitativ analysiert

---

1) Zur Funktionsweise der einzelnen Methoden vgl. etwa Elton, E.J./Gruber, M.J.: "Accuracy", 1972, S.410ff. und Perridon, L./Steiner, M.: "Finanzwirtschaft", 1986, S.379ff.

2) Vgl. hierzu Elton, E.J./Gruber, M.J.: "Accuracy", 1972, die in einer die Daten von insgesamt 180 Unternehmen umfassenden Studie die Ergebnisse der einzelnen Prognosetechniken mit den Vorhersagen von Investmentanalysten verglichen haben.

3) Üblich sind sowohl Vorhersagen auf der Grundlage von 5-Jahresdaten als auch von 10-Jahresdaten.

4) Vgl. insbesondere Gordon, M.J.: "Investment", 1962, S.101.

5) Standop, D.: "Unternehmensfinanzierung", 1975, S.104.

werden können. Zwar läßt sich nachweisen, daß die Fremdkapitalkosten in diesen Fällen aufgrund des gestiegenen Kapitalstrukturrisikos über den zu zahlenden Zins hinaus (nicht-linear) steigen[1]; welchen Einfluß eine solche Abweichung von den Modellprämissen auf die Eigenkapitalkosten hat, kann indessen nicht quantifiziert werden. Für die praktische Verwendung des Dividendenwachstumsmodells ergibt sich daraus eine wichtige Einschränkung: Auf der Basis von reinen Eigen-/Innenfinanzierungsanalysen ermittelte Eigenkapitalkostensätze sind nur dann aussagefähig, wenn davon ausgegangen werden kann, daß die langfristige Kapitalstruktur der Unternehmung im wesentlichen unverändert bleibt.

c. <u>CAPM</u>

Eine weitere theoretische Möglichkeit, die Eigenkapitalkosten einer Unternehmung zu bestimmen, eröffnet das Capital Asset Pricing Model. Wie an anderer Stelle gezeigt[2], werden diese dort als Gleichgewichtsrenditen risikobehafteter Wertpapiere mithilfe der Bewertungsgleichung

$$k_{EK_j} = E(R_j) = R_f + [E(R_M) - R_f] \cdot \beta_j \qquad (2.6.2.)$$

aus dem Kapitalmarkt abgeleitet.

Um die Kapitalkosten hiernach praktisch berechnen zu können, bedürfte es demgemäß im einzelnen der Kenntnis

(1) des Ertragsatzes des risikolosen Wertpapiers(R_f),

(2) des Erwartungswertes des Ertragssatzes des Marktportfolios ($E(R_M)$) und

(3) des Betas des zu bewertenden Wertpapiers bzw. Projektes (β_j).

---

[1] Vgl. Lintner, J.: "Cost of Capital", 1963, S.305ff.
[2] Vgl. oben, S.71ff.

(1) Ertragsatz des risikolosen Wertpapiers

Mit dem risikolosen Wertpapier wird im CAPM zunächst eine Anlageform definiert, die in der Wirklichkeit nicht existiert. Insofern kann die numerische Bestimmung der Rendite dieser Anlage auch nur anhand solcher empirisch vorfindbarer Ersatzgrößen erfolgen, die das postulierte Kriterium der Sicherheit soweit wie möglich erfüllen. Als besonders risikoarme Wertpapiere kommen vor allem Gläubigerpapiere mit bevorrechtigten Zins- und Konkursforderungen gegen erstklassige Schuldner in Betracht. In der Literatur wird entsprechend auch durchwegs empfohlen, die risikolose Rate aus solchen Anlageformen abzuleiten, mit denen Forderungen gegen den Staat begründet werden.[1] Insbesondere im amerikanischen Schrifttum, in dem die praktische Umsetzung des CAPM bislang im größten Umfang betrieben wird, ist allerdings strittig, ob der Ermittlung der Zins von kurzfristigen ("treasury bills") oder langfristigen ("treasury bonds") Schatzanweisungen zugrundegelegt werden sollte.[2] Ohne diese Kontroverse an dieser Stelle genauer darzulegen oder gar abschließend zu bewerten, ist zu berichten, daß hieraus z.T. beträchtliche Bewertungsdifferenzen resultieren können. So betrug beispielsweise der Zins für US-Schatzanweisungen mit 3-monatiger Laufzeit im Mai 1987 5,77 %, während sich 10-Jahres US-Treasury Bonds zur gleichen Zeit mit 8,77 % rentierten[3].

Für den Bereich der Bundesrepublik Deutschland kann ebenfalls auf zwei Stellvertreter für den risikolosen Zinssatz zurückgegriffen werden, die sich hinsichtlich der Fristigkeit des zugrundeliegenden Kapitalüberlassungsverhältnisses unterscheiden. Als an längerfristigen Ausleihungen orientierte Ersatzgröße kommt die Umlaufrendite öffentlicher Anleihen in Betracht, während der Zinssatz für Monatsgeld unter Banken als "kurzfristiger" Maß-

---

1) Vgl. für viele Carleton, W.T.: "CAPM", 1978.

2) Zu den Einwänden, die gegen eine (in Anbetracht der Einperiodigkeit des Modells naheliegende) Verwendung kurzfristig orientierter Ersatzgrößen zu erheben sind, vgl. insbesondere Brigham, E.F./Gapenski, L.C.: "Intermediate", 1987, S.118f.

3) Quelle: Financial Times vom 26.5.1987.

stab fungieren kann.[1] Die entsprechenden Monatsdurchschnittswerte[2] werden regelmäßig in den Monatsberichten der Deutschen Bundesbank veröffentlicht.

(2) Erwartungswert des Ertragsatzes des Marktportfolios

Wie beim risikofreien Wertpapier besteht auch im Hinblick auf das Markt-portefeuille die Schwierigkeit darin, daß eine Größe geschätzt werden muß, die in der Realität nicht existiert, also auch nicht unmittelbar empirisch fest-gestellt werden kann. Auch für das Marktportefeuille ist daher zunächst ein Hilfsmaßstab zu wählen, welcher die Gesamtheit der risikobehafteten Ver-mögenswerte möglichst weitgehend repräsentiert. Als ein solcher Ersatz für das Marktportefeuille werden in einschlägigen Untersuchungen verschie-dene Aktienindizes, so etwa der Standard & Poor's Composite 500 Stocks Average[3], der Standard & Poor's 400 Industrial Stocks Average[4] oder The Dow Jones Industrial Average[5] herangezogen.

Allerdings ist die Repräsentativität dieser Aktienindizes für das Marktport-folio grundsätzlich zurückhaltender zu beurteilen als etwa jene der US-Schatzanweisungen für das risikolose Wertpapier. Dies liegt mit darin be-gründet, daß selbst die großen Indizes zwar einige hundert Werte, keines-falls aber alle umlaufenden Aktien umfassen. Schwerer dürfte indessen noch die Tatsache wiegen, daß der Notwendigkeit der Berücksichtigung aller risikobehafteten Vermögenswerte, zu denen auch "non marketable assets"[6] wie z.B. nicht notierte Anteile an Einzelunternehmen sowie Perso-nen- und Kapitalgesellschaften, öffentliche Investitionsgüter, Privatvermö-

---

1) Vgl. Winkelmann, M.: "Aktienbewertung", 1984, S.111.

2) Zum Problem im Zeitablauf schwankender risikoloser Zinssätze vgl. ebenda, S.110ff.

3) Vgl. z.B. Ibbotson, R.G./Sinquefield, R.A.: "Stocks", 1982.

4) Vgl. z.B. Brigham, E.F./Shome, D.K.: "Risk Premium", 1981.

5) Vgl. z.B. Malkiel, B.G.: "Capital Formation", 1979.

6) Zu weiteren nicht marktgängigen Vermögenswerten und deren Bedeutung im Rahmen des Capital Asset Pricing Model vgl. etwa Rorke, C.H.: "Nonmarketable Assets", 1979 und Mayers, D.: "Nonmarketable Assets", 1972.

gen der Anleger in Sachwerten oder gleichfalls das Humanvermögen zu zählen sind, von keinem der verfügbaren Indizes Rechnung getragen wird. Um diesem Problem zumindest teilweise abzuhelfen, sind in jüngerer Zeit Indizes entwickelt worden, die - insbesondere auch durch die Einbeziehung von Vermögenswerten mehrerer Länder - auf breiter angelegten Portfolios basieren[1]. Ihnen haftet freilich der Mangel an, daß "... at the present time no general market index ... is generally accepted".[2]

Während in der Literatur trotz der genannten Einschränkungen Einigkeit über die Tatsache herrscht, daß die Aktienindizes als beste Approximation des Marktportefeuilles einzustufen sind, gehen die Meinungen darüber auseinander, mithilfe welcher Methoden der Erwartungswert der Marktrendite aus den solchermaßen vorgegebenen Portfolios zweckmäßigerweise abgeleitet werden sollte. Am weitesten verbreitet ist dabei die Anlehnung an die Studie von Ibbotson und Sinquefield[3], welche die historische Entwicklung der Renditen[4] jener im Standard & Poor's Composite 500 Stocks Average enthaltenen Aktien über 56 Jahre nachvollzogen und ausgewertet haben. Als Ergebnis stellen sie eine Marktrisikoprämie von 8,2 % bzw. 7,6 % fest, berechnet als arithmetisches Mittel der Differenzen zwischen Aktienrenditen und Verzinsung kurzfristiger bzw. langfristiger US-Schatzanweisungen für den Zeitraum von 1926 - 1984[5].

---

1) Vgl. z.B. Ibbotson, R.G./Fall, C.L.: "Wealth Portfolio", 1979, Ibbotson, R.G./Siegel, L.B.: "World Market", 1983.

2) Francis, J.C.: "Investments", 1986, S.279 FN24.

3) Vgl. Ibbotson, R.G./Sinquefield, R.A.: "Stocks", 1982, 1985.

4) Die Aktienrenditen (rt) werden dabei als Summe der Kurssteigerungen (Pt-Pt-1) und Dividendenzahlungen (Dt), bezogen auf den Anfangskurs (Pt-1), also formal als

$$r_t = \frac{(P_t - P_{t-1}) + D_t}{P_{t-1}}$$

ermittelt.

5) Vgl. Ibbotson, R.G./Sinquefield, R.A.: "Stocks", 1985. Erwähnenswert ist, daß sich die - von Ibbotson/Sinquefield gleichfalls ermittelten - geometrischen Mittelwerte auf einem etwa 2 % niedrigen Niveau bewegen. Zur Begründung der Verwendung einer auf Grundlage des arithmetischen Mittels berechneten Marktrisikoprämie vgl. Kolbe, A.L./Read, J.A./Hall, G.R.: "Cost of Capital", 1983, S.73f. und Brigham, E.F./Gapenski, L.C.: "Intermediate", 1987, S.120.

Als kritisch zu werten ist bei der Ibbotson/Sinquefield Untersuchung, daß die Länge des Zeitraumes, über den den Daten erhoben werden, die negative Konsequenz hat, daß die Berechnungsergebnisse auch gegenüber aktuellen Veränderungen größeren Ausmaßes relativ unsensibel reagieren. Insbesondere die Kritik[1] an der mangelnden Berücksichtigung der Entwicklungen der jüngeren Vergangenheit bzw. an der fehlenden materiellen Zukunftsorientierung der Ibbotson/Sinquefield Untersuchung hat zu unterschiedlichen Bemühungen geführt, praktikable Verfahren zur Überwindung dieser Mängel zu entwickeln. Als ein Ansatz in diese Richtung ist etwa die Studie von Benore[2] zu werten, der die Erwartungswerte auf der Grundlage von Expertenprognosen (Investment Surveys) zu evaluieren versucht hat. Malkiel[3] und Brigham/Shome[4] leiten demgegenüber die Marktrisikokomponente durch die Anwendung des Gordon-Bewertungsmodells auf die im Dow Jones Industrial Average bzw. im Standard & Poor´s 400 Industrial Average Index vertretenen Werte ab.[5]

Diese Ansätze besitzen aufgrund ihrer formalen Zukunftsorientierung den unbestreitbaren Vorteil, daß sie der Forderung nach der Bestimmung von Erwartungswerten konzeptionell besser gerecht werden als jene Untersuchungen, die ausschließlich auf historischen Daten basieren. Als fraglich erscheint es jedoch, ob es im Einzelfall auch gelingt, die zur Bestimmung dieser "Ex Ante Risk Premiums"[6] bestehenden Datenerfordernisse zu erfüllen. In diesem Zusammenhang ist sowohl auf das hohe Maß an subjektiver Urteilsbildung hinzuweisen, welches mit der Befragung von Kapital-

---

1) Zu weiteren, hier nicht im einzelnen dargelegten Einwendungen vgl. etwa Brigham, E.F./Shome, D.K.: "Risk Premium", 1981, S.84ff.

2) Vgl. Benore, C.: "Survey", 1078.

3) Vgl. Malkiel, B.G.: "Capital Formation", 1979.

4) Vgl. Brigham, E.F./Shome, D.K.: "Risk Premium", 1981.

5) Dabei kann allerdings vor allem die von Malkiel vorgenommene Beschränkung auf den lediglich 30 Industriewerte umfassenden Dow-Jones Index bestenfalls als rudimentäre Approximation des Marktportfolios gewertet werden; vgl. hierzu auch S.126f.

6) Zur Begriffsbildung vgl. Brigham, E.F./Gapenski, L.C.: "Intermediate", 1987, S.120.

marktexperten verbunden ist (Benore-Studie), als auch auf die bereits an anderer Stelle[1] diskutierten Probleme, die im Zuge der Bestimmung zukünftiger Dividendenentwicklungen von Aktiengesellschaften auftreten (Malkiel-, Brigham/Shome-Studie). Vor diesem Hintergrund sind jedenfalls die weitgehende Objektivierbarkeit und die jederzeitige Verfügbarkeit jener Marktportfoliorenditeschätzungen, die auf vergangenen Daten basieren, als wichtige praktische Vorteile zu werten.

Für den deutschen Aktienmarkt liegen keine aktuellen, der Ibbotson-/Sinquefield-Studie vergleichbaren Untersuchungen vor, in denen die Entwicklung der Aktienrenditen über einen langen Zeitraum permanent analysiert wird. Für die praktische Anwendung des Capital Asset Pricing Model müssen deshalb die zur Bestimmung der Marktrisikoprämie erforderlichen Daten jeweils neu erhoben werden. Zu diesem Zweck kann auf verschiedene Börsenkursindizes zurückgegriffen werden. Zu nennen sind etwa die Indizes des Statistischen Bundesamtes (285 Werte) und der Frankfurter Wertpapierbörse (215 Werte) sowie die jeweils 100 Gesellschaften umfassenden Indizes der Frankfurter Allgemeinen Zeitung und der Westdeutschen Landesbank.

Neben den oben formulierten Einwänden[2], die gegen die Verwendung von Aktienindizes als Stellvertreter für das Marktportefeuille generell zu erheben sind, erwachsen aus den spezifischen deutschen Kapitalmarktverhältnissen weitere diesbezügliche Einschränkungen. Dies gilt zunächst für die geringe Zahl von nur etwa 480 börsennotierten Aktiengesellschaften. Da auf dem hiesigen Aktienmarkt zudem verhältnismäßig wenige Werte (die in allen genannten Indizes enthalten sind) einen großen Teil des Umsatzes ausmachen[3], ist weiterhin zu vermuten, daß auch die "Indexrenditen" im wesentlichen die Ertragsituation einiger weniger Gesellschaften reflektieren. Damit dürfte die theoretische Forderung nach der Einbeziehung

---

1) Vgl. oben, S.121ff.

2) Vgl. oben, S.127ff

3) Vgl. Winkelmann, M.: "Indexwahl", 1981, S.484f.

aller Vermögenswerte in das Marktportfolio von den deutschen Aktienindizes im Ergebnis in (noch) geringerem Umfang erfüllt werden als etwa von den großen US-amerikanischen Indizes.

(3) Beta des zu bewertenden Wertpapiers bzw. Projektes

Mit dem Beta des betreffenden Wertpapiers als Maßstab für dessen systematisches Risiko[1] ist schließlich eine dritte Modelleinflußgröße zu schätzen. Sie wird in der Regel regressionsanalytisch als Verhältnis der realisierten Renditen des betreffenden Wertpapiers zu den realisierten Renditen eines Aktienindex bestimmt, wobei zumeist die entsprechenden Wochen- oder Monatsdaten der letzten 5 Jahre, also insgesamt entweder 260 oder 60 Beobachtungen, zugrundegelegt werden[2]. Grundsätzlich sind damit auch ähnliche Bedenken hinsichtlich der Repräsentativität dieser Werte für die Zukunft zu äußern, wie für die bislang erörterten Schätzmethoden der anderen Größen auf der Grundlage historischer Daten[3]. Da entsprechende Untersuchungen[4] allerdings gezeigt haben, daß die Betas einzelner Unternehmungen im Zeitverlauf relativ stabil bleiben, erscheint zumindest die Gefahr von Fehleinschätzungen aufgrund erheblicher Instabilitäten als eher gering.

Unter praktischen Gesichtspunkten bereitet die Beschaffung dieser Werte zunächst wenig Schwierigkeiten; sie werden von einer Reihe einschlägiger

---

1) Zur Ableitung und zur formalen Darstellung des Beta-Faktors vgl. oben, S.75f.

2) Vgl. etwa Brealey, R.A./Myers, S.C.: "Principles", S.168f.

3) Diese Bedenken haben zu Bemühungen geführt, die vermutete zukünftige Entwicklung bei der Ermittlung von Beta-Faktoren explizit zu berücksichtigen. Bei den sog. Adjusted Betas wird versucht, dem Effekt vorab Rechnung zu tragen, daß Betas im Zeitablauf eine Tendenz zum Wert 1,0 aufweisen (vgl. im einzelnen Blume, M.E.: "Regression Tendencies", 1973). Bei den sog. Fundamental Betas werden dagegen die auf historischer Grundlage ermittelten Betas fortlaufend an die Entwicklung wichtiger ("fundamentaler") Risikofaktoren, wie z.B. Kapitalstrukturveränderungen, angepaßt (vgl. im einzelnen Rosenberg, B./Guy, J.: "Prediction", 1976).

4) Als wichtige Studien zur Untersuchung der Stabilität des Beta-Faktors sind zu nennen Sharpe, W.F./Cooper, G.M.: "Risk Classes", 1972, Blume, M.E.: "Assessment", 1974; vgl. auch Francis, J.C.: "Investments", 1986, S.274ff.

Informationsdienste[1] regelmäßig veröffentlicht. Zu beachten ist dabei allerdings, daß hiermit das systematische Risiko einer gesamten Unternehmung ausgedrückt wird. Soll der mithilfe des CAPM ermittelte Eigenkapitalkostensatz jedoch zur Beurteilung einzelner Investitionsprojekte herangezogen werden, so muß die Risikoadjustierung anhand des jeweils spezifischen systematischen Projektrisikos erfolgen. Das Beta der betreffenden Unternehmung ist in diesem Falle nur dann als adäquater Bewertungsmaßstab anzusehen, wenn systematisches Unternehmensrisiko und systematisches Projektrisiko übereinstimmen. Weichen die Risiken dagegen voneinander ab, so muß letzteres quantifiziert werden. Dies bereitet angesichts der Tatsache, daß zu diesem Zwecke kaum auf Vergangenheitswerte zurückgegriffen werden kann, zumeist erhebliche Probleme.[2] In praktischen Entscheidungssituationen bleibt meist keine andere Möglichkeit, als auf Faustregeln zurückzugreifen, um solcherart bestehenden Risikodifferenzen zumindest annähernd Rechnung zu tragen.

Als Orientierungshilfe in diesem Sinne kann etwa der Rückgriff auf die Beta-Faktoren derjenigen Industriezweige dienen, denen zu beurteilende Investitionsprojekte zuzurechnen sind.[3] Falls eine eindeutige Zuordnung nicht möglich ist, können sich gelegentlich Anhaltspunkte daraus ergeben, daß (Einprodukt-)Unternehmen bereits in jenen Geschäftsfeldern tätig sind, die sich die investierende Unternehmung eröffnen will.[4] Die systematischen Risikowerte dieser Unternehmen können dann grundsätzlich zur Projektbewertung herangezogen werden.

---

1) Dabei weisen die von den einzelnen "Beta-Services" veröffentlichten Werte z.T. Differenzen auf, die in unterschiedlichen Beobachtungszeiträumen, der Behandlung nicht regelmäßig notierter Werte und anderweitig begründet sind. Betas für den Bereich der Bundesrepublik Deutschland können etwa über die Hoppenstedt Wirtschaftsdatenbank GmbH, Darmstadt, bezogen werden.

2) Vgl. etwa Brigham, E.F.: "Management", 1979, S.480ff. und 421f. sowie Brealey, R.A./Myers, S.C.: "Principles", 1984, S.164ff.

3) Vgl. z.B. Dimson, E./Marsh, P.: "Calculating", 1982, S.116f.

4) Vgl. Fuller, R.J./Kerr, H.S.: "Estimating", 1981.

Unabhängig davon, auf welche der genannten Ersatzgrößen zur Bestimmung des spezifischen Projektrisikos zurückgegriffen wird, ist zu berücksichtigen, daß das Beta-Risiko von Wertpapieren nicht nur das leistungs-, sondern auch das finanzwirtschaftliche Risiko von Unternehmen reflektiert. Da im hier gegebenen Zusammenhang aber lediglich der leistungswirtschaftliche Beitrag zum Beta-Risiko des betreffenden Wertpapiers von Interesse ist, muß der Einfluß der Verschuldung rechnerisch rückgängig gemacht werden. Zu diesem Zweck kann von folgender Darstellung des Beta-Risikos der jeweiligen Unternehmung ausgegangen werden[1]):

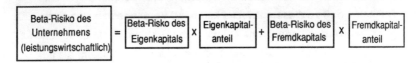

Unterstellt man, daß das Fremdkapital kein Risiko trägt[2]), entspricht das leistungswirtschaftliche Beta-Risiko dem Wert des ersten Summanden. Es ist allerdings zu vermuten, daß eine solche Annahme mit sinkenden Eigenkapitalanteilen zunehmend unrealistisch wird.

Angesichts der geschilderten Probleme, die bei der Quantifizierung der einzelnen Bewertungskomponenten auftreten, ist die praktische Eignung des CAPM für die Eigenkapitalkosten abschließend eher zurückhaltend zu beurteilen. Die wesentlichen Bedenken lassen sich in aller Kürze wie folgt zusammenfassen.

Bereits bei der Bestimmung einer Ersatzgröße für den risikolosen Zins ist bislang nicht geklärt, ob auf die Renditen kurz- oder langfristiger Anleihen der öffentlichen Hand zurückgegriffen werden soll. Hinzu tritt, daß beide Größen im Zeitablauf Schwankungen unterliegen. Während hieraus resultierende Bewertungsdifferenzen möglicherweise dadurch relativiert werden, daß die Bewertungsgleichung des CAPM in dieser Hinsicht - zumin-

---

1) Vgl. z.B. Rudolph, B.: "Kapitalmarkttheorie", 1986, S.894.

2) Vgl. ebenda.

dest formal - eine Tendenz zur Selbstkorrektur aufweist[1]), dürften die referierten Vorbehalte gegen eine Verwendung von Aktienindizes als Stellvertreter für das Martportefeuille weniger leicht zu entkräften sein. Selbst wenn man diese Bedenken außer Acht läßt, treten bei der Quantifizierung der Marktportfoliorendite Meß- und Prognoseprobleme auf, die keineswegs als abschließend gelöst anzusehen sind[2]).

Da die zu bestimmenden Beta-Faktoren ebenfalls auf der Grundlage von Aktienindizes ermittelt werden, gelten die formulierten Einwände hier in ähnlichem Maße. Zudem bestehen beachtliche Probleme bei der Bestimmung des systematischen Projektrisikos.

Vor dem Hintergrund deutscher Kapitalmarktverhältnisse gewinnen die geschilderten Schwierigkeiten insofern ein besonderes Gewicht, als das Marktportfolio mithilfe der deutschen Aktienindizes vermutlich besonders schlecht approximiert wird. Darüberhinaus ergeben sich Probleme aus einem Phänomen, daß unter dem Stichwort der "Rentenparadoxie" diskutiert wird. Dahinter verbirgt sich der empirische Befund, "...daß die reale Rendite der Aktie verzweifelt niedrig ist"[3]) und der bundesdeutsche Rentenmarkt infolgedessen höhere Renditen als der bundesdeutsche Aktienmarkt bietet[4]). Ohne auf die Ursachen dieser Entwicklung einzugehen, ist zu folgern, daß eine Anwendung des CAPM unter solchen Bedingungen nicht als sinnvoll erscheint: Die Überlegenheit der Renten- über die Aktienrendite impliziert, daß die Marktrisikoprämie im Kapitalmarktmodell negative

---

1) So hat die Höhe des risikolosen Zinssatzes z.B. bei einem Beta-Faktor von 1.0 formal überhaupt keinen Einfluß auf die Eigenkapitalkosten; sie entsprechen in diesem Fall dem Erwartungswert des Ertragsatzes des Marktportfolios. Inwieweit diesem Tatbestand auch eine praktische Bedeutung zukommt, ist allerdings schwer zu beurteilen, weil zumeist die Marktrisikoprämie direkt geschätzt wird.

2) Daran ändert auch die Tatsache nichts, daß die Marktrisikoprämie in einigen Studien fortlaufend veröffentlicht wird.

3) Häuser, K. u.a.: "Rentenparadoxie", 1985, S.12.

4) Vgl. hierzu die Untersuchung von Häuser, K. u.a.: "Rentenparadoxie", in der für unterschiedliche Halteperioden im Zeitraum von 1964 bis 1983 Rentenrenditen ermittelt wurden, die nominal und real über der Rendite eines zum Vergleich herangezogenen, 38 Werte umfassenden Aktienindexes lagen; vgl. im einzelnen ebenda, S.14ff., S.48ff. und S.62ff.

Werte annimmt und zu Eigenkapitalkosten führt, die den risikolosen Zinssatz unterschreiten[1]).

2.3.1.2. Meßprobleme bei der Ermittlung der Fremdkapitalkosten

2.3.1.2.1. Traditioneller Ansatz

Bereits im Abschnitt 2.2.2.1. dieser Arbeit wurde darauf hingewiesen, daß die meisten Fremdfinanzierungsformen so beschaffen sind, daß sich die Finanzierungskosten oder zumindest die bewertungsrelevanten Zahlungsreihen aus dem jeweiligen Kontrakt ohne große Mühe ableiten lassen. Es wird aus diesem Grunde auch auf eine detaillierte Darlegung der vielfältigen Ausprägungen verzichtet; sie sind in der Literatur hinlänglich dokumentiert.[2]) Die folgenden Ausführungen sind vielmehr einigen jener Instrumente gewidmet, bei denen die Höhe der Finanzierungskosten bzw. deren Bestandteile nicht unmittelbar offensichtlich sind[3]).

a. Langfristige Außenfinanzierung

Als solche Kostenkomponenten sind bei einigen Instrumenten der langfristigen externen Fremdfinanzierung die einmaligen Kapitalbeschaffungskosten zu nennen. So müssen etwa **Hypothekarkredite**, aber auch **Schuldscheindarlehen**, zur Erreichung der Deckungsstockfähigkeit i.S. der versicherungswirtschaftlichen Kreditgewährung gesichert werden. Die

---

1) Dabei wird die Rendite der Rentenpapiere (die sich aus öffentlichen Anleihen und Pfandbriefen zusammensetzen) als risikoloser Zinssatz angesetzt, während die Aktienrendite als Erwartungswert des Ertragsatzes des Marktportfolios verwendet wird.

2) Vgl. etwa Wöhe, G./Bilstein, J.: "Unternehmensfinanzierung", 1986, Drukarczyk, J.: "Finanzierung", 1986.

3) Dabei ist es im Rahmen der vorliegenden Arbeit nicht möglich, auf die vielfältigen und z.T. sehr komplexen Instrumente der internationalen Finanzierung einzugehen; es wird insoweit auf die Spezialliteratur verwiesen; vgl. für viele z.B. Büschgen, H.E.: "Finanzmanagement", 1986 und Eilenberger, G.: "Währungsmanagement", 1986.

auch beim Schuldscheindarlehen übliche Besicherung durch die Eintragung einer Grundschuld verursacht dabei Kosten in Form von[1]

- Gebühren für Gutachten der zu beleihenden Objekte
- Notargebühren für die Antragsbegutachtung
- Eintragungsgebühren für den Grundbucheintrag
- Briefgebühr für die Ausstellung des Hypothekenbriefs
- Gebühr für die Löschung der Grundschuld,

die sich insgesamt auf knapp ein halbes Prozent des Nennwertes belaufen. Zu diesen Aufwendungen tritt beim Schuldscheindarlehen noch die Vermittlungsprovision von 0,5 - 1 %.

Auch für **Industrieobligationen** ist die Deckungsstockfähigkeit von Bedeutung, weil damit die Placierungschancen erhöht werden. Auch hier sind insofern die o.g. Kosten der Besicherung anzusetzen. Desweiteren fallen bei der Industrieschuldverschreibung ggf. noch Kosten für die Börseneinführung[2] und beachtenswerte laufende Aufwendungen an[3], wie etwa[4]

- Provisionen für die Zinsscheineinlösung der Banken
- Notargebühren für die Auslosung der zu tilgenden Serien
- Kosten für die Auslosungsbekanntmachung in der Presse
- Gebühren für den die Sicherheiten stellvertretend haltenden Treuhänder.

---

1) Vgl. Hielscher, U./Laubscher, H.-D.: "Finanzierungskosten", 1976, S.13ff.

2) Vgl. hierzu die auf S.103f. gemachten Ausführungen.

3) Vgl. Drukarczyk, J.: "Finanzierung", 1986, S.207.

4) Die Industrieobligation ist somit eine relativ teure Finanzierungsform: Neben der i.d.R. auf dem Niveau des Kapitalmarktzinses liegenden Nominalverzinsung sind einmalige Emissionskosten von 2,5 - 4 % sowie laufende Nebenkosten von insgesamt 1 - 2 % des Nennwertes zu kalkulieren.

Die Ermittlung der Kapitalkosten der wichtigsten langfristigen Finanzie-
rungsquelle, der **Bankkredite**[1], ist normalerweise einfach, weil sowohl
Zinsen und Rückzahlungsbeträge als auch deren zeitliche Struktur fest
vereinbart werden. Als Ausnahme sind hier lediglich die sog. indexierten
Darlehen[2] zu nennen, deren Rückzahlungsbeträge vertraglich nicht expli-
zit fixiert, sondern an den Index der Lebenshaltungskosten oder jenen der
Großhandelspreise geknüpft wird. Damit wird die bewertungsrelevante
Zahlungsreihe von zukünftigen Entwicklungen abhängig gemacht, was be-
wirkt, daß sich die Finanzierungskosten ex-ante, also zum Zeitpunkt der
Darlehensaufnahme, nicht genau ermitteln lassen[3].

Spezifische Besonderheiten sind schließlich auch bei der Kapitalkostenermittlung einiger neuerer Anleiheformen zu beachten, die mit dem Wirksam-
werden der sog. Restliberalisierung[4] seit dem 1. Mai 1985 auch für den
bundesdeutschen Währungsbereich zugelassen sind. Sie werden im folgenden am Beispiel der variabel verzinslichen Schuldverschreibungen
und der Null-Kupon-Anleihen kurz referiert[5].

Bei den **variabel verzinslichen Schuldverschreibungen** (Floating
Rate Notes) wird ein Zinssatz nicht im vorhinein für die gesamte Laufzeit
fest vorgegeben, sondern in regelmäßigen Abständen an den maßgeblichen Geldmarktzins angepaßt. Für in DM begebene Floating Rate Notes
fungiert der aktuelle Durchschnittszinssatz für 3- und 6 Monatsgeld der
deutschen Banken - die Frankfurt interbank offered rate (FIBOR) - als Refe-
renzzinssatz, anhand dessen die Anpassung viertel- bzw. halbjährlich vor-

---

1) Vgl. hierzu etwa Drukarczyk, J.: "Finanzierung", 1986, S.209.

2) Vgl. Drukarczyk, J.: "Finanzierung", S.198.

3) Da indexierte Darlehen in der Bundesrepublik nicht genehmigungsfähig sind, dürfte die praktische Bedeutung dieser Einschränkung für hiesige Unternehmen allerdings gering sein.

4) Gemäß der "Erklärung der Deutschen Bundesbank zur Begebung von DMark-Auslands-anleihen".

5) Vgl. hierzu etwa Betz, R.: "Finanzierungsformen", 1986, Büschgen, H.E.: "Finanzinnova-tionen", 1986.

genommen wird. Als Folge dieser Kopplung der Verzinsung an die Entwicklung der Geldmarktkonditionen kann der Emittent die ihm entstehenden Kapitalkosten ex ante allenfalls grob schätzen, nicht aber - wie etwa bei fest verzinslichen Schuldverschreibungen - mit hinreichender Genauigkeit berechnen.

Kennzeichen der **Null-Kupon-Anleihe** (Zero-Bond) ist es, daß sie in abgezinster Form begeben wird, wobei z.T. sehr hohe Emissionsdisagien auftreten können. Der Unterschied zu Normal-Kupon-Anleihen besteht hier darin, daß während der Laufzeit keine Zinszahlungen anfallen. Aus Sicht des Anlegers ergibt sich der Anleiheertrag aus der Differenz zwischen Emissions- und Rückzahlungskurs. Für den Emittenten entfallen somit die Kosten, die mit der Zinsscheineinlösung verbunden sind; neben der Emissionsrendite sind lediglich die einmaligen Emissionsaufwendungen bei der Kapitalkostenermittlung in Ansatz zu bringen.[1]

b. <u>Kurz- und mittelfristige Außenfinanzierung</u>

Während die Kosten der bekannten kreditwirtschaftlichen Finanzierungsinstrumente mit kurz- und mittelfristigen Laufzeiten einfach zu ermitteln sind, gilt dies für einige innovative Instrumente, bei denen die Kredite durch Wertpapiere unterlegt werden, nur in eingeschränktem Umfang. Dies soll am Beispiel der sog. Euro-Note-Facilities und der sog. Euro-Commercial-Paper-Programmes kurz gezeigt werden[2].

Die sog. **Euro-Note-Facilities** bieten Kreditnehmern in unterschiedlichen Variationen[3] die Möglichkeit, langfristig benötigte Mittel durch die re-

---

[1] Eine exemplarische Kapitalkostenermittlung für eine Null-Kupon-Anleihe wird im Abschnitt 2.3.2.4. vorgenommen.

[2] Vgl. hierzu und zu einer detaillierteren Darstellung dieser Finanzierungsinstrumente Brukkermann, G.: "Euro-Note-Markt", 1986, S.25ff. und Storck, E.: "Instrumente", 1987, S.178ff.

[3] Als bekannteste Ausprägungen von Euro-Note-Facilities sind die sog. Revolving Underwriting Facilities (RUFs) und die sog. Note-Issueance-Facilities (NIFs) zu nennen; vgl. hierzu im einzelnen etwa Storck, E.: "Instrumente", 1987, S.179f.

volvierende Emission von 1 - 6monatigen Geldmarktpapieren (Notes) aufzubringen. Das dem Emittenten entstehende Plazierungsrisiko wird hierbei von einem zu bildenden Bankenkonsortium abgedeckt, das sich verpflichtet, nicht absetzbare Titel zu einem vorher vereinbarten Zins selbst zu übernehmen oder entsprechende Kredite im Rahmen sog. Back-stop-Linien zu gewähren.

Die dem Emittenten entstehenden Finanzierungskosten setzen sich aus mehreren Komponenten zusammen. An erster Stelle sind die Zinskosten anzuführen, die sich grundsätzlich an der London interbank offered rate (LIBOR) orientieren. Die mit der Durchführung der Fazilität beauftragte Bank erhält zunächst eine einmalige Arrangement Fee von 0,1 % bis 0,15 % des Gesamtbetrages der Fazilität (GBF) für die Zusammenstellung des Bankenkonsortiums und des sog. Tender-Panels[1], Verhandlungsführungen etc. Hinzu kommen Sachkosten für die Prospekterstellung (ca. 0,05 % des GBF). Für die Einräumung der Back-stop-Kreditlinie sind unabhängig von deren Inanspruchnahme laufende Bereitstellungsgebühren (Facility Fees) zu entrichten. Sie betragen etwa 0,1 % des GBF p.a. Die Abwicklung des Bietungsverfahrens und die Zuteilung der Notes durch den Tender Panel Agent wird in Form sog. Agency Fees vergütet, die ebenfalls jährlich in Höhe von etwa 0,1 % des GBF anfallen.

Obwohl diese geschilderten Aufwendungen relativ genau kalkulierbar sind, kann die dem Emittenten entstehende Gesamtkostenbelastung im vorhinein dennoch nur grob, d.h. innerhalb bestimmter Bandbreiten, abgeschätzt werden. Dies liegt darin begründet, daß ex-ante nicht bekannt ist, zu welchem Zinssatz die Notes plaziert werden können und in welchem Umfang die Plazierung insgesamt gelingt. Im ungünstigsten Fall der Übernahme des gesamten Betrages der Fazilität durch das Konsortium erhöhen sich die Finanzierungskosten um die vereinbarte Zinsmarge (ca. 0,15 % des GBF p.a.) und die sog. Utilisation Fees (ca. 0,2 % des GBF p.a.).

---

1) Beim heute üblichen Tender-Panel-Verfahren werden die Notes auf dem Wege der Versteigerung plaziert. Das Tender-Panel bezeichnet dabei das aus mehreren Banken zusammengestellte Bietungskonsortium, deren Mitglieder zur Abgabe von Übernahmegeboten berechtigt sind.

Im Unterschied zu den Euro-Note-Facilities erfolgt die Emission kurzfristiger Geldmarktpapiere (Laufzeit 1 - 360 Tage) bei den **Euro-Commercial-Paper-Programmes** ohne Übernahmegarantie bzw. Absicherung durch eine Back-stop-Linie. Die Verzinsung ergibt sich hier aus der Diskontierung vom Nominalwert der mit einem Disagio begebenen Titel; das Plazierungsarrangement entspricht dem der Euro-Note-Facilities. Die Feststellung der Kapitalkosten der Begebung eines Euro-Commercial-Papers kann daher auch analog zum Fall der Emission einer Euro-Note-Facilitiy vorgenommen werden: Neben den Zinskosten sind die einmaligen Sachkosten und Arrangement Fees sowie die laufenden Gebühren (Agency Fees), die im Rahmen des Bietungs- und Zuteilungsverfahrens anfallen, in vergleichbarer Höhe anzusetzen. Da keine Back-stop-Linie eingeräumt wird, entfällt hingegen die laufende Bereitstellungsprovision in Form der Facility Fee. Das Euro-Commercial-Paper-Programme ist insofern als die kostengünstigere Finanzierungsalternative anzusehen, wobei allerdings berücksichtigt werden muß, daß der Emittent hier das gesamte Plazierungsrisiko trägt.

c. Innenfinanzierung

Im Rahmen der Untersuchung des Eigenkapitals wurde bereits dargelegt[1], daß bei der Innenfinanzierung die größten Schwierigkeiten bestehen, den der traditionellen Betrachtungsweise zugrundeliegenden auszahlungsbezogenen Kostenbegriff materiell hinreichend auszufüllen. Dies gilt, wie zu zeigen ist, für den Fall der internen Fremdfinanzierung in ähnlicher Weise.

So bestehen bei der Bestimmung der Kosten für die den Unternehmen aus langfristigen Rückstellungen, typischerweise Pensionsrückstellungen, zufließenden Mittel gleich mehrere Bewertungsprobleme. Eine grundsätzliche Schwierigkeit resultiert zunächst daraus, daß etwa mit einer Versorgungszusage kein "klassisches" Finanzierungsverhältnis begründet wird, und zwar insofern, als hiermit auch positive leistungswirtschaftliche Effekte verbunden sind. Diese Effekte - zu nennen sind beispielsweise größere Ar -

---

1) Vgl. oben, S.50 und S.109.

beitszufriedenheit, gesteigerte Motivation und höhere Arbeitseffizienz der betroffenen Mitarbeiter - entziehen sich dabei weitgehend einer Messung[1]. Negativ betrachtet, können diese "Zusatzleistungen" von Unternehmen weiterhin dazu führen, daß Kreditgeber auf das infolge der höheren Verbindlichkeiten gestiegene Ausfallrisiko mit Kreditbeschränkungen oder Erhöhung der Zinsforderungen reagieren. Da auch diese Wirkungen im Bewertungszeitpunkt kaum quantifizierbar sein dürften - sie treten zwangsläufig erst als Folge der Gewährung einer Zusage ein - bereitet es zudem konzeptionell Probleme, den reinen Finanzierungseffekt einer Pensionsrückstellung zu isolieren.

Auch bei Vernachlässigung der geschilderten Tatbestände und gleichzeitiger Beschränkung auf isolierte Zusagen gestaltet sich die Ermittlung der bewertungsrelevanten Zahlungsreihe, deren interner Zinsfuß als dynamischer Finanzierungskostensatz der Versorgungsmaßnahme aufzufassen ist, keineswegs einfach. So ist zwar die Höhe der Periodenauszahlungen in der Regel vertraglich fixiert[2] , die Dauer der Auszahlungen hängt aber vom Todeszeitpunkt des Betroffenen ab und steht somit erst am Ende des Beschäftigungsverhältnisses fest.

Weiterhin kann auch die Höhe der Periodeneinzahlungen nicht ohne Kenntnis der unternehmensspezifischen Gewinnsituation und Gewinnverwendungsabsicht ermittelt werden, weil sie in hohem Maße von steuerlichen Wirkungen beeinflußt wird: Für die Unternehmen bestehen Anreize zur Gewährung von Altersversorgungsleistungen in Gestalt der §§ 6a EStG, 104 BewG, gemäß denen die zyklische Rückstellungsdotierung die steuerliche Bemessungsgrundlage[3] mindert. Für die Bestimmung des Fi -

---

1) Zu Operationalisierungsmöglichkeiten dieser Meßprobleme vgl. z.B. Domsch, M./Gerpott, T.J.: "Arbeitsleistung und Arbeitszufriedenheit", 1986, S.1100ff.

2) Zur Dynamisierung von Betriebsrenten vgl. unten, S.172.

3) Vgl. hierzu im einzelnen die Ausführungen unten, S.169f.

nanzierungseffektes sind daher grundsätzlich drei Bewertungssituationen zu unterscheiden[1]:

(1) Die Unternehmung erwirtschaftet Gewinne vor Steuern und vor Bildung der Pensionsrückstellungen, die die Zuführung zu den Pensionsrückstellungen (ZPR) übersteigen. Besteht die Absicht, die nach dem Abzug von Ertragsteuern (s = gewinnverwendungsunabhängiger Steuersatz) verbleibenden Mittel zu thesaurieren, ergeben sich durch die Dotierung zusätzliche Finanzierungsmittel (ZFM) in Höhe der Steuerersparnis durch die Minderung der Steuerbemessungsgrundlage: ZFM = ZPR · s. Ist hingegen geplant, den Gewinn vollständig auszuschütten, stehen der Unternehmung neben der Steuerersparnis (ZPR · s) auch noch diejenigen zusätzlichen Mittel zur Verfügung, die durch die Rückstellungsdotierung der Ausschüttung entzogen werden (ZPR - ZPR · s), so daß der gesamte Rückstellungsbetrag einzahlungswirksam ist: ZFM = ZPR · s + (ZPR - ZPR · s) = ZPR.

(2) Die Unternehmung erwirtschaftet Gewinne vor Steuern und vor Bildung der Pensionsrückstellungen (Ü), die die Zuführung zu den Pensionsrückstellungen unterschreiten (Ü < ZPR).
Im Falle der Thesaurierung kann die Unternehmung hier über zusätzliche Finanzierungsmittel in Höhe der Steuerersparnis auf die erzielten Gewinne (Ü · s) verfügen. Analog zur Situation (1) erhöhen sich diese im Falle der Vollausschüttung um den Ausschüttungsminderungsbetrag (Ü - Ü · s), so daß der gesamte Gewinn vor Steuern als Einzahlung anzusetzen ist: ZFM = Ü · s + (Ü - Ü · s) = Ü.

(3) Die Unternehmung erwirtschaftet Verluste. In dieser Situation fließen der Unternehmung keinerlei zusätzliche Mittel zu, weil weder eine Er-

---

1) Vgl. hierzu auch Weihrauch, H.: "Pensionsrückstellungen", 1970, S.319ff., Wöhe, G./ Bilstein, J.: "Unternehmensfinanzierung", 1986, S.288ff., Schackmann, V.: "Pensionsrückstellungen", 1985, S.39ff., Drukarczyk, J.: "Finanzierung", 1986, S.212ff.; die Möglichkeiten des Verlustvortrags bzw. -rücktrags bleiben außer Acht.

tragsteuerersparnis noch eine Ausschüttungsminderung realisiert werden kann.

Für die Analyse der Finanzierungskosten einer Pensionsrückstellung ergeben sich daraus folgende Erkenntnisse:

° Die Dotierung von Pensionsrückstellungen führt überhaupt nur dann zu einem Zufluß an Finanzierungsmitteln, wenn die Unternehmung Gewinne erzielt. Werden Verluste erwirtschaftet, kann wegen der dann fehlenden Einzahlungen keine Zahlungsreihe aufgestellt werden, für die sich ein interner Zinsfuß ermitteln ließe.

° Erzielt eine Unternehmung Gewinne vor Steuern, die geringer sind als die Zuführung zu den Pensionsrückstellungen, liegen zwar grundsätzlich bewertbare Finanzmittelzuflüsse vor; ihre Quantifizierung dürfte insofern aber erhebliche Abschätzungsprobleme hervorrufen als die Höhe der Einzahlungen zum großen Teil von der Prognose der zukünftigen Gewinne abhängig ist.

° Allein für den Fall, daß die Unternehmung Gerinne vor Steuern erzielt, die die Zuführungen zu den Pensionsrückstellungen übersteigen, läßt sich die Einzahlungsreihe auf der Grundlage der - vergleichsweise genau abschätzbaren[1] - zyklischen Zuführungsbeträge ermitteln. Hierauf wird an späterer Stelle zurückzukommen sein.

d. Finanzierungssurrogate

Die Finanzierungssurrogate - als solche werden hier Kontrakte verstanden, die leistungs- und finanzwirtschaftliche Transaktionen miteinander verbinden - werfen besondere Meßprobleme auf. Diese resultieren vornehmlich daraus, daß nicht immer ohne weiteres erkennbar ist, ob die im Zuge solcher Verträge anfallenden Aufwendungen ausschließlich als Entgelt für die

---

1) Vgl. hierzu die Ausführungen im Rahmen der exemplarischen Kapitalkostenermittlung einer Versorgungszusage im Abschnitt 2.3.2.3. dieser Arbeit.

Kapitalüberlassung anzusehen sind, oder ob damit auch teilweise andere (weitere) Leistungen abgegolten werden.

So enthalten die Leasingraten beim **Finanzierungsleasing**[1] nicht selten Bestandteile für Wartungs-, Reparatur- oder auch Versicherungskosten, die nicht den Kosten der Kapitalüberlassung zugerechnet werden dürfen. Die Höhe der Leasingkosten hängt zudem auch davon ab, ob der Liquidationserlös am Ende der Mietzeit dem Leasinggeber oder dem Leasingnehmer gutgeschrieben wird. Als weitere Faktoren, die die bewertungsrelevante Zahlungsreihe des Finanzierungsverhältnisses beim Leasing beeinflussen können, sind spezifische Vertragsbestandteile[2] wie Kauf- oder Verlängerungsoptionen und deren Konditionen zu nennen. Die tatsächliche Zinsbelastung hängt in diesen Fällen schlechthin von den Handlungsalternativen ab, die der Leasingnehmer ergreift, so daß die Aufstellung der Zahlungsreihe und damit die Kalkulation der Finanzierungskosten nur einzelfallbezogen erfolgen kann.

Beim **Factoring** werden Gebühren erhoben für die Bevorschussung der Forderungen, die Ausübung der Forderungsverwaltung und ggf. auch für die Übernahme der Delkredererisikos.[3] Hiervon sind ähnlich wie beim Leasing jene Einsparungen abzuziehen, die sich durch das Vertragsverhältnis im leistungswirtschaftlichen Bereich ergeben. Hierzu gehören insbesondere geringere Aufwendungen für die Debitorenbuchhaltung und das Mahnwesen.[4]

---

1) Zur Unterscheidung der einzelnen Leasing-Formen vgl. etwa Wöhe, G./Bilstein, J.: "Unternehmensfinanzierung", 1986, S.191ff. und Drukarczyk, J.: "Finanzierung", 1986, S.265ff.

2) Zu den möglichen Vertragsgestaltungen beim Leasing vgl.. z.B. Gabele, E./Weber, F.: "Leasing", 1985, S.23ff.

3) Vgl. Wöhe, G./Bilstein, J.: "Unternehmensfinanzierung", 1986, S.217.

4) Diese Ersparnisse können allerdings durch informationsbedingte Mehrkosten gemindert werden; vgl. im einzelnen Swoboda, P.: "Finanzierung", 1981, S.45.

e. Zwischenformen der Finanzierung

Meßprobleme anderer Art treten bei bestimmten Zwischenformen[1] der Finanzierung auf, die sowohl Eigenschaften von Beteiligungs- als auch von Forderungstiteln aufweisen. Sie liegen allgemein darin begründet, daß die Höhe der Finanzierungskosten u.a. vom Eintreffen bestimmter zukünftiger Ereignisse abhängt. Bei den **Gewinnschuldverschreibungen** (sog. income bonds) äußern sie sich etwa darin, daß eine Verpflichtung zur Zinszahlung bzw. Gewinnausschüttung nur in jenen Perioden besteht, die die Unternehmung mit einem bestimmten Überschuß abschließt. In Verlustjahren geht der Gläubiger je nach Ausgestaltung der Obligation[2] leer aus oder er erhält nur eine geringe Mindestverzinsung.

Die **Wandelschuldverschreibung** (convertible bond) verbrieft demgegenüber "... dem Gläubiger das Recht, innerhalb einer bestimmten Frist in einem festgelegten Umtauschverhältnis und ggf. unter Zuzahlung die Obligation in Aktien umzutauschen. Nach dem Umtausch geht die Wandelschuldverschreibung unter."[3] Auch hier ist die Höhe der Kapitalkosten direkt an die zukünftige Entwicklung gebunden, da diese allein maßgeblich dafür ist, ob, wann und zu welchem Kurs gewandelt wird und die Fremdfinanzierung in eine Eigenfinanzierung übergeht.

Da bei den **Optionsanleihen** (warrants) die Schuldverschreibung unabhängig davon, ob der Bezug von Aktien erfolgt oder nicht, bis zum Ende der Laufzeit bestehen bleibt, ist hier die Bewertungsproblematik etwas anders gelagert. Schwierig zu bestimmen ist zum Zeitpunkt der Ausgabe der Optionsanleihe, welche Finanzierungskosten durch den Eigenfinanzierungsbestandteil verursacht werden, da im vorhinein nicht bekannt ist, ob es überhaupt zu einer zusätzlichen Eigenfinanzierung kommt. Ist dies nicht der Fall, weil etwa der Optionskurs für den Aktienbezug während der Op-

---

[1] Zu diesen Finanzierungsformen vgl. etwa Drukarczyk, J.: "Finanzierung", 1986, S.218f.

[2] Vgl. z.B. Wöhe, G./Bilstein, J.: "Unternehmensfinanzierung", 1986, S.186f.

[3] Süchting,, J.: "Finanzmanagement", 1984, S.98.

tionsfrist über dem aktuellen Kurswert der Aktie liegt, so können die Finanzierungskosten analog zum Fall der reinen Schuldverschreibung ermittelt werden[1]. Wird die Option dagegen ausgeübt, hängen die Finanzierungskosten letztlich von der Differenz zwischen aktuellem Kurswert zum Bezugszeitpunkt und dem Optionskurs ab.

2.3.1.2.2. Neoinstitutionalistischer Ansatz

Vereinfacht ausgedrückt setzen sich die dem Kreditnehmer entstehenden Fremdkapitalkosten im neoinstitutionalistischen Ansatz aus den Komponenten "reine Finanzierungskosten" und "bewertbare Nachteile" zusammen[2]. Geht man davon aus, daß die reinen Finanzierungskosten als vertraglich fixiertes Kapitalüberlassungsentgelt (ggf. erhöht um "pagatorische" Nebenkosten) relativ einfach feststellbar sind, so konzentriert sich die hier interessierende Meßproblematik auf die Frage, welche Aktivitäten der Fremdkapitalgeber zur Ausschaltung, Begrenzung bzw. Kompensation der ihm entstehenden Risiken[3] ergreift und wie diese quantitativ zu bewerten sind.

Als wesentliche Möglichkeiten zur Begegnung dieser Risiken sind die Besicherung von Krediten[4] und die Einflußnahme auf die Geschäftspolitik der kreditsuchenden Unternehmung[5] zu nennen. Die Bewertung der Nachtei-

---

[1] Vgl. oben, S.135.

[2] Vgl. oben, S.58f. und 97ff. Es ist ausdrücklich darauf hinzuweisen, daß diese bewertbaren Nachteile nicht identisch sind mit den Agency-Costs des Fremdkapitals (vgl. Jensen, M.C./Meckling, W.H.: "Theory", 1976). Die Agency Theorie liefert zwar einen formalen Bewertungsansatz für Kapitalgeberrisiken, die an den (für Kreditfinanzierungen typischen) asymmetrischen Informations- und Ertragsbeteiligungsverhältnissen ansetzen; inwieweit hiervon auf die Nachteile geschlossen werden kann, die dem Kapitalnehmer real entstehen, ist jedoch allein vom Grad der Überwälzung der Agency Costs auf den Schuldner abhängig. Ob und ggf. in welchem Umfang sich diese vollzieht, läßt sich mithilfe der Agency Theorie nicht beantworten.

[3] Vgl. oben, S.97ff.

[4] Vgl. z.B. Schmidt, R.H.: "Grundformen", 1981, S.204ff.

[5] Vgl. z.B. Zechner, J.: "Managerverhalten", 1982, S.189.

le, die etwa aus der Hergabe von (Im-)Mobiliarsicherheiten oder aus Beschränkungen hinsichtlich der Investitions-, Ausschüttungs- bzw. Finanzierungspolitik erwachsen, ist allerdings aus mehreren Gründen schwierig. Naheliegend ist zum einen, daß die beschriebene Problemstellung wegen des damit verbundenen differenzierten Informationsbedarfs überhaupt nur einzelfallbezogen, d.h. im jeweils vertrags- und unternehmensspezifischen Kontext, bearbeitet werden kann. Die Verfügbarkeit dieser Informationen dürfte zum anderen für eine Quantifizierung kaum hinreichend sein, da sich die negativen Konsequenzen i.d.R. nicht im Bewertungszeitpunkt einstellen und insofern schlecht abschätzbar sind.

So hängt beispielsweise die Bewertung der Nachteile aus der Gewährung von Kreditsicherheiten davon ab, ob und ggf. um welchen Betrag sich hierdurch in der Zukunft benötigte Finanzmittel verteuern. Kommen spätere Finanzierungen aus diesem Grund gar nicht mehr zustande, kann ohne die Kenntnis davon, welchem Zweck sie hätten zugeführt werden sollen, ebenfalls keine Aussage über den entgangenen Nutzen getroffen werden.

Ähnlich gelagert sind die Schwierigkeiten, die bei der Beurteilung der Folgen von Einflußnahmen auf die Geschäftspolitik der Unternehmung bestehen. Erstens kann vorab (d.h. im Bewertungszeitpunkt) nicht einmal mit Sicherheit davon ausgegangen werden, daß sich Auflagen etwa zur Einhaltung bestimmter Bilanzrelationen, zum Verzicht auf Leasing-Finanzierungen oder auch zum Unterlassen bestimmter Investitionsprojekte[1] in Zukunft tatsächlich als nachteilig herausstellen.

Selbst wenn dies der Fall sein sollte, muß zweitens vermutet werden, daß hinreichend fundierte Anhaltspunkte für die numerische Bewertung der negativen Folgen (z.B. aus dem Verzicht auf die Durchführung eines Investitionsvorhabens) nur dann gegeben sind, wenn sich letztere frühzeitig einstellen. Andernfalls ist es schwerlich vorstellbar, daß überhaupt annähernd

---

[1] Zu diesen und zu weiteren Beispielen für Beschränkungen der unternehmerischen Geschäftsführung vgl. Smith, C.W. Jr./Warner, J.B.: "Bond Covenants", 1979, S.183ff.

gesicherte Daten erhebbar sind, auf deren Grundlage eine Quantifizierung vorgenommen werden könnte[1]).

Angesichts dieser Schwierigkeiten ist es nicht verwunderlich, daß nur wenige Ansätze zur Operationalisierung der geschilderten Meßproblematik existieren. Es sind dies die Konzeptionen zur Quantifizierung impliziter Kapitalkosten[2]), die in ihren Grundzügen nachfolgend beschrieben werden.

Nach Süchting[3]) lassen sich folgende Arten impliziter Kapitalkosten unterscheiden:

(1) Anforderung unbelasteten Vermögens als Kreditsicherheiten
(2) Einflußnahme auf die Geschäftspolitik des Kreditnehmers durch bestimmte, an die Darlehensgewährung geknüpfte Auflagen
(3) Ausbedingung von Geschäftszuweisungen.

Als Möglichkeit zur Quantifizierung der durch die Einräumung von Kreditsicherheiten, wie etwa Grundpfandrechten, verursachten Kosten schlägt Süchting den Rückgriff auf das insbesondere in den USA übliche Anleihen-Rating vor. Dabei wird von der Unterstellung ausgegangen, daß etwa eine Anleihe unbesichert einer ungünstigeren Risikoklasse zugeordnet würde als im Falle der Besicherung. "Die impliziten Kapitalkosten entsprechen der Zinsdifferenz zur besseren Risikoklasse, in die die Anleihe aufgrund ihrer Unterlegung mit Grundpfandrechten hochgestuft werden konnte."[4])

Die Auswirkungen geschäftspolitischer Auflagen mit der Verpflichtung zur Einhaltung bestimmter Finanzierungsrelationen auf den Wert des Investi-

---

1) Man vergleiche etwa nur die Problematik der Rentabilitäts- (Opportunitätskosten-)bestimmung von unmittelbar vor der Durchführung befindlichen Investitionsprojekten mit jener solcher Projekte, deren Realisierung erst für wesentlich spätere Perioden geplant ist.
2) Vgl. oben, S.99 FN2.
3) Vgl. Süchting, J.: "Finanzmanagement", 1984, S.382.
4) Süchting, J.: "Finanzmanagement", 1984, S.384.

tionsprogramms der Unternehmung versucht Van Horne[1] mithilfe eines linearen Programmierungsansatzes im Rahmen der Investitionsplanung numerisch zu bestimmen. Dabei gehen die Auflagen als Restriktionen in das Modell ein; unter der Zielvorschrift der Kapitalwertmaximierung werden die Kapitalwerte berechnet, die sich unter Berücksichtigung bzw. bei Vernachlässigung der Auflagen ergeben. Die Kapitalwertdifferenz entspricht den durch die Vorgabe von Finanzierungskennziffern verursachten Opportunitätskosten und damit den impliziten Kapitalkosten der Einflußnahme auf die Unternehmenspolitik.

Im "customer relationship"-Konzept von Hodgman[2] steht die Bewertung von Geschäftszuweisungen im Mittelpunkt. Grundüberlegung ist dabei, daß Banken ihre Zinsfestlegung u.a. davon abhängig machen, ob der Kunde lediglich als Kreditnachfrager auftritt oder zumindest temporär auch Einlagen beim selben Institut unterhält. Unterstellt man, daß die Bank im letzteren Fall einen Vorzugssatz gewährt, der durch den Verzicht auf eine - in Abhängigkeit vom Umfang der Geschäftszuweisung zu bemessende - Risikoprämie[3] erklärbar ist, so lassen sich die impliziten Kapitalkosten als Differenz zwischen dem Zins für den ausschließlichen Kreditnachfrager und dem Vorzugszins auffassen.

Bei den hier untersuchten Konzeptionen handelt es sich um eher spezielle Problemformulierungen, durch die die Schwierigkeiten der Messung der impliziten Kapitalkostenbestandteile nicht direkt operationalisiert, sondern lediglich auf andere Bewertungsträger verlagert werden. Der implizite Kapitalkostensatz läßt sich daher nur dann bestimmen, wenn die in den Ansätzen formulierten Bedingungen im Einzelfall zufällig Gültigkeit besitzen. Damit wird der Einsatzbereich dieser Meßkonzeptionen stark eingeschränkt;

---

[1] Vgl. van Horne, J.C.: "Evaluating", 1967.

[2] Vgl. Hodgman, D.R.: "Bank Loan", 1963.

[3] Aus Sicht der Bank stehen diesem Abschlag die Renditevorteile bei der Hereinnahme von Einlagen gegenüber.

als grundsätzlich anwendbare Lösungsansätze kommen sie jedenfalls nicht in Frage.

2.3.2. Zur Anwendung der Bewertungskonzeptionen auf einzelne Finanzierungsmaßnahmen

Nachdem im Abschnitt 2.3.1. dargelegt wurde, welche Einflußgrößen für die Kapitalkostenermittlung von Bedeutung sind und welche meß- und schätztechnischen Probleme bei ihrer Quantifizierung auftreten (können), gilt das Interesse nunmehr der Frage, wie sich die Kosten einzelner Finanzierungsinstrumente in praktischen Entscheidungssituationen feststellen lassen. Dies wird im folgenden am Beispiel von vier konkreten Finanzierungsmaßnahmen genauer untersucht.

2.3.2.1. Die Kapitalkosten einer Aktienemission

Als ein Ergebnis der oben geführten Diskussion bezüglich der Anwendungseignung bestehender Definitionskonzeptionen zur Eigenkapitalkostenbestimmung stellte sich heraus, daß es zur vollständigen Erfassung der bewertungsrelevanten Kostenbestandteile einer Kombination aus Elementen des traditionellen und des neoklassischen Ansatzes bedarf.

Ein solcher Bewertungsansatz soll im folgenden am Beispiel der Kapitalerhöhung der VDO Adolf Schindling AG vom 21. bis 24. März 1986[1] angewendet werden. Herangezogen werden kann zu diesem Zweck die insbesondere in amerikanischen Textbüchern[2] verbreitete Erweiterung des Dividendenwachstumsmodells um Emissionskosten in der Form

---

[1] Vgl. Handelsblatt vom 21./22.3.1986, S.35-39.

[2] Vgl. Archer, S.H./Choate, G.M./Racette, G.: "Financial Management", 1979, S.322, Brigham, E.F.: "Management", 1979, S.559f., Weston, J.F./Brigham, E.F.: "Finance", 1981, S.599f.

$$k_{EK} = \frac{D_1}{P_0(1-f)} + g$$

wobei f als "percentage floatation cost incurred in selling the issue"[1] den Quotienten aus Emissionskosten und dem Bruttobetrag vor Abzug der Emissionskosten bezeichnet.

Demnach ist zur Bestimmung der Eigenkapitalkosten die Kenntnis der Werte der folgenden Variablen erforderlich[2]

- die im Zeitpunkt t_1 erwartete Dividende (D_1)
- der Ausgabekurs der neuen Aktien (P_0)
- die Dividendenwachstumsrate (g)
- der Prozentsatz der einmaligen Emissionskosten (f).

Als Datengrundlage zur Abschätzung der im Rahmen der Kapitalerhöhung anfallenden einmaligen Emissionskosten stehen zur Verfügung:

(1) das Verkaufsangebot der 35.000.000 DM neuen stimmrechtslosen Vorzugsaktien
(2) der Börsenprospekt für die Zulassung von insgesamt 70.000.000 DM (einschließlich der unter (1) genannten neuen 35.000.000 DM) stimmrechtslosen Vorzugsaktien zum Börsenhandel.

---

[1] Brigham, E.F.: "Management", S.559.
[2] Vgl. hierzu im einzelnen oben, S. 111ff. und S.118ff.

VDO Adolf Schindling Aktiengesellschaft
Frankfurt am Main

Verkaufsangebot

Die Hauptversammlung der VDO Adolf Schindling AG vom 21. Februar 1986 hat u. a. die Erhöhung des Grundkapitals auf DM 150 000 000,– durch Ausgabe von DM 35 000 000,– neuen Vorzugsaktien ohne Stimmrecht beschlossen; die neuen Vorzugsaktien sind für das Geschäftsjahr 1986 zu drei Viertel dividendenberechtigt.

Diese DM 35 000 000,– neuen, auf den Inhaber lautenden Vorzugsaktien ohne Stimmrecht werden zusammen mit weiteren DM 4 500 000,– Vorzugsaktien – ebenfalls mit drei Viertel Dividendenberechtigung für das Geschäftsjahr 1986 – aus dem Altbestand der Familie des Firmengründers in der Zeit

vom 21. bis 24. März 1986 zum Preis von DM 210,– je 50-Mark-Aktie

von einem Bankenkonsortium unter Federführung der Deutschen Bank AG und Mitführung der Commerzbank AG freibleibend zum Kauf angeboten. Die Vorzugsaktien ohne Stimmrecht sind laut Satzung mit einer nachzahlungspflichtigen Dividende von 5 % ihres Nennbetrages und einer Mehrdividende von 1 % gegenüber den Stammaktien ausgestattet; im Falle der Auflösung der Gesellschaft erhalten die Vorzugsaktien von dem zu verteilenden Vermögen insgesamt vorab einen Anteil von 25 %.

Kaufanträge nehmen die nachstehend genannten Banken während der üblichen Schalterstunden entgegen:

Deutsche Bank AG
Commerzbank AG
Berliner Handels- und Frankfurter Bank
Georg Hauck & Sohn Bankiers KGaA
Bankhaus Hermann Lampe KG
Merck, Finck & Co.
Sal. Oppenheim jr. & Cie.

Schweizerische Bankgesellschaft (Deutschland) AG

Der Kaufpreis für die Aktien zuzüglich Börsenumsatzsteuer und üblicher Effektenprovision ist von den Erwerbern am 26. März 1986 zu entrichten.

Die Aktien werden den Erwerbern nach Zahlung des Kaufpreises zunächst auf Girosammeldepot gutgeschrieben. Bis zum Vorliegen effektiver Stücke können Ansprüche auf Auslieferung nicht geltend gemacht werden. Die Aktien stehen dann mit Gewinnanteilscheinen Nr. 1–20 sowie Erneuerungsschein in Urkunden über 1 Aktie zu DM 50,– und Sammelurkunden über 10 bzw. 50 Aktien zu je DM 50,– zur Verfügung; der Gewinnanteilschein Nr. 1 trägt den roten Aufdruck „¾".

Die zum Kauf angebotenen Vorzugsaktien ohne Stimmrecht sind an den Wertpapierbörsen in Frankfurt am Main, Düsseldorf und Stuttgart zum Handel und zur amtlichen Notierung zugelassen. Die Notierung wird voraussichtlich am 27. März 1986 aufgenommen.

Frankfurt am Main, im März 1986

Der Vorstand

Quelle: Die VDO-Aktie - Verkaufsangebot und Börsenprospekt, März 1986.

VDO Adolf Schindling
Aktiengesellschaft
Frankfurt am Main

Prospekt

für die Zulassung zum Börsenhandel

der

DM 70 000 000,– stimmrechtslosen Inhaber-Vorzugsaktien

mit drei Viertel Gewinnanteilberechtigung für das Geschäftsjahr 1986

440 000 Aktien zu je DM 50,–
Nr. 000 001 – 040 000
Nr. 200 001 – 600 000
22 000 Sammelaktien über je 10 Aktien zu DM 50,– (DM 500,–)
Nr. 000 001 – 022 000
14 800 Sammelaktien über je 50 Aktien zu DM 50,– (DM 2 500,–)
Nr. 000 001 – 014 800

– Wertpapier-Kenn-Nummer 760 114 –

an den Wertpapierbörsen zu
Frankfurt am Main, Düsseldorf und Stuttgart

Quelle: Die VDO-Aktie - Verkaufsangebot und Börsenprospekt, März 1986.

Die einmaligen Emissionskosten ermitteln sich demnach wie folgt[1]:

<u>Vom Zulassungsvolumen zu berechnende Kosten:</u>
- Notarkosten
  Höchstsatz gem. §47 KostO   10.000 DM
- Registergerichtskosten
  Höchstsatz gem. §79 KostO   1.200 DM
- Kosten für den Druck der Aktien
  Annahme: 2 DM pro Mantel und Bogen
  Gesamtzahl der Aktien gem. Prospekt: 1,4 Mio Stck.
  Einzelaktien: 440.000 Stck.:   880.000 DM
  Sammelaktien: 36.800 Stck.:   73.600 DM

                                     953.600 DM   953.600 DM
- Gesellschaftsteuer
  1 % vom Nennwert des Zulassungsvolumens   700.000 DM
- Druckkosten für Prospekt und Veröffentlichungskosten
  Annahme: 100.000 DM   100.000 DM
- Kotierungsgebühren:
  1. - 20. Mio. des zuzulassenden Kapitals 20 * 300 DM
  21. - 50. Mio. des zuzulassenden Kapitals 30 * 200 DM
  50. - 70. Mio. des zuzulassenden Kapitals 20 * 100 DM

                                      14.000 DM   14.000 DM

                                                     1.778.800 DM

<u>Davon entfallen anteilig auf die Kapitalerhöhung</u>
<u>35 Mio. DM : 70 Mio. DM = 50 %</u>   889.400 DM

<u>Vom Emissionsvolumen zu berechnende Kosten</u>
- Übernahmeprovision
  5 % vom Nennwert des Emissionsvolumens   1.750.000 DM
- Börseneinführungsprovision
  1 % vom Nennwert des Emissionsvolumens   350.000 DM

                                                     2.989.400 DM

---

[1] Zu weiteren Erläuterungen der einzelnen Positionen vgl. oben S.111ff, insbes. S.113.

Bezogen auf den Nominalwert der Kapitalerhöhung entspricht dies einem Emissionskostensatz von

$$f_{nom} = \frac{2.989.400 \text{ DM}}{35.000.000 \text{ DM}} = 0,0854 = 8,54\%.$$

Dies liegt im Rahmen der in einschlägigen Publikationen[1] angegebenen Bandbreiten.

Da für den effektiven Emissionskostensatz nicht der Nominalwert, sondern der über die Kapitalerhöhung tatsächlich zufließende Betrag von Belang ist, muß der Prozentsatz der einmaligen Emissionskosten unter Berücksichtigung des Ausgabekurses ermittelt werden. Dieser beträgt lt. Börsenzulassungsprospekt 210 DM je 50 Mark-Aktie, so daß der bewertungsrelevante Emissionskostensatz mit

$$f = \frac{2.989.400 \text{ DM}}{147.000.000 \text{ DM}} = 0,0203 = 2,03\%$$

anzusetzen ist.

Wesentlich größere Schwierigkeiten bereitet die Bestimmung der Dividendenwachstumsrate, die die zukünftige Entwicklung der Dividenden reflektieren muß und für die deshalb keine - im strengen Sinne der Modellformulierung - hinreichende Datengrundlage existiert. Die Schätzung der Dividendenwachstumsrate muß insofern auf der Basis von Ersatzgrößen erfolgen. Naheliegend wäre es, zu diesem Zweck auf die in den vergangenen Jahren ausgeschütteten Dividenden zurückzugreifen. Da jedoch die relativ stabile Dividendenpolitik des Unternehmens - die Ausschüttungsbeträge beliefen sich etwa in den Jahren 1978 und 1979 wie auch in den Jahren 1984 und 1985 auf 12 Mio DM - aussagefähige Ergebnisse nicht erwarten

---

[1] Vgl. etwa Albach, H.: "Kapitalausstattung", 1984, S.23.

läßt, wird der Bestimmung der Wachstumsrate hier hilfsweise die Gewinnentwicklung der letzten Perioden zugrundegelegt[1]:

Gewinnentwicklung der Jahre 1981 - 1985

Jahr	Konzerngewinne	Grundkapital	Zahl der Aktien	Gewinn pro Aktie
1981	393 TDM	100.000 TDM	2 Mio.	0,197 DM
1982	10.022 TDM	100.000 TDM	2 Mio.	5,011 DM
1983	10.599 TDM	100.000 TDM	2 Mio.	5,299 DM
1984	12.144 TDM	100.000 TDM	2 Mio.	6,072 DM
1985	12.119 TDM	100.000 TDM	2 Mio.	6,059 DM

Quelle: VDO Adolf Schindling AG, Geschäftsberichte 1981 - 1985

Gewisse Probleme resultieren zunächst daraus, daß der Gewinn des Jahres 1981 mit nur 393 TDM lediglich einen Bruchteil der Gewinne der jeweils folgenden Perioden ausmacht. Dieses aus dem Rahmen fallende Ergebnis ist neben der insgesamt ungünstigen Wirtschaftsentwicklung in den Jahren 1980 und 1981 insbesondere darauf zurückzuführen, daß die Umstellung des Produktprogramms des Konzerns ungewöhnlich hohe Ausgaben für Forschungs- und Entwicklungsinvestitionen notwendig machte, die auf der Aktivseite der Bilanz keine Entsprechung fanden.[2] Da dieser extreme Wert einen erheblichen Störfaktor bei der prozentualen Bestimmung der Gewinnentwicklung darstellen würde, erscheint es nicht als sinnvoll, ihn in die Berechnung einzubeziehen; letzterer werden deshalb lediglich die Gewinne der Jahre 1982 - 1985 zugrundegelegt. Da sowohl die Zahl der Aktien als auch die Höhe des Grundkapitals in diesem Zeitraum unverändert geblieben sind, ist es dabei gleichgültig, ob der Konzerngewinn oder der Gewinn pro Aktie als Berechnungsbasis dient.

---

[1] Zur Begründung dieses Vorgehens vgl. oben, S.122.

[2] So die telefonische Auskunft der Finanzabteilung der VDO Adolf Schindling AG.

Zur Ableitung von Wachstumsraten aus Periodendaten kann, wie an anderer Stelle dargelegt wurde[1], auf ein differenziertes statistisches Instrumentarium zurückgegriffen werden. In Anbetracht der hier herangezogenen 4 Beobachtungen erscheint der Einsatz allzu differenzierter Methoden allerdings nicht als möglich. Aus diesem Grunde werden im folgenden vor allem 2 Vorgehensweisen näher untersucht, die der vorliegenden Bewertungsproblematik auch aus pragmatischen Gründen als angemessen erscheinen.

Eine erste Möglichkeit besteht zunächst darin, die Gewinnwachstumsrate aus dem geometrischen Mittel der Eckwerte von 10.022 TDM (1982) und 12.119 TDM (1985) zu bestimmen. Bei diesem Vorgehen errechnet sich ein Prozentsatz von 6,54 % p.a. für den vorgegebenen Betrachtungszeitraum. Diesem Ergebnis haftet indessen der Mangel an, daß aus der ohnehin schmalen Datengrundlage nur zwei Werte Verwendung finden, es also keinen Einfluß hätte, wenn in den nicht berücksichtigten Perioden etwa nur geringe Gewinne oder gar Verluste erzielt worden wären.

Der Bestimmung der Wachstumsrate wird deshalb im folgenden mit der Methode der gleitenden Durchschnitte ein Verfahren zugrundegelegt, das es gestattet, die Gesamtheit der Beobachtungen in die Berechnung einzubeziehen, wobei von 2-Perioden-Durchschnitten ausgegangen wird.

Jahr	Konzerngewinn	2-Perioden Durchschnitt	Wachstumsrate, bezogen auf die Durchschnittswerte
1982	10.022 TDM		
		10.311 TDM	
1983	10.599 TDM		10,3 %
		11.371 TDM	
1984	12.144 TDM		6,7 %
		12.131 TDM	
1985	12.119 TDM		

---

[1] Vgl. oben, S.122f.

Als einfaches arithmetisches Mittel der auf die Durchschnittswerte bezogenen Wachstumsraten ergibt sich somit ein Satz von

$$(10,3\ \% + 6,7\ \%) : 2 = 8,5\ \%.$$

Geht man davon aus, daß die Wachstumsrate der näher am Bewertungszeitpunkt befindlichen 2-Periodendurchschnitte eine höhere Prognosebedeutung[1] besitzt, kann alternativ ein gewogenes arithmetisches Mittel berechnet werden. Unter der Annahme einer, verglichen mit der anderen ermittelten Rate, doppelten Gewichtung ergibt sich ein Satz von

$$\frac{1 \cdot 10,3\ \% + 2 \cdot 6,7\ \%}{3} = 7,9\ \%.$$

Ob diese ermittelte historische Wachstumsrate für die Prognose der zukünftigen Gewinne und damit implizit der zukünftigen Dividende[2] herangezogen werden kann, hängt u.a. davon ab, inwieweit es als wahrscheinlich erscheint, daß die Bedingungen, unter denen die vergangenen Gewinne erwirtschaftet wurden, auch in der Zukunft Bestand haben werden. Ohne den Anspruch zu erheben, diesen Wirkungszusammenhang im einzelnen spezifizieren zu können, soll im folgenden versucht werden, anhand der maßgeblichen Branchenentwicklung als einer vermutlich sehr wichtigen Einflußgröße, zumindest einige diesbezügliche Anhaltspunkte zu gewinnen.

Da laut Geschäftsbericht der VDO-Adolf Schindling AG die Kfz-Erstausrüstung zwei Drittel des Geschäftsvolumens ausmacht[3], wird zu diesem Zweck die vergangene und die zukünftig erwartete Entwicklung der Kfz-Produktion einer genaueren Betrachtung unterzogen.

---

[1] Zur Prognose der Wachstumsrate vgl. die folgenden Ausführungen.

[2] Vgl. hierzu oben, S.122.

[3] Vgl. VDO-Adolf Schindling AG, Geschäftsbericht 1985, S.5 und S.10.

Es ist festzustellen, daß die Umsatzentwicklung in der Kfz-Produktion im vergangenen, hier zugrundegelegten, Betrachtungszeitraum von 1982 - 1985 durch ein relativ gleichmäßiges Wachstum gekennzeichnet war. Aus den Branchenumsatzwerten des Kfz-Gewerbes[1]

> 1982: 145,3 Mrd. DM
> 1983: 158,0 Mrd. DM
> 1984: 163,1 Mrd. DM
> 1985: 184,1 Mrd. DM

ermittelt sich gemäß dem oben verwendeten Berechnungsmodus[2] eine Wachstumsrate von etwa sieben Prozent[3], so daß in diesem Zeitraum eine verhältnismäßig gleichförmige Entwicklung der VDO-Konzerngewinne und der Umsätze im Kfz-Gewerbe zu verzeichnen ist. Folgt man insoweit der geäußerten Vermutung, daß den letzteren eine wesentliche Indikator - funktion für die Gewinnprognose zukommt, können einschlägige Branchen - entwicklungsprognosen möglicherweise auch diesbezügliche Anhaltspunkte liefern. Hierzu ist zu berichten, daß für die mittelfristige Zukunft ein Zuwachs der Kfz-Nettoproduktion von 5 % - 7 % vorausgesagt wird[4], der sich knapp im Rahmen der untersuchten vergangenen Entwicklung be - wegt.

Wenn es auch nicht als möglich erscheint, von diesen branchenbezogenen Daten direkte Schlüsse auf die Gewinnwachstumsrate zu ziehen, so lassen sich umgekehrt weder aus der vergangenen noch aus der für die Zukunft erwarteten Entwicklung des Kfz-Sektors Argumente ableiten, die für eine wesentliche Änderung der maßgeblichen wirtschaftlichen Bedingungen sprächen. In diesem Lichte ist zumindest die Gefahr, daß die Bestimmung des zukünftigen Gewinnwachstums in enger Anlehnung an die berechne -

---

1) Vgl. Statistisches Bundesamt Wiesbaden (Hrsg.): "Wirtschaftsentwicklung", 1986, S.58.
2) Vgl. hierzu im einzelnen die Berechnung der Gewinnwachstumsrate auf S.156f.
3) Der exakte Wert beträgt 6,98 %.
4) Vgl. WestLB Information, Branchenprognose 1986/87, S.10f.

ten Vergangenheitswerte zu groben Fehlbeurteilungen führt, als eher gering einzuschätzen. Es ist daher vertretbar, zur Quantifizierung der zukünftigen Wachstumsrate auf einen der alternativ ermittelten historischen Werte zurückzugreifen. Da die für die Kfz-Produktion erwarteten Steigerungsraten und auch die Gewinnentwicklung der jüngsten Vergangenheit eine leicht nachgebende Tendenz aufweisen[1], wird dabei das gewogene arithmetische Mittel als "aktuellere" Größe bevorzugt, so daß den weiteren Berechnungen eine Wachstumsrate[2] von 8 % zugrundegelegt wird. Die künftig zu erwartende Dividende läßt sich dann unter Bezugnahme auf die obigen Ausführungen[3] aus dem Produkt der Ausschüttung des Jahres 1985 und der Dividendenwachstumsrate bestimmen. Der gesamte Dividendenbetrag betrug in der genannten Periode 12 Mio. DM, was bei 2 Mio. Aktien einer Ausschüttung von 6 DM pro Aktie im Nennwert von 50 DM gleichkommt. Der Wert für D_1 beläuft sich somit auf

6 DM * 1,08 = 6,48 DM[4].

Damit sind mit

- der zukünftig erwarteten Dividende (D_1 = 6,48 DM)
- dem Ausgabekurs (P_0 = 210 DM)
- der Dividendenwachstumsrate (g = 8 %)
- den einmaligen Emissionskosten (f = 2,03 %)

alle für die Bestimmung der Kosten der Kapitalerhöhungen notwendigen Rechengrößen quantifiziert. Aus dem Einsetzen in die Gleichung

---

1) Vgl oben, S.155 und S.158.

2) Diese Rate wird hier in Anlehnung an die Argumentation von Lewellen hilfsweise der Dividendenwchstumsrate gleichgesetzt; vgl. Lewellen, W.: "Cost of Capital", 1969, S.101.

3) Vgl. oben, S.118.

4) Dabei ist die Tatsache, daß die Aktien für das Geschäftsjahr 1986 nur zu 3/4 gewinnberechtigt sind, mit dem Emissionszeitpunkt zu erklären und hat insofern keinen Einfluß auf die Bemessung der Jahresdividende.

$$k_{EK} = \frac{D_1}{P_0(1-f)} + g$$

folgt entsprechend ein Kapitalkostensatz von

$$k_{EK} = \frac{6{,}48 \text{ DM}}{210 \text{ DM} \cdot (1 - 0{,}0203)} + 0{,}08$$

$$= 0{,}0315 + 0{,}08 = 0{,}1115,$$

also 11,15 %.

Zu berücksichtigen ist allerdings, daß die Dividendenzahlung in Höhe von 6,48 DM nicht dem tatsächlichen Mittelabfluß bei der Gesellschaft entspricht. Gemäß dem in der BRD geltenden Anrechnungsverfahren erhält der Aktionär von der Unternehmung über die Dividendenzahlung hinaus eine Steuergutschrift in Höhe der auf die Gewinnausschüttung zu entrichtenden Körperschaftsteuerzahlungen.[1]

Die der Gesellschaft für die Zahlung einer Dividende von 6,48 DM entstehende tatsächliche Belastung beträgt bei einem Körperschaftsteuersatz von 36 % auf die ausgeschütteten Gewinne demnach

$$6{,}48 \text{ DM} + 9/16 \cdot 6{,}48 \text{ DM} = \frac{6{,}48 \text{ DM}}{(1 - 0{,}36)} = 10{,}13 \text{ DM}.$$

---

[1] Das Gordon-Bewertungsmodell operiert ursprünglich vor dem Hintergrund des amerikanischen Steuersystems mit einem einheitlichen Körperschaftsteuersatz. Zur Übertragung des Modells auf die hiesigen Steuerverhältnisse - insbesondere auch durch die Einbeziehung der Körperschaftsteuergutschrift - vgl. z.B. Süchting, J.: "Finanzmanagement", 1984, S.400.

Legt man der Berechnung diesen Wert zugrunde, so erhöhen sich die Eigenkapitalkosten entsprechend auf

$$k_{EK} = \frac{10,13 \text{ DM}}{210 \text{ DM} \cdot (1 - 0,0203)} + 0,08$$

$$= 0,0492 \qquad + 0,08 = 0,1292,$$

also 12,92 %.

Schwierigkeiten treten bei der Würdigung der Berechnungsergebnisse im Lichte der unternehmerischen Gesamtfinanzierungsverhältnisse auf. Aus der bei der Ableitung des Modells unterstellten Bedingung einer konstan - ten Eigenkapital-/Fremdkapitalrelation[1] ergibt sich für die praktische An - wendung die Forderung, daß der Verschuldungsgrad der Unternehmung in der Zukunft unverändert bleibt. Die Frage nach der künftigen Kapitalstruktur läßt sich aber - zumindest aus externer Sicht - kaum beantworten; der hilfs - weise Rückgriff auf die vergangene Verschuldungsentwicklung scheidet hier schon deshalb aus, weil Kapitalerhöhungen häufig gerade den Zweck verfolgen, diese zu verbessern.

Um nicht aus der fehlenden praktischen Möglichkeit, diese Modellprämisse zu überprüfen, stillschweigend auf ihre Gültigkeit zu schließen, müssen die Berechnungsergebnisse expressis verbis relativiert werden. Die ermittelten Kapitalkostensätze verlieren ihre Gültigkeit[2], wenn in der Zukunft mit er - heblichen[3] Kapitalstrukturvariationen zu rechnen ist; es muß dann eine Neubewertung vorgenommen werden. Wenn diese Unbestimmtheit auch bedauerlich ist, so besteht doch immerhin Anlaß zu der Vermutung, daß sich die Informationslage aus Sicht der Unternehmung günstiger darstellt: Die Kenntnis strategischer Finanzierungspläne bzw. zukünftig angestrebter

---

1) Vgl. oben, S.123f.

2) Vgl. ebenda.

3) Gelänge die Quantifizierung der zukünftigen Kapitalstruktur, so bestünde eine weitere Bewertungsproblematik ggf. darin, unter praktischen Gesichtspunkten vertretbare Abwei - chungen vom Verschuldungsgrad im Bewertungszeitpunkt abzuschätzen.

(Ziel-)Kapitalstrukturen[1] dürfte wesentlich verbindlichere Aussagen zu dem hier diskutierten Problem erlauben.

2.3.2.2. Die Kapitalkosten des Schuldscheindarlehens

Schuldscheindarlehen haben in der Bundesrepublik Deutschland seit Beendigung der Zweiten Weltkrieges eine wachsende Bedeutung als Instrumente zur Investitionsfinanzierung erlangt.[2] Dies ist nicht zuletzt darauf zurückzuführen, daß sie auch von solchen Unternehmen aufgenommen werden können, denen der Zugang zur Börse rechtsformbedingt versperrt ist.

Schuldscheindarlehen können als Finanzierungsinstrumente angesehen werden, deren Finanzierungskosten sich relativ problemlos ermitteln lassen. An ihrem Beispiel sollen im folgenden die Unterschiede zwischen statischer und dynamischer Kapitalkostenermittlung verdeutlicht und das Ausmaß der daraus entstehenden Bewertungsdifferenzen aufgezeigt werden.

Ausgegangen wird dabei vom Schuldscheindarlehen einer deutschen Lebensversicherungsgesellschaft mit folgenden Konditionen[3]:

Darlehensbetrag 10 Mio. DM; 2 % Disagio; 0,35 % des Nominalbetrages Aufnahmekosten beim Darlehensnehmer; Kreditbesicherungskosten 0,2 %; Nominalzinssatz 8,5 % p.a., jährlich nachschüssig berechen- und zahlbar; 0,075 % Kreditpflegekosten p.a. beim Darlehensneh-

---

[1] Vgl. Fischer, O./Jansen, H./Meyer, W.: "Langfristige Finanzplanung", 1975, S.125ff.

[2] Vgl. Drukarczyk, J.: "Finanzierung", 1986, S.204f., Wöhe, G./Bilstein, J.: "Unternehmensfinanzierung", 1986, S.145ff., Süchting, J.: "Finanzmanagement", 1984, S.125ff., Swoboda, P.: "Finanzierung", 1981, S.36f.

[3] Gem. "Exposé für die Vergabe von Schuldscheindarlehen", hrsg. vom Gesamtverband der Versicherungswirtschaft e.V., Köln und vom Verband der Lebensversicherungsunternehmen e.V. Bonn.

mer (Nachweis der Besicherung, Bilanzeinreichung etc.). Gesamtlaufzeit des Darlehens 8 Jahre, davon 3 Jahre tilgungsfrei, danach Tilgung in gleichen Jahresbeträgen am Ende jeder Periode.

Als Berechnungsgrundlage für die statische Kapitalkostenermittlung dient gemäß den Darlegungen des Abschnittes 2.2.2.1.[1)] die Gleichung:

$$k^{stat}_{FK_{eff}} = \frac{i + \frac{d+c_e + c_l \cdot n}{\frac{n-f+1}{2}} + f}{1 - d - c_e}$$

mit (FN : Nennbetrag der Finanzierung)
  i : Nominalzinssatz in % (bezogen auf FN)
  d : Disagio in % (bezogen auf FN)
  c_e : einmalig anfallende Kapitalbeschaffungskosten in % (bezogen auf FN)
  c_l : laufende Finanzierungsnebenkosten in % (bezogen auf FN)
  n : Laufzeit der Finanzierung
  f : tilgungsfreie Jahre

Durch Einsetzen der obigen Werte ergibt sich ein statisch ermittelter Finanzierungskostensatz von

---

1) Vgl. oben S.95f.

$$k^{stat}_{FK_{eff}} = \frac{0{,}085 + \dfrac{0{,}02+0{,}0035+0{,}002+0{,}00075 \cdot 8}{\dfrac{8-3+1}{2}} + 3}{1 - 0{,}02 - 0{,}0035 - 0{,}002}$$

$$= \frac{0{,}085 + \dfrac{0{,}0315}{6}}{0{,}9745} = 0{,}9261,$$

also 9,26 %.

Werden die angegebenen Finanzierungskostenbestandteile nicht periodendurchschnittlich, sondern, ihrem tatsächlichen zeitlichen Anfall entsprechend, der jeweiligen Periode exakt zugeordnet und als interner Zinsfuß der so entstehenden Nettozahlungsreihe berechnet, ergibt sich folgendes:

Dynamische Berechnung der Kapitalkosten des Schuldscheindarlehens:

Konditionen:

		Ergebnis:	
Darlehensbetrag	10.000.000 DM	Interner Zinssatz	9,17 %
Nominalzins	8,50 % p.a.		
Disagio	2,00 %		
Ausgabekosten	0,35 %		
Besicherungskosten	0,20 %		
Kreditpflegekosten	0,075 % p.a.		
Laufzeit in Jahren	8		
Tilgungsfreijahre	3		

Berechnungen:

t Ende der Periode	Einzahlungen (DM)	Tilgung (DM)	Geb. Kapital (DM)	Zins (DM)	Kreditpflege (DM)	Nettozahlungsstrom (DM)
0	9.745.000		10.000.000			9.745.000
1			10.000.000	-850.000	-7.500	-857.500
2			10.000.000	-850.000	-7.500	-857.500
3			10.000.000	-850.000	-7.500	-857.500
4		-2.000.000	8.000.000	-850.000	-7.500	-2.857.500
5		-2.000.000	6.000.000	-680.000	-7.500	-2.687.500
6		-2.000.000	4.000.000	-510.000	-7.500	-2.517.500
7		-2.000.000	2.000.000	-340.000	-7.500	-2.347.500
8		-2.000.000	0.000.000	-170.000	-7.500	-2.177.500

Der dynamisch exakt ermittelte Finanzierungskostensatz

$$k_{FK_{eff}}^{dyn} = 9{,}17\ \%$$

weicht somit um etwa ein Zehntel Prozent von dem statisch ermittelten Satz ab. Dies entspricht im vorliegenden Fall einer in absoluten Beträgen ausgedrückten Abweichung von immerhin knapp 10.000,- DM, die hauptsächlich darin begründet liegt, daß die Verteilung des Disagios beim statischen Ansatz ohne Berücksichtigung des Zinseszinseffektes erfolgt. Angesichts der Tatsache, daß sich diese Differenzen bei höheren Kapitalnebenkosten und längeren Laufzeiten noch vergrößern können, erscheint es zumindest bei hohen Darlehensbeträgen als empfehlenswert, auf die dynamische Berechnung zurückzugreifen[1].

2.3.2.3. Die Kapitalkosten von Pensionsrückstellungen

Für Unternehmen, die ihren Beschäftigten Versorgungszusagen in Form von Alters-, Invaliden- oder Hinterbliebenenrenten gewähren, besteht die Möglichkeit, diesen Verbindlichkeiten durch die Dotierung von Pensionsrückstellungen[2] Rechnung zu tragen.[3] Die Bildung von Rückstellungen mindert als Aufwand den Periodengewinn, den daraus resultierenden

---

1) Vgl. hierzu auch die Berechnungen von Däumler, K.D.: "Finanzwirtschaft", 1986, S.99ff., der aus diesem Grunde von den statischen Berechnungsmethoden sogar dringend abrät; vgl. ebenda, S.113f.

2) Zur Finanzierung durch Pensionsrückstellungen vgl. etwa Swoboda, P.: "Finanzierung", 1981, S.39 und S.214, Wöhe, G./Bilstein, J.: "Unternehmensfinanzierung", 1986, S.285ff., Schackmann, V.: "Pensionsrückstellungen", 1985, S.35ff. und Drukarczyk, J.: "Finanzierung", 1986, S.212ff.

3) Die Möglichkeiten der Gewährung von Versorgungsleistungen durch den Abschluß von Lebensversicherungen zugunsten des Arbeitnehmers durch Unterstützungs- oder Pensionskassen werden im Rahmen dieser Arbeit nicht behandelt; vgl. hierzu etwa Salzmann, J.: "Versorgungsleistungen", 1980, S.340ff. und Engbroks, H.: "Altersversorgung", 1986, S.121ff.

Steuerersparnissen[1] steht indessen solange kein Mittelabfluß gegenüber, bis der Versorgungsfall eintritt. Es kommt damit zu einem Finanzierungs-effekt in der Form, daß die kumulierten jährlichen Dotierungsbeträge dem Unternehmen in diesem Zeitraum zur Anlage zur Verfügung stehen.

Die Höhe der jährlichen Rückstellungsbeträge und damit auch die Höhe des über den Zeitraum der Anwartschaft disponiblen Finanzierungsbetrages bemißt sich nach dem Barwert der mit einer Pensionszusage verbundenen erwarteten Auszahlungen[2]. Da diese Barwerte nach versicherungs-mathematischen Grundsätzen, d.h. unter Einbeziehung von Sterbens- und Invaliditätswahrscheinlichkeiten berechnet werden, sind bei jeder Zusage eine Anzahl spezifischer Einflußfaktoren zu berücksichtigen. Um den Barwert einer einzelnen Anwartschaft ermitteln zu können bedarf es der Kenntnis

- des Eintrittsalters des Arbeitnehmers
- des Geschlechts des Arbeitnehmers
- der Art der Versorgungszusage, also
  - Altersrente bzw.
  - Alters- und Invalidenrente bzw.
  - Alters-, Invaliden und Hinterbliebenenrente[3]
- der Höhe der Zusage
- der Zahlungsweise der Rente
- des Zeitpunktes der ersten Rentenzahlung.

Sind diese Daten bekannt, kann der Wert der Pensionsverbindlichkeit zum Zeitpunkt des Eintritts in das Rentenalter z.B. gemäß den sog. "Richttafeln" von Houbeck[4] ermittelt werden. Für einen männlichen Arbeitnehmer, der

---

1) Vgl. hierzu im einzelnen unten S.169f.
2) Vgl. z.B. Swoboda, P.: "Finanzierung", 1981, S.214f.
3) Wird eine Hinterbliebenrente gewährt, bedarf es zusätzlich der Kenntnis der persönlichen Daten dieser Anwartschaftsträger.
4) Vgl. Heubeck, K.: "Richttafeln-Textband", 1983, ders.: "Richttafeln-Tabellenband", 1983.

dem Unternehmen im Alter von 45 Jahren beigetreten ist und dem eine Alters- und Invalidenrente in Höhe von 3.600 DM p.a., monatlich vorschüssig zahlbar ab Erreichen des 63. Lebensjahres[1] zugesagt wird, beträgt er etwa[2]

$$300 \text{ DM} \cdot 12 \cdot \frac{9848}{1000} = 35.452,80 \text{ DM}.$$

Dabei stellt der Quotient den Barwertfaktor für eine Rente von monatlich 300 DM bis zum Ableben des Berechtigten dar, bewertet zu dem Zeitpunkt, in dem dieser das 63. Lebensjahr erreicht.

Die jährliche Dotierung richtet sich nach dem Zeitraum, der für die Ansammlung des Gesamtbarwertes zur Verfügung steht und wird demgemäß mithilfe sog. Teilwerte in Abhängigkeit vom Eintrittsalter des Arbeitnehmers bestimmt. Im vorliegenden Fall beträgt er für einen 62-jährigen Arbeitnehmer, der dem Unternehmen mit 45 Jahren beigetreten ist, 8.860 pro 1.000 DM Alters- und Invalidenrente[3], woraus sich ermitteln läßt, daß bis ein Jahr vor dem Übergang in den Ruhestand ein Betrag von

$$300 \text{ DM} \cdot 12 \cdot \frac{8860}{1000} = 31.896 \text{ DM}$$

zurückgestellt sein muß. Die Differenz der Barwerte für einen 63- bzw. 62-jährigen Arbeitnehmer

$$35.452,80 \text{ DM} - 31.896 \text{ DM} = 3.556,80 \text{ DM}$$

---

1) Dies bedeutet, daß die erste Rentenzahlung im 64. Lebensjahr des Arbeitnehmers erfolgt.

2) Zur Berechnung der Barwerte von Rentenanwartschaften vgl. Institut der Wirtschaftsprüfer (Hrsg.): "Wirtschaftsprüfer-Handbuch", 1986, S.1859f.

3) Die Teilwerte für gleichbleibende Anwartschaften auf Invaliden- und Altersrente nach den Richttafeln von Heubeck sind abgedruckt in: Institut der Wirtschaftsprüfer (Hrsg.): "Wirtschaftsprüfer-Handbuch", 1986, S.1856.

entspricht der in diesem Jahr vorzunehmenden Dotierung. Die weiteren erforderlichen jährlichen Rückstellungsbeträge können analog aus den Teilwerten für das 61., 60. etc. Lebensjahr des Arbeitnehmers abgeleitet werden, so daß die Reihe der Dotierungen für konkrete Einzelfälle auf diese Weise bestimmt werden kann.

Demgegenüber hängen die tatsächlichen Auszahlungen davon ab, ob bzw. um wieviele Jahre der Arbeitnehmer den Zeitpunkt seiner Pensionierung überlebt, von einem Tatbestand also, der zum Zeitpunkt der Pensionszusage noch nicht bekannt ist. Will man die finanziellen Auswirkungen einer Versorgungszusage vollständig erfassen, kommt man daher nicht umhin, die Anzahl der jährlichen Pensionszahlungen (deren Höhe als bekannt unterstellt wird und deren Einbeziehung insofern keine Schwierigkeiten bereitet[1] zu konkretisieren.

Eine Möglichkeit, hierüber Aufschlüsse zu gewinnen, besteht darin, die Lebenserwartung eines Arbeitnehmers unter Heranziehung von Sterbewahrscheinlichkeiten zu simulieren. Dieser Ansatz ist kürzlich von Haegert[2] in der Form aufgegriffen worden, daß das gesamte Lebensschicksal eines Arbeitnehmers, "... soweit es für seine Versorgungsansprüche und die damit verbundenen Zahlungsströme im Unternehmen seines Arbeitgebers relevant ist"[3], mithilfe der Monte-Carlo-Simulation abgebildet wird. Auf diese Weise lassen sich neben der Lebenserwartung des betrachteten Beschäftigten auch dessen Invalidisierungs- und Fluktuationswahrscheinlichkeiten, die Sterbewahrscheinlichkeit im Invaliditätsfall und die Wahrscheinlichkeiten, einen anspruchsberechtigten Hinterbliebenen zurückzulassen, quantifizieren[4]. Hierzu müssen allerdings die Wahrscheinlichkeitsverteilungen aller zu berücksichtigenden Parameter ermittelt werden[5].

---

1) Vgl. oben S.167.

2) Vgl. Haegert, L.: "Altersversorgung", 1986.

3) Haegert, L.: "Altersversorgung", 1986, S.2.

4) Vgl. Haegert, L.: "Altersversorgung", 1986, S.2f.

5) Dies kann bei der Simulation einiger Einflußgrößen, wie etwa der Fluktuationserwartung oder des erwartbaren Alters von zurückgelassenen Hinterbliebenen, erhebliche Schwierigkeiten bereiten.

Für die im folgenden darzulegenden Beispielsberechnungen ist eine solche komplexe Vorgehensweise nicht erforderlich. Die damit verfolgte Absicht geht weniger dahin, Aussagen über die aus Pensionsgewährungen resultierenden Gesamtbelastungen für Unternehmungen zu treffen[1]; vielmehr soll demonstriert werden, welche Überlegungen prinzipiell notwendig sind, um die aus konkreten Versorgungszusagen resultierenden Einnahmen bzw. Ausgaben und daraus wiederum die entsprechenden Finanzierungskostensätze abzuleiten. Im Lichte dieser Zielsetzung ist es ausreichend, die Lebenserwartung eines zu betrachtenden Arbeitnehmers vorzugeben und im weiteren von den oben dargelegten Fallannahmen[2] auszugehen. Von den ebenfalls an anderer Stelle[3] beschriebenen Bewertungssituationen wird dabei hier diejenige zugrundegelegt, in welcher die Unternehmung Gewinne vor Bildung der Pensionsrückstellungen erzielt, die die Zuführung zu den Pensionsrückstellungen überschreiten[4].

Eine wesentliche Einflußgröße für die aus einer Zusage resultierenden Ein- und Auszahlungen ist weiterhin die Wirkung der Unternehmensbesteuerung[5]. Die Bildung von Pensionsrückstellungen mindert den steuerpflichtigen Gewinn und führt sowohl zu einer Reduzierung der Einkommensteuer- bzw. Körperschaftsteuerzahlungen als auch zu einer Minderung der Bemessungsgrundlage für die Gewerbeertragsteuer mit entsprechenden Gewerbeertragsteuerkürzungen. Der ergebniserhöhenden Teilauflösung der Pensionsrückstellung ab dem Beginn der Rentenzahlungen steht dann die gewinnmindernde Wirkung der Zahlungen selbst gegenüber. Schließlich führt die Abzugsfähigkeit von Versorgungsanwartschaften und -verpflichtungen vom Einheitswert des Betriebsvermögens auch zu substanzsteuer-

---

1) Dies ist beispielsweise die Absicht von Haegert; vgl. Haegert, L.: "Altersversorgung", 1986, S.1f. und S.15ff.

2) Vgl. oben S.166f.

3) Vgl. oben, S.141.

4) Zur Begründung für diese Vorgehensweise vgl. im einzelnen S.142.

5) Vgl. hierzu etwa Siegel, T.: "Steuerwirkungen", 1982, S.117ff., Salzmann, J.: "Versorgungsleistungen", 1980, S.340ff.

lichen Ersparnissen bei der Vermögen- und Gewerbekapitalsteuer. Da die Problematik der Bestimmung eines unternehmensspezifischen Gesamtsteuersatzes nicht Gegenstand der vorliegenden Arbeit sein kann - es wird insoweit auf das Schrifttum zur betriebswirtschaftlichen Steuerlehre[1] verwiesen - wird der Ermittlung der relevanten Zahlungen hier vereinfachend ein als konstant unterstellter, fiktiver Steuersatz[2] von zunächst 60 %[3] zugrundegelegt.

Für den Fall, daß die Unternehmung beabsichtigt, die erwirtschafteten Gewinne zu thesaurieren, stellt sich die Beispielsberechnung einer Versorgungszusage wie folgt dar:

---

[1] Vgl. etwa Rose, G.: "Steuerbelastung", 1973, ders.: "Teilsteuerrechnung", 1979 und Siegel, T.: "Steuerwirkungen", 1982, S.37ff.

[2] Hierbei werden die Substanzsteuern vernachlässigt.

[3] Zum Einfluß von Steuersatzvariationen vgl. unten S.175.

Berechnungsbeispiel 1a: Eintrittsalter 45 Jahre; Invaliditäts- und Altersrente in Höhe von DM 3600 p.a.;
mtl. vorschüssig zahlbar ab Erreichen des 63. Lebensjahres; Tod mit 75 Jahren
Annahme: Thesaurierung der Gewinne

```
************************************************************************************************
JAHR      ALTER     PRSTBEST    PRSTZUF     STEUERN     PZAHLnSt    GESZAHL     INTZINS

                                                0,60    -3600,00
************************************************************************************************
 1         46       1260,00     1260,00      756,00                  756,00     3,8265% -
 2         47       2581,00     1321,00      792,60                  792,60     ************
 3         48       3967,00     1386,00      831,60                  831,60
 4         49       5429,00     1462,00      877,20                  877,20
 5         50       6955,00     1526,00      915,60                  915,60
 6         51       8554,00     1599,00      959,40                  959,40
 7         52      10228,00     1674,00     1004,40                 1004,40
 8         53      11974,00     1746,00     1047,60                 1047,60
 9         54      13781,00     1807,00     1084,20                 1084,20
10         55      15664,00     1883,00     1129,80                 1129,80
11         56      17618,00     1954,00     1172,40                 1172,40
12         57      19660,00     2042,00     1225,20                 1225,20
13         58      21802,00     2142,00     1285,20                 1285,20
14         59      24084,00     2282,00     1369,20                 1369,20
15         60      26438,00     2354,00     1412,40                 1412,40
16         61      28933,00     2495,00     1497,00                 1497,00
17         62      31896,00     2963,00     1777,80                 1777,80
18         63      35452,00     3556,00     2133,60                 2133,60
19         64      34484,00     -968,00     -580,80    -1440,00    -2020,80
20         65      33508,00     -976,00     -585,60    -1440,00    -2025,60
21         66      32526,00     -982,00     -589,20    -1440,00    -2029,20
22         67      31536,00     -990,00     -594,00    -1440,00    -2034,00
23         68      30546,00     -990,00     -594,00    -1440,00    -2034,00
24         69      29560,00     -986,00     -591,60    -1440,00    -2031,60
25         70      28576,00     -984,00     -590,40    -1440,00    -2030,40
26         71      27598,00     -978,00     -586,80    -1440,00    -2026,80
27         72      26629,00     -969,00     -581,40    -1440,00    -2021,40
28         73      25688,00     -941,00     -564,60    -1440,00    -2004,60
29         74      24718,00     -970,00     -582,00    -1440,00    -2022,00
30         75          0,00   -24718,00   -14830,80    -1440,00   -16270,80
```

mit: JAHR - Geschäftsjahr, ALTER - Lebensalter des Anwartschaftsträgers, PRSTBEST - Pensionsrückstellung (Bestand), PRSTZUF - Pensionsrückstellung (Zuführung), STEUERN - Steuerersparnisse, PZAHLnSt - Pensionszahlungen nach Steuern, GESZAHL - Gesamtheit der durch die Pensionszusage bewirkten Zahlungen, INTZINS - Interner Zinsfuß der Zahlungsreihe GESZAHL

Der interne Zinsfuß der gesamten durch die Zusage hervorgerufenen Einnahmen und Ausgaben in Höhe von 3,83 %[1] ist als Finanzierungskostensatz dieser spezifischen Innenfinanzierungsmaßnahme zu interpretieren.

Gegen die Plausibilität dieses Berechnungsergebnisses kann zunächst eingewendet werden, daß angesichts der Langfristigkeit der Finanzierung kaum von einem über den gesamten bewertungsrelevanten Zeitraum unveränderten Geldwert ausgegangen werden kann. Bei Vorliegen von Inflation aber betragen die tatsächlichen Pensionszahlungen wegen der in praxi meist üblichen Anpassung der Renten[2] an den aktuellen Geldwert nicht selten ein Vielfaches der im Zeitpunkt der Zusage getroffenen "nominellen" Vereinbarungen. Die der Bewertung zugrundegelegte Zahlungsreihe erscheint in diesen Fällen nicht als realistisch.

Der Einwand ist berechtigt. Um seine Auswirkungen näher zu untersuchen, wird das Ausgangsbeispiel im folgenden unter der Annahme eines sinkenden Geldwertes berechnet. Damit wird allerdings ausdrücklich nicht die Absicht verfolgt, die künftig zu erwartende Geldentwertungsrate möglichst genau zu prognostizieren. Von Interesse ist hier die Frage, in welche Richtung und in welcher Größenordnung sich die Finanzierungskosten durch die Inflation verändern. Zu diesem Zweck werden die Periodenbarwerte der Anwartschaften[3] mit einer konstanten Geldentwertungsrate von zunächst 5 %[4] inflationiert. Dies impliziert, daß sich sowohl die jährlichen Dotierungen als auch die jährlichen Rückstellungsauflösungen und entsprechend die Steuerersparnisse bzw. Steuernachteile um diesen Satz erhöhen. Wei -

---

1) Vgl. hierzu auch die Berechnungen von Swoboda, der für eine ähnliche Zusage eine bewertungsrelevante Zahlungsreihe mit einem internen Zinsfuß von 4,04 % ermittelt; vgl. Swoboda, P.: "Finanzierung", 1981, S.214ff.

2) Gemäß § 16 Betriebsrentengesetz sind Unternehmen verpflichtet, die Anpassung der laufenden Renten an die Kaufkraftentwicklung alle 3 Jahre zu überprüfen; vgl. hierzu im einzelnen Förster, W.: "Anpassung", 1980, S.204.

3) Dieses Vorgehen stellt insofern eine (angesichts der Untersuchungszielsetzung notwendige) Vereinfachung dar, als nur die Anpassung laufender Renten gesetzlich zulässig ist.

4) Um den Einfluß der Geldentwertung zu verdeutlichen, wird die Inflationsrate zunächst bewußt relativ hoch angesetzt; zum Einfluß von Variationen der konstanten Inflationsrate vgl. unten, S.175.

terhin muß die Inflation bei den zu leistenden Rentenzahlungen berücksichtigt werden. Die Pensionszahlungen nach Steuern werden daher ebenfalls inflationiert. Das Berechnungsbeispiel stellt sich nach diesen Modifikationen wie folgt dar:

```
Berechnungsbeispiel 1b: Eintrittsalter 45 Jahre; Invaliditäts- und Altersrente in Höhe von DM 3600 p.a.;
                       mtl. vorschüssig zahlbar ab Erreichen des 63. Lebensjahres; Tod mit 75 Jahren
                       Annahme: Thesaurierung der Gewinne
****************************************************************************************************
 JAHR   ALTER    PRSTBEST    INFLAT      PRSTZUF     STEUERN   PZAHLnSt  PZAHLnINFL   GESZAHL    INTZINS

                              0,05                  0,60   -3600,00
****************************************************************************************************
  1      46      1260,00     1323,00     1323,00     793,80                            793,80    4,9546%
  2      47      2581,00     2845,55     1522,55     913,53                            913,53  ************
  3      48      3967,00     4592,30     1746,75    1048,05                           1048,05
  4      49      5429,00     6598,98     2006,69    1204,01                           1204,01
  5      50      6955,00     8876,54     2277,55    1366,53                           1366,53
  6      51      8554,00    11463,18     2586,64    1551,98                           1551,98
  7      52     10228,00    14391,82     2928,65    1757,19                           1757,19
  8      53     11974,00    17691,05     3299,23    1979,54                           1979,54
  9      54     13781,00    21378,85     3687,80    2212,68                           2212,68
 10      55     15664,00    25515,01     4136,15    2481,69                           2481,69
 11      56     17618,00    30132,76     4617,75    2770,65                           2770,65
 12      57     19660,00    35306,54     5173,78    3104,27                           3104,27
 13      58     21802,00    41110,92     5804,39    3482,63                           3482,63
 14      59     24084,00    47684,67     6573,75    3944,25                           3944,25
 15      60     26438,00    54962,70     7278,03    4366,82                           4366,82
 16      61     28933,00    63157,11     8194,41    4916,64                           4916,64
 17      62     31896,00    73106,22     9949,11    5969,46                           5969,46
 18      63     35452,00    85319,47    12213,25    7327,95                           7327,95
 19      64     34484,00    87139,35     1819,89    1091,93  -1440,00   -3638,81     -2546,88
 20      65     33508,00    88906,70     1767,35    1060,41  -1440,00   -3820,75     -2760,34
 21      66     32526,00    90616,22     1709,52    1025,71  -1440,00   -4011,79     -2986,07
 22      67     31536,00    92251,02     1634,80     980,88  -1440,00   -4212,38     -3231,49
 23      68     30546,00    93822,76     1571,74     943,05  -1440,00   -4422,99     -3479,95
 24      69     29560,00    95333,95     1511,19     906,71  -1440,00   -4644,14     -3737,43
 25      70     28576,00    96768,48     1434,52     860,71  -1440,00   -4876,35     -4015,64
 26      71     27598,00    98129,45     1360,98     816,59  -1440,00   -5120,17     -4303,58
 27      72     26629,00    99418,21     1288,75     773,25  -1440,00   -5376,18     -4602,92
 28      73     25688,00   100700,28     1282,07     769,24  -1440,00   -5644,99     -4875,74
 29      74     24718,00   101742,64     1042,36     625,42  -1440,00   -5927,24     -5301,82
 30      75         0,00        0,00  -101742,64  -61045,58  -1440,00   -6223,60    -67269,18
```

mit: JAHR - Geschäftsjahr, ALTER - Lebensalter des Anwartschaftsträgers, PRSTBEST - Pensionsrückstellung (Bestand), INFLAT - Pensionsrückstellung (Bestand; inflationiert), PRSTZUF - Pensionsrückstellung (Zuführung), STEUERN - Steuerersparnisse, PZAHLnSt - Pensionszahlungen nach Steuern, PZAHLnINFL - Pensionzahlungen nach Steuern (inflationiert), GESZAHL - Gesamtheit der durch die Pensionszusage bewirkten Zahlungen, INTZINS - Interner Zinsfuß der Zahlungsreihe GESZAHL

Es zeigt sich zunächst, daß die angenommene Vervielfachung der Belastungen bei den effektiven Rentenzahlungen tatsächlich eintritt. So erhält der Arbeitnehmer etwa in den letzten beiden Jahren Pensionen, die die Ursprungszusage weit übersteigen. Dem stehen auf der Einzahlungsseite deutlich geringere Steigerungen in Form von inflationsbedingten Erhöhungen der Steuerersparnis pro Periode gegenüber.

Daß sich der Kapitalkostensatz, verglichen mit dem Fall ohne Inflationsberücksichtigung, dennoch nur um gut 1 Prozent auf 4,95 % erhöht, hat u.a. folgenden Grund: Die Inflationierung der Anwartschaftsbarwerte überkompensiert die ab dem Erreichen des Pensionsalters sinkenden Rückstellungserfordernisse, die im Falle der Geldwertstabilität eine Rückstellungsauflösung und damit eine Steuerzahlung zur Folge hätten.[1] Dies führt dazu, daß auch nach dem 63. Lebensjahr des Anwartschaftsberechtigten noch Rückstellungen dotiert und damit Steuerersparnisse realisiert werden[2]. Diese währen bis zum Tode des Arbeitnehmers, so daß es überhaupt nur zu einer einzigen Rückstellungsauflösung in der letzten Periode kommt, aus der dann eine Steuerzahlung resultiert, die einem entsprechend starken Abzinsungseffekt unterliegt.

Neben der Inflationsrate ist der zugrundeliegende Steuersatz als weitere wesentliche Einflußgröße zu beachten. Da sich die Einnahmen allein aus Steuerersparnissen zusammensetzen, kann davon ausgegangen werden, daß sich die Kapitalkostensätze mit sinkendem Steuersatz erhöhen. Über die Größenordnung der Auswirkungen von Steuersatzvariationen gibt die folgende Tabelle Aufschluß, in der die Berechnungsergebnisse des Beispiels für unterschiedliche, gleichwohl konstante Steuersätze aufgelistet sind. Um gleichzeitig möglichen Einwänden zu begegnen, die an der Höhe der gewählten Inflationsrate ansetzen, werden sie in Abhängigkeit von verschiedenen, im Zeitverlauf ebenfalls konstanten Geldentwertungsraten variiert.

---

1) Vgl. hierzu die Spalte PRSTZUF im Berechnungsbeispiel 1a.
2) Vgl. hierzu die Spalte PRSTZUF im Berechnungsbeispiel 1b.

Inflations-rate Steuersatz	0	1	2	3	4	5	10	20
40	5,26	5,56	5,87	6,17	6,48	6,79	8,34	11,33
45	4,81	5,09	5,37	5,65	5,93	6,22	7,63	10,33
50	4,43	4,69	4,95	5,02	5,47	5,73	7,03	9,49
55	4,11	4,35	4,59	4,83	5,07	5,31	6,52	8,77
60	3,83	4,05	4,28	4,50	4,73	4,95	6,07	8,15
65	3,60	3,79	4,00	4,22	4,43	4,64	5,69	7,61

Tab. 7: Kapitalkostensätze gemäß Berechnungsbeispiel 1 bei Variation von Steuersatz und Inflationsrate (Alle Angaben in %)

Diese auf den ersten Blick eher niedrig anmutenden Kapitalkostensätze sind angesichts der im Rahmen der Berechnungen vorgenommenen Vereinfachungen ausdrücklich wie folgt zu relativieren:

° Verwaltungskosten und Beiträge zur Insolvenzsicherung bleiben unberücksichtigt

° Es wird keine Hinterbliebenenrente gewährt.

° Mit der Annahme, daß der Arbeitnehmer ein Alter von 75 Jahren erreicht, wird der Invaliditätsfall implizit, der Fall länger- bzw. kürzerwährender Pensionszahlungen explizit ausgeschlossen.

° Mit der Annahme, daß die Unternehmung in jeder der 30 Betrachtungsperioden Gewinne erzielt, die die Zuführung zu den Pensionsrückstellungen überschreiten, wird die günstigste Situation zugrundegelegt[1]. Erwirtschaftet die Unternehmung in einigen Perioden nur geringe Gewinne

---

1) Vgl. oben, S.140ff. und S.169.

oder gar Verluste, fallen auch nur geringe oder gar keine steuerlichen Entlastungen und entsprechend höhere Finanzierungskosten an.

Neben dem Fall, die die Unternehmung die erzielten Gewinne vollständig thesauriert, ist im Rahmen der vorliegenden Bewertungsproblematik weiterhin von Interesse, welchen Einfluß alternative Gewinnverwendungen auf die Höhe der Finanzierungskosten von Pensionsrückstellungen haben. Dies soll im folgenden näher untersucht werden; dabei wird von der vereinfachenden Unterstellung ausgegangen, daß die erwirtschafteten Gewinne jeweils vollständig ausgeschüttet werden[1]. Der Steuersatz wird mit konstant 40 % angesetzt; die übrigen Daten des Berechnungsbeispiels werden, um die Vergleichbarkeit zu gewährleisten, beibehalten[2].

Als wesentlicher Unterschied bei der Ermittlung der bewertungsrelevanten Zahlungsreihe ergibt sich gegenüber dem Fall der vollständigen Thesaurierung, daß die jährlichen Rückstellungsbeträge nicht nur eine Steuerersparnis, sondern auch eine Minderung der Gewinnausschüttung bewirken[3]. Da sich diese jeweils als Differenz des jährlichen Zuführungsbetrages und der jährlichen Steuerersparnis ermittelt[4], steht in der Anwartschaftsphase der gesamte Dotierungsbetrag als Einnahme zur Verfügung, während in der Phase der Rentenzahlungen keine Veränderungen gegenüber der Gewinnthesaurierung auftreten[5]. Das Berechnungsbeispiel stellt sich nach den beschriebenen Veränderungen wie folgt dar:

---

1) Vgl. hierzu die Ausführungen auf den S.141ff. und die dort angegebene Literatur.

2) Zum Einfluß von Steuersatzvariationen vgl. unten, S.179.

3) Vgl. oben, S.141.

4) Vgl. ebenda.

5) Dies gilt für den Fall ohne Inflationsberücksichtigung.

Berechnungsbeispiel 2a: Eintrittsalter 45 Jahre; Invaliditäts- und Altersrente in Höhe von DM 3600 p.a.;
mtl. vorschüssig zahlbar ab Erreichen des 63. Lebensjahres; Tod mit 75 Jahren
Annahme: Ausschüttung der Gewinne

JAHR	ALTER	PRSTBEST	PRSTZUF	STEUER	AMIND	ZWSUM	PZAHLnSt	GESZAHL	INTZINS
				0,40			-3600,00		
1	46	1260,00	1260,00	504,00	756,00	1260,00		1260,00	0,8289%
2	47	2581,00	1321,00	528,40	792,60	1321,00		1321,00	**********
3	48	3967,00	1386,00	554,40	831,60	1386,00		1386,00	
4	49	5429,00	1462,00	584,80	877,20	1462,00		1462,00	
5	50	6955,00	1526,00	610,40	915,60	1526,00		1526,00	
6	51	8554,00	1599,00	639,60	959,40	1599,00		1599,00	
7	52	10228,00	1674,00	669,60	1004,40	1674,00		1674,00	
8	53	11974,00	1746,00	698,40	1047,60	1746,00		1746,00	
9	54	13781,00	1807,00	722,80	1084,20	1807,00		1807,00	
10	55	15664,00	1883,00	753,20	1129,80	1883,00		1883,00	
11	56	17618,00	1954,00	781,60	1172,40	1954,00		1954,00	
12	57	19660,00	2042,00	816,80	1225,20	2042,00		2042,00	
13	58	21802,00	2142,00	856,80	1285,20	2142,00		2142,00	
14	59	24084,00	2282,00	912,80	1369,20	2282,00		2282,00	
15	60	26438,00	2354,00	941,60	1412,40	2354,00		2354,00	
16	61	28933,00	2495,00	998,00	1497,00	2495,00		2495,00	
17	62	31896,00	2963,00	1185,20	1777,80	2963,00		2963,00	
18	63	35452,00	3556,00	1422,40	2133,60	3556,00		3556,00	
19	64	34484,00	-968,00	-387,20	0,00	-387,20	-2160,00	-2547,20	
20	65	33508,00	-976,00	-390,40	0,00	-390,40	-2160,00	-2550,40	
21	66	32526,00	-982,00	-392,80	0,00	-392,80	-2160,00	-2552,80	
22	67	31536,00	-990,00	-396,00	0,00	-396,00	-2160,00	-2556,00	
23	68	30546,00	-990,00	-396,00	0,00	-396,00	-2160,00	-2556,00	
24	69	29560,00	-986,00	-394,40	0,00	-394,40	-2160,00	-2554,40	
25	70	28576,00	-984,00	-393,60	0,00	-393,60	-2160,00	-2553,60	
26	71	27598,00	-978,00	-391,20	0,00	-391,20	-2160,00	-2551,20	
27	72	26629,00	-969,00	-387,60	0,00	-387,60	-2160,00	-2547,60	
28	73	25688,00	-941,00	-376,40	0,00	-376,40	-2160,00	-2536,40	
29	74	24718,00	-970,00	-388,00	0,00	-388,00	-2160,00	-2548,00	
30	75	0,00	-24718,00	-9887,20	0,00	-9887,20	-2160,00	-12047,20	

mit: JAHR - Geschäftsjahr, ALTER - Lebensalter des Anwartschaftsträgers, PRSTBEST - Pensionsrückstellung (Bestand), PRSTZUF - Pensionsrückstellung (Zuführung), STEUERN - Steuerersparnisse, AMIND - Ausschüttungsminderung, ZWSUM - Steuerersparnisse- + Ausschüttungsminderung, PZAHLnSt - Pensionszahlungen nach Steuern, GESZAHL - Gesamtheit der durch die Pensionszusage bewirkten Zahlungen, INTZINS - Interner Zinsfuß der Zahlungsreihe GESZAHL

Berechnungsbeispiel 2b: Eintrittsalter 45 Jahre; Invaliditäts- und Altersrente in Höhe von DM 3600 p.a.;
mtl. vorschüssig zahlbar ab Erreichen des 63. Lebensjahres; Tod mit 75 Jahren
Annahme: Ausschüttung der Gewinne

JAHR	ALTER	PRSTBEST	INFLAT	PRSTZUF	STEUERN	AMIND	ZWSUM	PZAHLnSt	PZAHLnINFL	GESZAHL	INTZINS
			0,05		0,40			-3600,00			
1	46	1260,00	1323,00	1323,00	529,20	793,80	1323,00			1323,00	1,8293%
2	47	2581,00	2845,55	1522,55	609,02	913,53	1522,55			1522,55	#########
3	48	3967,00	4592,30	1746,75	698,70	1048,05	1746,75			1746,75	
4	49	5429,00	6598,98	2006,69	802,67	1204,01	2006,69			2006,69	
5	50	6955,00	8876,54	2277,55	911,02	1366,53	2277,55			2277,55	
6	51	8554,00	11463,18	2586,64	1034,66	1551,98	2586,64			2586,64	
7	52	10228,00	14391,82	2928,65	1171,46	1757,19	2928,65			2928,65	
8	53	11974,00	17691,05	3299,23	1319,69	1979,54	3299,23			3299,23	
9	54	13781,00	21378,85	3687,80	1475,12	2212,68	3687,80			3687,80	
10	55	15664,00	25515,01	4136,15	1654,46	2481,69	4136,15			4136,15	
11	56	17618,00	30132,76	4617,75	1847,10	2770,65	4617,75			4617,75	
12	57	19660,00	35306,54	5173,78	2069,51	3104,27	5173,78			5173,78	
13	58	21802,00	41110,92	5804,39	2321,75	3482,63	5804,39			5804,39	
14	59	24084,00	47684,67	6573,75	2629,50	3944,25	6573,75			6573,75	
15	60	26438,00	54962,70	7278,03	2911,21	4366,82	7278,03			7278,03	
16	61	28933,00	63157,11	8194,41	3277,76	4916,64	8194,41			8194,41	
17	62	31896,00	73106,22	9949,11	3979,64	5969,46	9949,11			9949,11	
18	63	35452,00	85319,47	12213,25	4885,30	7327,95	12213,25			12213,25	
19	64	34484,00	87139,35	1819,89	727,95	1091,93	1819,89	-2160,00	-5458,21	-3638,33	
20	65	33508,00	88906,70	1767,35	706,94	1060,41	1767,35	-2160,00	-5731,12	-3963,77	
21	66	32526,00	90616,22	1709,52	683,81	1025,71	1709,52	-2160,00	-6017,68	-4308,16	
22	67	31536,00	92251,02	1634,80	653,92	980,88	1634,80	-2160,00	-6318,56	-4683,76	
23	68	30546,00	93822,76	1571,74	628,70	943,05	1571,74	-2160,00	-6634,49	-5062,75	
24	69	29560,00	95333,95	1511,19	604,48	906,71	1511,19	-2160,00	-6966,22	-5455,03	
25	70	28576,00	96768,48	1434,52	573,81	860,71	1434,52	-2160,00	-7314,53	-5880,00	
26	71	27598,00	98129,45	1360,98	544,39	816,59	1360,98	-2160,00	-7680,25	-6319,28	
27	72	26629,00	99418,21	1288,75	515,50	773,25	1288,75	-2160,00	-8064,27	-6775,51	
28	73	25688,00	100700,28	1282,07	512,83	769,24	1282,07	-2160,00	-8467,48	-7185,41	
29	74	24718,00	101742,64	1042,36	416,94	625,42	1042,36	-2160,00	-8890,85	-7848,49	
30	75	0,00	0,00	-101742,64	-40697,06	0,00	-40697,06	-2160,00	-9335,40	-50032,45	

mit: JAHR - Geschäftsjahr, ALTER - Lebensalter des Anwartschaftsträgers, PRSTBEST - Pensionsrückstellung (Bestand), INFLAT - Pensionsrückstellung (Bestand, inflationiert), PRSTZUF - Pensionsrückstellung (Zuführung), STEUERN - Steuerersparnisse, AMIND - Ausschüttungsminderung, ZWSUM - Steuerersparnisse- + Ausschüttungsminderung, PZAHLnSt - Pensionszahlungen nach Steuern, PZAHLnINFL - Pensionszahlungen nach Steuern (inflationiert), GESZAHL - Gesamtheit der durch die Pensionszusage bewirkten Zahlungen, INTZINS - Interner Zinsfuß der Zahlungsreihe GESZAHL

Steuersatz \ Inflationsrate	0	1	2	3	4	5	10	20
40	0,83	1,13	1,45	1,77	1,87	1,83	1,37	-0,93
45	0,75	1,03	1,32	1,61	1,70	1,66	1,24	-0,82
50	0,68	0,93	1,19	1,45	1,53	1,50	1,10	-0,72
55	0,61	0,83	1,06	1,30	1,37	1,34	0,97	-0,62
60	0,54	0,73	0,94	1,15	1,21	1,18	0,85	-0,53
65	0,47	0,64	0,82	1,00	1,05	1,02	0,73	-0,45

Tab.8: Kapitalkostensätze gemäß Berechnungsbeispiel 2 bei Variation von Steuersatz und Inflationsrate (Alle Angaben in %)

Im Vergleich zum ersten Berechnungsbeispiel weisen die Finanzierungskostensätze hier ein durchwegs geringeres Niveau auf. Dies ist aus zwei Gründen folgerichtig: Zum einen fallen in der Anwartschaftsphase neben den Steuerersparnissen zusätzlich die der Ausschüttung entzogenen Mittel als Einnahmen an. Zum anderen zeitigt das oben geschilderte[1] Phänomen, daß bei Vorliegen von Geldentwertung auch in der Phase der Rentenzahlungen noch Rückstellungen dotiert werden, insofern stärkere positive Auswirkungen, als damit zusätzliche Ersparnisse in Form von Ausschüttungsminderungen verbunden sind. Dabei erhöhen sich die Finanzierungskostensätze mit beginnender Inflation zunächst, weil die zusätzlich realisierten Einsparungen geringer sind als die inflationsbedingten zusätzlichen Ausgaben. Ab einer Geldentwertungsrate von 5 % kehrt sich dieser Effekt um, so daß die Finanzierungskostensätze sinken, um bei sehr hohen Inflationsraten sogar negative Werte anzunehmen[2].

Konsistent ist weiterhin der Befund, daß die Berechnungsergebnisse relativ unsensibel auf Steuersatzvariationen reagieren. Dies liegt darin begründet,

---

[1] Vgl. oben, S.174.

[2] Diese Werte sind als unmittelbar aus der Versorgungszusage resultierende Renditen aufzufassen.

daß die Einnahmen in der Anwartschaftsphase unabhängig vom Steuersatz jeweils konstant bleiben[1]; lediglich in der Phase der Rentenzahlungen führen höhere Steuersätze zu Kostenvorteilen, weil die höheren Steuerersparnisse bei den Rentenzahlungen die aus der Rückstellungsauflösung zusätzlich resultierenden Belastungen geringfügig überschreiten.

Als problematisch erscheint die Annahme, daß die Gewinne der Unternehmung über einen Zeitraum von 30 Jahren jeweils vollständig ausgeschüttet werden. Sie kann jedoch mit der vorliegenden Untersuchungszielsetzung begründet werden. Diese besteht weniger darin, möglichst realistische Szenarien für Versorgungszusagen zu beschreiben, sondern darin, den Raum abzugrenzen, in dem die Finanzierungskostensätze für die zugrundegelegte Zusage anzusiedeln sind. Dabei können die Ergebnisse der alternativen Berechnungsbeispiele als Eckwerte des Bereichs aufgefaßt werden, innerhalb dessen sich die Finanzierungskosten der Pensionsrückstellung bewegen, wenn von einer anteiligen Gewinnausschüttung/-thesaurierung ausgegangen wird.

In einer abschließenden Würdigung der Berechnungsergebnisse kann - zumindest für die hier unterstellte Gewinnsituation - der Schluß gezogen werden, daß es sich bei den Pensionsrückstellungen um vergleichsweise kostengünstige Finanzierungsinstrumente handelt. Allerdings können sich die berechneten Sätze sprunghaft erhöhen, wenn in einigen Perioden nur geringe Gewinne oder gar Verluste erwirtschaftet werden[2].

---

[1] Sie entsprechen jeweils dem jährlichen Dotierungsbetrag; zur Begründung vgl. oben, S.142.

[2] Dies trifft auf das Berechnungsbeispiel 2 in besonderem Maße zu, weil hier nicht nur die Steuerersparnisse, sondern auch die Ausschüttungsminderungen als Einnahmen entfallen.

2.3.2.4. Die Kapitalkosten von Null-Kupon-Anleihen (Zero-Bonds)

Als Null-Kupon-Anleihen[1] bezeichnet man in abgezinster Form begebene Schuldverschreibungen, für die keine laufenden Zinsbelastungen, dafür aber z.T. sehr hohe Emissionsdisagien[2] anfallen. Die Emission auf DM lautender Zero-Bonds im Inland ist erst seit dem 1. Mai 1985 durch die Deutsche Bundesbank zugelassen[3].

Neben der Tatsache, daß es sich hierbei um eine für den deutschen Kapitalmarkt relativ neue Finanzierungsmöglichkeit handelt, ist diese Anleiheform im gegebenen Zusammenhang vor allem deshalb von Interesse, weil sie zur Investitionsfinanzierung als besonders geeignet erscheint. Dies ist zum einen auf die - gemessen etwa an normalen Industrieschuldverschreibungen - derzeit überdurchschnittlich langen Laufzeit von 15 - 30 Jahren[4] zurückzuführen. Zum anderen weisen Null-Kupon-Anleihen den Vorteil auf, daß sie erst bei Endfälligkeit bedient werden müssen und deshalb auch zur Finanzierung solcher Projekte dienen können, die in den ersten Jahren keine Überschüsse erwirtschaften, aus denen die mit herkömmlichen Fremdfinanzierungsmaßnahmen verbundenen jährlichen Auszahlungen bestritten werden müßten.

Bei der Ermittlung der Finanzierungskosten von Null-Kupon-Anleihen ist festzustellen, daß der Unternehmung im Zuge der Emission einmalige Aufwendungen entstehen, die jenen von Normal-Kupon-Anleihen grundsätzlich vergleichbar sind. Bedingt durch die Anlageform entfallen allerdings die laufenden Kosten für die Zinsscheineinlösung, so daß im wesentlichen nur die Emissionsrendite, die sich aus der Differenz zwischen

---

[1] Vgl. Meinz, T.: "Finanzierungsinstrumente", 1985, S.558f., Wagner, F.W./Wenger, E./Höflacher, S.: "Zero-Bonds", 1986, Büschgen, H.E.: "Finanzinnovationen", 1986, S.307ff.

[2] Dies können bis zu 95 % des Nennwertes betragen; vgl. Meinz, T.: "Finanzierungsinstrumente", 1985, S.560.

[3] Vgl. oben, S.136.

[4] Vgl. Strasser, J./Lenger, W./Fleischer, H.: "Sonderformen", 1985, S.71f.

Emissionswert und Rücknahmewert ergibt, und die einmaligen Emissionskosten in Ansatz zu bringen sind. Da der Schuldner i.d.R. kein Kündigungsrecht besitzt, liegt die Emissionsrendite zudem niedriger als die Effektivverzinsung gleichwertiger Anlagen.

Die Berechnung der effektiven Finanzierungskosten von Zero-Bonds soll am Beispiel der Emission von 1.435.280.000,- DM Null-Kupon Inhaber-Teilschuldverschreibungen, begeben von der Euro-DM Securities Limited, St. Helier, Jersey, Kanalinseln, im März 1986, gezeigt werden.

Die Konditionen der Emission können dem nachfolgend abgedruckten An- gebot entnommen werden

---

Neuemission März 1986

Euro-DM Securities Limited
St. Helier, Jersey, Kanalinseln

DM 1.435.280.000,– Null-Kupon Inhaber-Teilschuldverschreibungen

bestehend aus

DM 800.000.000,– Null-Kupon Inhaber-Teilschuldverschreibungen von 1986/2016
DM 211.760.000,– Null-Kupon Inhaber-Teilschuldverschreibungen von 1986/2011
DM 211.760.000,– Null-Kupon Inhaber-Teilschuldverschreibungen von 1986/2006
DM 211.760.000,– Null-Kupon Inhaber-Teilschuldverschreibungen von 1986/2001

besichert durch Abtretung der Rechte aus einem Schuldscheindarlehen an die

Deutsche Bundespost

Ausgabepreis, Endfälligkeit und Wertpapier-Kenn-Nummer: 15,95% für die am 14. März 2016 fälligen Teilschuldverschreibungen, WKN 477 595 – 20,95% für die am 14. März 2011 fälligen Teilschuldverschreibungen, WKN 477 596 – 27,85% für die am 14. März 2006 fälligen Teilschuldverschreibungen, WKN 477 597 – 37,80% für die am 14. März 2001 fälligen Teilschuldverschreibungen, WKN 477 598 · Stückelung: DM 10.000,– · Börseneinführung: Frankfurt/Main

---

Commerzbank Aktiengesellschaft **Salomon Brothers International Limited**

Deutsche Bank Aktiengesellschaft **Dresdner Bank Aktiengesellschaft**

Quelle: Handelsblatt vom 21./22.3.1986, S.39

Für die vorliegende Anleihe errechnet sich eine Emissionsrendite von durchschnittlich 6,48 % und ein effektiver durchschnittlicher Finanzierungskostensatz von 6,59 %[1]. Die erforderlichen Berechnungsdaten und die dynamisch ermittelten Rendite- bzw. Kostensätze sind im einzelnen in der nachstehenden Übersicht aufgeführt.

	Null-Kupon-Anleihe I	Null-Kupon-Anleihe II	Null-Kupon-Anleihe III	Null-Kupon-Anleihe IV
Daten				
Nennwert in TDM	800.000	211.760	211.760	211.760
Jahr der Endfälligkeit	2016	2011	2006	2001
Laufzeit	30 Jahre	25 Jahre	20 Jahre	15 Jahre
Ausgabekurs	15,95 %	20,95 %	27,85 %	37,80 %
Berechnung der Emissionsrendite				
Ausgabebetrag in TDM	127.600	44.363,72	58.975,16	80.045,28
bewertungsrelevante Zahlungsreihe (in TDM)	+127.600(t0) -800.000(t30)	+44.363,72(t0) -211.760 (t25)	+58.975,16(t0) -211.760 (t20)	+80.045,28(t0) -211.760(t15)
Emissionsrendite	6,31 %	6,45 %	6,60%	6,70%
Berechnung der effektiven Finanzierungskosten				
einmalige Emissionskosten in TDM (Annahme : 0,5 % vom Nennwert)	4.000	1.058,80	1.058,80	1.058,80
Nettomittelzufluß in TDM	123.600	43.304,92	57.916,36	78.986,48
bewertungsrelevante Zahlungsreihe (in TDM)	+123.600(t0) -800.000(t30)	+43.304,92(t0) -211.760(t25)	+57.916,36(t0) -211.760(t20)	+78.986,48(t0) -211.760(t15)
effektiver Finanzierungskostensatz	6,42 %	6,555 %	6,696 %	6,79 %

Die durchschnittliche Emissionsrendite, bezogen auf den Ausgabebetrag der gesamten Emission, beträgt damit:

r_e = (127.600 TDM · 0,0631 + 44.363,72 TDM · 0,0645 + 58.975,16 TDM · 0,0660 + 80.045,28 TDM · 0,0670) : 310.984,16 TDM = 0,0648 = **6,48 %**.

Die durchschnittlichen effektiven Finanzierungskosten k_{eff}, bezogen auf den Nettomittelzufluß aus der gesamten Emission, betragen:

---

[1] Die Berechnung der Durchschnittssätze als arithmetisches Mittel der Einzelwerte stellt eine Näherungslösung dar; der Vergleich der Einzelwerte ist wegen der erheblich voneinander abweichenden Laufzeiten problematisch.

k_{eff} = (123.600 TDM · 0,0642 + 43304,92 TDM · 0,06555 + 57916,36 TDM · 0,06696 + 78.986,48 TDM · 0,0679) : 303.807,76 TDM = 0,0659 = **6,59 %**.

2.3.2.5. Zur Aussagefähigkeit der Berechnungsergebnisse

Die vorstehenden Beispielsberechnungen verfolgten den Zweck, die Möglichkeiten und Grenzen der Kapitalkostenermittlung in praktischen Entscheidungssituationen exemplarisch zu untersuchen. Dabei liegt es nahe, daß sich die Auswahl von untersuchungswürdigen Finanzierungsmaßnahmen nahezu beliebig erweitern ließe. Mit der Berechnung der Kapitalkosten einer Aktienemission, einer klassischen langfristigen Fremdfinanzierungsmaßnahme, einer Pensionsrückstellung und einer sog. Finanzinnovation sind aber zumindest einige wesentliche Finanzierungsinstrumente erfaßt worden.

Deutlich wurde auch, daß die ermittelten Finanzierungskostensätze für die einzelnen Instrumente einen unterschiedlichen Grad der Bestimmtheit aufweisen. Wie im Rahmen der allgemeinen Ausführungen bereits vermutet wurde, lassen sich die Kapitalkosten der externen Fremdfinanzierungsmaßnahmen vergleichsweise präzise ermitteln, ohne daß hierzu weitgehend ungesicherte Annahmen getroffen werden müßten. Dies gilt für die beiden übrigen untersuchten Finanzierungsinstrumente nur bedingt. So erfordert die Bestimmung der Kapitalkosten bei einer Aktienemission mit der Prognose von Zukunftsgrößen (und hier insbesondere der Dividendenwachstumsrate) eine qualitativ viel stärkere Form von Information als bei den o.g. Instrumenten. Auch die zur Berechnung der Kapitalkosten einer Pensionsrückstellung notwendigen Annahmen über die langfristige Gewinnsituation und die zukünftige Gewinnverwendungsabsicht können nur auf der Grundlage einer sorgfältigen strategischen Unternehmensanalyse, die zwangsläufig mit Unsicherheiten behaftet ist, getroffen werden.

Es ist insofern zu empfehlen, die Ergebnisse der beiden letztgenannten Finanzierungsmaßnahmen mit einer gewissen Zurückhaltung zu interpretie -

ren. Die Berechnungsergebnisse mögen angesichts dieser fehlenden End - gültigkeit als unbefriedigend empfunden werden; sie machen aber gleich - wohl deutlich, daß sich die Unsicherheit bezüglich der Höhe der Kapital - kosten bestimmter Finanzierungsinstrumente[1] durch den Einsatz geeig - neter Bewertungskonzeptionen immerhin reduzieren läßt.

2.3.3. Verfahrensbezogene Probleme - Eine zusammenfassende Einschätzung der methodenbedingten Meßproblematik

Nachdem im Abschnitt 2.3 bislang vornehmlich die meßobjektbezogenen Probleme, also jene Schwierigkeiten, die mit der Gewinnung bzw. Bereitstellung der zur Kapitalkostenermittlung notwendigen Daten verbunden sind, im Vordergrund der Untersuchung standen, sollen nunmehr jene Probleme zusammenfassend beurteilt werden, die durch das zur Kapitalkostenermittlung jeweils eingesetzte Verfahren bedingt sind.

Im Falle der traditionellen Eigenkapitalkostenermittlung erscheinen die verfahrensbedingten Probleme zunächst als überwindbar. Die gestellten Datenanforderungen beziehen sich durchwegs auf einfache, d.h. in keiner Form aggregierte Größen, die zudem sämtlich durch empirische Beobachtungen feststellbar sind. Daran ändert auch die Tatsache nichts, daß etwa für die im Abschnitt 2.3.2.1. angestellten Berechnungen zur Ermittlung der Kapitalkosten einer Aktienemission z.T. faktische Annahmen erforderlich waren[2]. Bei Kenntnis der Interna - aus Sicht der emittierenden Gesellschaft sicherlich eine typische Situation - lassen sich alle bewertungsrelevanten Emissionskostenbestandteile mit großer Genauigkeit feststellen.

Nicht zu verkennen ist indessen, daß die emissionsbedingten Kosten, bezogen auf die Laufzeit der externen Eigenfinanzierung, nur einen geringen

---

1) Vgl. hierzu oben, S.51f. und den Abschnitt 3.3.3.2. dieser Arbeit.

2) Vgl. oben, S.153.

Teil der Kapitalkosten ausmachen und insofern eine allenfalls nachgeordnete Rolle spielen. Daß keine schwererwiegenden verfahrensbedingten Probleme auftreten, ist damit zu erklären, daß der traditionelle Ansatz den eigentlich interessierenden Sachverhalt bestenfalls zu tangieren vermag. Dies wird evident beim Versuch, ihn auf die Eigenfinanzierungsbestandteile der Innenfinanzierung anzuwenden: Sofern keine unmittelbaren Auszahlungsverpflichtungen feststellbar sind, geht der traditionelle Ansatz ins Leere, die Finanzierungskosten sind nicht bestimmbar. Dieses "Ergebnis" ist ausdrücklich nicht gleichzusetzen mit der von Vertretern der traditionellen Lehre nicht selten getroffenen Feststellung, auf dem Wege der Innenfinanzierung zufließende Eigenmittel seien kostenlos[1].

Wendet man sich dem neoklassischen Ansatz und hier zunächst der Kapitalkostenermittlung auf dem Wege der Bestimmung von Alternativvertragsätzen[2] zu, so sind zwei Bewertungskomponenten zu unterscheiden, die mit unterschiedlichen verfahrensbedingten Meßproblemen verbunden sind.

Keine nennenswerten Schwierigkeiten bereitet die numerische Bestimmung der ersten Komponente: Aufschlüsse über die Verzinsung risikoarmer Anlagen lassen sich mit hinreichender Genauigkeit empirisch gewinnen, so daß auf einem vergleichsweise wohldefinierten und exakt ermittelbaren Basissatz aufgebaut werden kann.

Größere Probleme verursacht jedoch der zweite Bewertungsschritt, der in der Quantifizierung eines angemessenen Risikozuschlags besteht. Sie resultieren daraus, daß hier ein pauschaler Risikobegriff zugrundeliegt, der einer Operationalisierung bedarf. Diese Operationalisierung kann aus Sicht der Unternehmung z.B. anhand einer Kategorisierung bzw. Klassifizierung von technologischen, markt-, organisations- oder kapitalstrukturbedingten Risiken erfolgen. Allerdings dürfte es häufig schwierig sein, geeignete, d.h. eindeutig definierte und zugleich hinreichend differenzierte Kate-

---

[1] Vgl. z.B. oben, S.63f.

[2] Vgl. Abschnitt 2.2.1.2.1. dieser Arbeit.

gorien zu bilden. Außerdem sagt die Risikoklasse noch nichts über die nu - merische Bestimmung des Risikozuschlags aus; hierzu ist letztlich eine subjektive Wertentscheidung erforderlich.

Eine generelle Einschätzung dieser "... least well defined of all the me - thods..."[1] ist deshalb schwierig; ihre Anwendung muß letztlich davon ab - hängig gemacht werden, ob im Einzelfall hinlänglich konkrete Anhaltspunk - te zur Operationalisierung der geschilderten Meßprobleme bestehen.

Bei der Eigenkapitalkostenermittlung mithilfe des Gordon-Bewertungsmo - dells sind Datenanforderungen unterschiedlichen Ausmaßes zu erfüllen. So sind Informationen wie etwa aktuelle Aktienkurse bzw. Dividendenaus - schüttungen vergleichsweise einfach zu beschaffen, während erwartete Di - videndenzahlungen oder zukünftige Dividendenwachstumsraten empirisch nicht beobachtbar sind.

Diese letztgenannten, verfahrensbedingten Meßprobleme sind im Falle der Bemessung der bewertungsrelevanten Dividenden unerheblich, wenn die zukünftig erwartbare Dividendenwachstumsrate bekannt ist. Dies erhöht die Bedeutung der Dividendenwachstumsrate, deren Quantifizierung auf der Grundlage von ersatzweise heranzuziehenden Daten erfolgen muß. Dabei reicht es nicht immer aus, sich der vergangenen Ausschüttungen als Hilfsgrößen für die Abschätzung der zukünftigen Dividenden zu bedienen; bei wenig aussagefähigen historischen Ausschüttungsverhältnissen muß zusätzlich stellvertretend auf die vergangene Gewinnentwicklung zurück - gegriffen werden.

Die Approximation der Dividendenwachstumsrate durch die historischen Gewinnverläufe ist insofern problematisch, als das Gordon-Modell explizit von der Prämisse ausgeht, daß Investoren ihren Preis- und entsprechend auch ihren Renditevorstellungen die Dividenden - also gerade nicht die

---

1) Kolbe, L.A./Read, J.A.Jr./Hall, G.R.: "Cost of Capital", 1984, S.75.

Gewinne - zugrunde legen[1]. Sie muß daher ausdrücklich als ein meßpraktisch bedingtes Hilfsverfahren aufgefaßt werden.

Die Festlegung der Wachstumsrate ist nicht allein deshalb schwierig, weil sie sich aufgrund des Zukunftsbezugs einer empirischen Beobachtung entzieht. Ihre Bemessung muß zudem "arbiträr" in dem Sinne erfolgen, daß sie sich - abweichend von den im Modell getroffenen Voraussetzungen - realiter kaum als eine über die theoretisch unendliche Zahl von Perioden konstante Größe darstellen dürfte. Dies wiederum erschwert es, im vorhinein zu beurteilen, welches der verfügbaren Schätzverfahren zur Prognose am besten geeignet ist.

Probleme verursacht schließlich auch die modellbedingte Forderung nach einer im Zeitablauf konstanten Kapitalstruktur. Da sich der zukünftige Verschuldungsgrad von Unternehmen extern nur schwer prognostizieren läßt, muß die Gültigkeit der Ergebnisse notgedrungen auf den Fall einer unveränderten Verschuldungsrelation begrenzt werden.

Eine treffende Einschätzung der Möglichkeiten, auf diesem Wege zu hinreichend begründbaren Kapitalkostensätzen zu gelangen, geben Kolbe/Read/Hall: "The DCF method gets good marks in stable times but poor marks in unstable times".[2] Freilich sind auch dabei die "guten Noten" an die Voraussetzung geknüpft, daß es sich bei dem betreffenden Unternehmen um eine börsennotierte Gesellschaft mit positiver Wachstumsentwicklung handelt.

Beim Capital Asset Pricing Model liegen die Verfahrensprobleme mit darin begründet, daß Meßobjekte definiert werden, die in der Realität keine Entsprechung haben. Aus diesem Grunde bereitet es unter meßpraktischen Gesichtspunkten prinzipiell Schwierigkeiten, Aufschlüsse über die einzelnen Bewertungskomponenten zu gewinnen. Bestehen etwa für die Verzin-

---

1) Vgl. oben, S.67ff.
2) Kolbe, L.A./Read, J.A.Jr./Hall, G.R.: "Cost of Capital", 1984, S.79.

sung risikoloser Anlagen immerhin noch naheliegende empirische Anhaltspunkte, so gilt dies für die Bemessung der Rendite des gleichfalls nicht realen Marktportfolios nur in eingeschränktem Umfang. Die existierenden Aktienindizes stellen recht grobe Vereinfachungen des Marktportfolios dar, so daß sich die Marktportfoliorendite mithilfe der aus den Indizes ableitbaren Renditen vermutlich nur unzureichend approximieren läßt. Da die Marktportfoliorendite zudem als Erwartungsgröße formuliert ist, muß neben den geschilderten Schwierigkeiten auch noch die generelle Problematik der Prognose zukünftiger Entwicklungen bewältigt werden.

Ähnliche Feststellungen müssen in bezug auf die Quantifizierung der Beta-Faktoren getroffen werden. Auch das systematische Unternehmensrisiko ist in Relation zum Marktportefeuille zu bestimmen; die oben angemeldeten Bedenken sind insofern auch hier geltend zu machen. Erschwerend kann hinzutreten, daß die ohnehin nur unter Vereinfachungen ableitbaren Unternehmens-Betas nicht einmal die bewertungsrelevanten Größen darstellen[1]. In diesen Fällen muß mit dem systematischen Projektrisiko ein Faktor numerisch bestimmt werden, für den i.d.R. keine "historische" Datengrundlage existiert.

Trotz dieser recht bedeutsamen verfahrensbedingten Meßprobleme kommt der Kapitalkostenermittlung mithilfe des CAPM insbesondere in den Vereinigten Staaten eine erhebliche praktische Relevanz zu. Dies ist vornehmlich darauf zurückzuführen, daß durch wiederholte und umfangreiche empirische Untersuchungen[2] weithin akzeptierte und damit gleichsam verobjektivierte Standards für die geschilderten "Problemgrößen" geschaffen wurden. Möglicherweise ist in der Tatsache, daß eine ähnlich ausgeprägte "normative Kraft des Faktischen" hierzulande derzeit (noch) nicht beobachtbar ist, eine Ursache dafür zu sehen, daß das CAPM als Instrument zur Unternehmensanalyse in der Bundesrepublik Deutschland eine eher beschei-

---

[1] Vgl. hierzu die Ausführungen auf den Seiten 130f.
[2] Vgl. hierzu die Ausführungen auf den Seiten 126ff.

denene Rolle spielt[1]). Weitere Gründe könnten darin bestehen, daß der deutsche gegenüber dem US-amerikanischen Kapitalmarkt als "deutlich weniger effizient"[2]) gilt und überdies die Besonderheit aufweist, daß die Aktienrenditen - zumindest in den letzten Jahren - kaum das Niveau der Renditen von Rentenpapieren erreichten[3]).

Recht heterogen fällt die abschließende Beurteilung der Möglichkeiten zur Fremdkapitalkostenermittlung aus, weil mit dem traditionellen und dem neoinstitutionalistischen Ansatz zwei Konzeptionen existieren, die sich vom Grad ihrer Bewertungseignung stark unterscheiden.

Im traditionellen Ansatz existieren einfache aber präzise Meßvorschriften, so daß weniger verfahrensbedingte, sondern hauptsächlich meßobjektbe - zogene Probleme zu bewältigen sind. Diese können z.B. bei der Abgren - zung von leistungs- und finanzwirtschaftlich bedingten Aufwendungen oder auch bei der Abschätzung bestimmter zukünftiger Entwicklungen auftre - ten[4]). Auch im Falle der Fremdfinanzierung bereitet die Bestimmung der Kapitalkosten der Innenfinanzierung relativ große Schwierigkeiten; am Bei - spiel der Rückstellungsfinanzierung konnte aber gezeigt werden, daß der traditionelle Ansatz hier deutlich leistungsfähiger ist als etwa im Falle der Eigen-/Innenfinanzierung.

Gravierende Verfahrensprobleme wirft der neoinstitutionalistische Ansatz auf: Die theoretische Einsicht, daß die Finanzierungskosten über das reine Kapitalüberlassungsentgelt hinaus auch weitere, dem Kapitalnehmer ent - stehende Nachteile umfassen, läßt sich praktisch kaum umsetzen. Zwar können die Nachteile formal als vom Kapitalgeber auf den Kapitalnehmer

---

1) Ein Indiz hierfür ist, daß bislang überhaupt nur vereinzelte Tests zur Überprüfung des CAPM für den deutschen Aktienmarkt vorliegen; vgl. auch Winkelmann, M.: "Aktienbe - wertung", 1984, S.45.

2) Gerke, W./Philipp, F.: "Finanzierung", 1985, S.68.

3) Vgl. oben, S.133f.

4) Vgl. im einzelnen oben, S.142ff.

überwälzte Risiken definiert werden; es fehlt aber sowohl an Meßobjekten, anhand deren sich diese Risiken quantitativ bewerten ließen, als auch an Anhaltspunkten, um den Grad der Risikoüberwälzung abzuschätzen. Als folgerichtig erscheint es daher, unmittelbar an den - empirisch beobachtbaren - Nachteilen, die dem Kapitalnehmer entstehen, anzusetzen. Dazu kann der Ansatz zur numerischen Bestimmung der impliziten Kapitalkosten herangezogen werden, der versucht, etwa die Folgen der Hergabe von Kreditsicherheiten quantitativ zu analysieren. Hier besteht jedoch das Problem, daß eine empirisch hinlänglich gesicherte Bewertung nur in einzelnen Fällen möglich ist, d.h. in der Regel keine Basis für statistische Analysen existiert.

3. Eine empirische Untersuchung zur Bedeutung von Kapitalkosten für die Beurteilung von Investitionsprojekten in deutschen Großunternehmen

3.1. Begründung und Ziel der Untersuchung

Das vorangegangene Kapitel war der Untersuchung der theoretischen Grundlagen und der daraus ableitbaren Methoden bzw. Instrumente für die Kapitalkostenermittlung gewidmet. Offen blieb bislang die Frage, welche Rolle die Kapitalkosten in der praktischen Investitionsrechnung bzw. -entscheidung spielen und in welcher Höhe sie tatsächlich angesetzt werden. Die Darstellung der aus einem empirischen Forschungsprojekt zu diesem Problem gewonnenen Erkenntnisse ist Gegenstand der nachfolgenden Ausführungen.

Bereits an anderer Stelle wurde deutlich gemacht, daß die empirische Forschung auf dem Gebiet der Wirtschaftlichkeitsrechnung hierzulande - verglichen etwa mit jener der USA - gewisse Defizite aufweist.[1] Diese treten besonders beim Versuch zutage, Informationen über spezifische Teilbereiche der unternehmerischen Investitionsbeurteilung zu gewinnen.

Während für mehrere andere Länder Erhebungen vorliegen, die Aufschlüsse sowohl über die Verfahren zur Ermittlung als auch über die Höhe dieser Berechnungsgrößen gewähren[2], werden diese Problemkreise in den vorliegenden deutschen Untersuchungen[3] nur am Rande behandelt. Eine Ausnahme stellt, zumindest was die in praktischen Investitionsrechnungen angesetzte Mindestrendite anbetrifft, die Untersuchung von Grabbe dar: "Den Antworten ... konnte entnommen werden, daß die interne Mindestverzinsung des zu begutachtenden Investitionsobjektes sich vorwiegend nach

---

1) Vgl. hierzu oben, S.24 FN1 und S.26.

2) Als Beispiel sei etwa für Großbritannien die Studie von Rockley, L.E.: "Investment", 1973, für die USA jene von Gitman, L.J./Mercurio, V.A.: "Cost of Capital Techniques", 1982 angeführt.

3) Zum Nachweis vgl. die in Tab.1, S.21 aufgeführten Untersuchungen für den Bereich der BRD.

dem Zinssatz für Fremdkapital richtet. ... Der niedrigste Kalkulationszinsfuß, der hier genannt wurde, betrug 8 Prozent, der höchste Zinssatz war mit 15 Prozent nach Steuern angegeben. Das gewogene arithmetische Mittel ergibt einen Zins von 11,5 Prozent nach Steuern."[1] Dieses Ergebnis ist zweifellos als wichtiges und konkretes Ergebnis im Sinne der vorliegenden Fragestellung zu werten. Bedenkt man allerdings, daß die Untersuchung mittlerweile mehr als 10 Jahre zurückliegt, und daß die oben getroffene Feststellung auf den Antworten von weniger als 5 % der 369 befragten Unternehmen basiert[2], so fehlt es dieser Aussage doch an Aktualität und Repräsentativität.

Die Tatsache, daß für den vorliegenden Problemkomplex auf einschlägige Erhebungen kaum zurückgegriffen werden kann, war der Anlaß zur Durchführung einer empirischen Untersuchung, die sich den hier interessierenden Fragestellungen konkret widmet. Es liegt nahe, daß eine solche Analyse nicht losgelöst von den allgemeinen Problemen der Investitionsrechnung- und entscheidung durchgeführt werden kann. Da überdies diejenigen Untersuchungen, die sich diesem allgemeinen Problemkreis widmen, älteren Datums und/oder auf einzelne Branchen beschränkt sind, wird hiermit eine zweifache Zielsetzung verfolgt. So sollen zum einen Aufschlüsse über den aktuellen Stand der Investitionsrechnungspraxis in deutschen Großunternehmen gewonnen werden, zum anderen soll geklärt werden, welche Rolle den Kapitalkosten im Rahmen der Kalkulationszinsfußbestimmung für Wirtschaftlichkeitskalküle in der Praxis dieser Unternehmen zukommt.

---

1) Grabbe, H.W.: "Investitionsrechnung", 1976, S.27

2) Vgl. ebenda.

3.2. Methodische Grundlagen der Untersuchung

3.2.1. Untersuchungsmethode

Empirische Forschung kann in der Betriebswirtschaftslehre auf unterschiedliche Arten erfolgen[1]. Die deduktiv orientierte ("realtheoretische") Forschung wird prinzipiell mit der Zielvorstellung betrieben, "die Gesetzesmäßigkeiten des Erfahrungsbereiches zu ergründen und zu überprüfen"[2]. Die Vorgehensweise ist dabei gezielt auf die Bestätigung bzw. Zurückweisung im vorhinein aufgestellter Hypothesen gerichtet, die Kausalbeziehungen bestimmter Variablen des Untersuchungsobjektes betreffen. Demgegenüber ist der Anspruch der induktiv orientierten Forschung allgemeinerer Natur. Hier steht die "empirische Aufbereitung des Forschungsthemas"[3] im Sinne einer systematisierenden Bestandsaufnahme jener Tatbestände im Vordergrund, die der Durchdringung des Untersuchungsobjektes dienlich sein können.

Die im Rahmen der vorliegenden Arbeit durchgeführte Studie ist, bedingt durch die im Abschnitt 3.1. formulierte Zielsetzung[4], als empirisch-explorative Erhebung konzipiert und daher dem letztgenannten Forschungsansatz zuzurechnen.

---

[1] Die Diskussion darüber, welcher der Forschungsansätze dem wissenschaftlichen Erkenntnisgewinnungsprozeß am ehesten förderlich ist, wurde im wissenschaftstheoretischen und betriebswirtschaftlichen Schrifttum intensiv und z.T. sehr kontrovers geführt. Da sie inzwischen in vielen empirischen Forschungsarbeiten rezipiert worden ist, wobei abhängig vom Untersuchungsgegenstand die Argumente der einen oder der anderen Auffassung herausgestellt werden, erscheint eine erneute Darlegung an dieser Stelle als verzichtbar. Es wird insofern auf die entsprechende Literatur verwiesen; vgl. zur wissenschaftstheoretischen Grundposition etwa Popper, K.R.: "Erkenntnis", 1974, S.74ff. und S.369ff., zu deren Übertragung auf die Betriebswirtschaftslehre etwa Schanz, G.: "Empirismus", 1975, zur Formulierung der Gegenposition etwa Kubicek, A.: "Forschungsdesigns", 1977 und die zusammenfassende Darstellung bei Chmielewicz, K.: "Forschungskonzeptionen", 1979, S.142ff.

[2] Picot, A.: "Forschungsansätze", 1976, Sp.319

[3] Ebenda, Sp.320.

[4] Vgl. S.192f.

Zur Beschaffung der für derartige Situationsanalysen erforderlichen Informationen kommen grundsätzlich primär- und sekundäranalytische Erhebungsmethoden in Betracht[1]. Mit der schriftlichen Befragung[2] von Großunternehmen wird hier auf die erste, direkte Form der Datengewinnung abgestellt. Dies liegt nicht nur in den bekannten und hinlänglich dokumentierten Schwächen[3] des "Desk-research", sondern auch in der Tatsache begründet, daß für den gegebenen Untersuchungszweck auswertbares "Sekundärmaterial" praktisch nicht vorliegt[4].

Die Alternative zur Durchführung der schriftlichen Befragung bestand darin, persönliche Interviews in den Unternehmen durchzuführen[5]. Da es aus Gründen der Repräsentativität notwendig war, eine große Zahl von Unternehmungen in die Untersuchung einzubeziehen, fiel die Entscheidung zugunsten einer ausschließlich schriftlichen Fragebogenerhebung. Insbesondere um die Vergleichbarkeit der Vielzahl der zu erwartenden Informationen zu gewährleisten, wurde dabei die Form eines weitgehend standardisierten Fragebogens mit zu großen Teilen vorgegebenen Antwortmöglichkeiten[6] gewählt.

---

1) Zur Charakterisierung dieser Methoden vgl. für viele Atteslander, P.: "Sozialforschung", 1975, S.62ff.

2) Andere Methoden der Primärerhebung wie Beobachtung und Experiment scheiden für den vorliegenden Untersuchungszweck aus; vgl. zu deren Einsatzmöglichkeiten etwa Picot, A.: "Forschungsansätze", 1976, Sp. 321 und 323f.

3) Vgl. z.B. Schütt, H.: "Finanzplanung", 1979, S.19f.

4) Da zu den Quellen der Sekundäranalyse insbesondere auch empirische Untersuchungen zum gegebenen Problemkreis zählen, können u.a. die Ausführungen auf der S. 164 als Beleg für diese Aussage herangezogen werden.

5) Zu den Vor- und Nachteilen der Befragungsmethoden vgl. z.B. Atteslander, P.: "Sozialforschung", 1975, S.93f.

6) Der Fragebogen ist im Anhang dieser Arbeit abgedruckt.

3.2.2. Wahl der Stichprobe

Da die Untersuchung auf die Investitionsrechnungspraxis von Großunternehmen ausgerichtet ist, spielen größenunabhängige Strukturmerkmale (z.B. Rechtsform) bei der Auswahl der zu befragenden Unternehmungen eine nachgeordnete Rolle. Lediglich das Kriterium der Branchenzugehörigkeit wurde insoweit berücksichtigt, als mit dem Bankenwesen und dem Versicherungswesen zwei Wirtschaftszweige von vornherein keinen Eingang in die Analyse fanden[1].

Als Grundlage für die Auswahl jener Firmen, die in die Erhebung einbezogen werden sollten, diente das Verzeichnis deutscher Großunternehmen von Schmacke[2]. Es umfaßte im Jahre 1984, also zu Beginn der Untersuchung, die Namen der 716 größten bundesdeutschen Betriebe[3]. Unter diesen befanden sich 79 Versicherungsgesellschaften, 71 Banken und ein zwischenzeitlich in Konkurs gegangenes Unternehmen. Da keine weitergehende Eingrenzung der Stichprobenbasis, etwa durch den Ausschluß von Holdinggesellschaften oder hundertprozentigen Töchtern bereits vertretener Unternehmungen, vorgenommen wurde, blieben somit 151 Firmen außerhalb der Betrachtung. Aus den übrigen 565 Unternehmen wurden exakt 250 zufällig ausgewählt, so daß die Stichprobe knapp die Hälfte dieser größten Industriebetriebe umfaßt.

3.2.3. Aufbau und Inhalt des Fragebogens

Bei der Konzeption des Fragebogens wurde zunächst darauf geachtet, den optischen Eindruck eines allzu umfänglichen Kataloges zu vermeiden. Dies

---

[1] Gemessen an den übrigen Unternehmen kommt der Beurteilung von Realinvestitionsprojekten in diesen Branchen eine geringere Bedeutung zu. Da es sich zudem häufig um eher untypische Projekte (z.B. Immobilien) handelt, läßt eine vergleichende Untersuchung keine aussagefähigen Ergebnisse erwarten.

[2] Vgl. Schmacke, E.: "Die großen 500", 1976.

[3] Ebenda, Blatt Nr. 79 vom 29. März 1984.

hätte angesichts der ohnehin nachlassenden grundsätzlichen Bereitschaft der Unternehmen[1], sich an solchen Erhebungen zu beteiligen, die Wahrscheinlichkeit eines hohen Rücklaufs, der aus Gründen der Repräsentativität der Ergebnisse sehr erwünscht war, stark verringert.

Der Fragebogen wurde Ende des Jahres 1984 zum Zwecke einer Voruntersuchung an insgesamt fünf Firmen verschickt. Mit drei dieser Unternehmen wurde zusätzlich vereinbart, der Bearbeitung des Fragebogens jeweils ein persönliches Gespräch mit Vertretern der zuständigen Abteilung folgen zu lassen, in dem jene Probleme bzw. Unklarheiten diskutiert werden sollten, die bei der Beantwortung auftreten würden. Auf der Grundlage der schriftlichen Antworten und der etwa dreistündigen Unterredungen wurde der Fragebogen dann überarbeitet und in seine endgültige Fassung gebracht.

Als zweckmäßig erwies es sich, die Gesamtproblematik in vier Fragenkomplexe zu gliedern[2]:

(1) Fragen zum Gesamtunternehmen
(2) Fragen zur Investitionsrechnung
(3) Fragen zur Investitionsfinanzierung
(4) Fragen zur Bedeutung der Kapitalkosten für die Bestimmung des Kalkulationszinsfußes

Die ersten Fragen sind der Rechtsform, der Branchenzugehörigkeit sowie dem Umsatz der Unternehmung gewidmet und dienen klassifikatorischen Zwecken. Beim Fragenkomplex zur Wirtschaftlichkeitsrechnung steht im Vordergrund, inwieweit, d.h. bei Vorliegen welcher Kriterien überhaupt Investitionsrechnungen durchgeführt werden und welche Verfahren dabei zur Anwendung kommen. Die Angaben zur Investitionsfinanzierung bezie-

---

[1] Vgl. zu diesem Problem auch Lüder, K./Neumann, H.: "Investitionskontrolle", 1979, S.14 und die Ausführungen auf den Seiten 171f. dieser Arbeit.

[2] Die Unternehmen wurden weiterhin vorab gebeten, standardisierte schriftliche Empfehlungen wie Organisationshandbücher, Investitionsrichtlinien zu übersenden, soweit diese ihnen als geeignet erschienen, zur Beantwortung der Fragen beizutragen; vgl. hierzu die Vorbemerkung des Fragebogens im Anhang.

hen sich sowohl auf die eingesetzten Finanzierungsmittel als auch auf die geschätzte Höhe der dadurch jeweils verursachten Kosten.

Den Schwerpunkt der Untersuchung bildet der Komplex "Finanzierungskosten (Kapitalkosten) als Grundlage des Kalkulations- bzw. Vergleichszinsfußes". Ihm sind insgesamt 8 Fragen gewidmet, von denen die ersten drei die Kapitalkostenermittlung im engeren Sinne zum Gegenstand haben, während die übrigen Fragen die Gesamtproblematik der Kalkulationszinsfußbestimmung betreffen.

Ein weiteres, gleichwohl zentrales Anliegen der Untersuchung besteht schließlich darin, konkrete Vorstellungen über die Eigen- und Fremdkapitalkosten sowie Mindestrenditesätze zu gewinnen, mit denen in der Praxis tatsächlich kalkuliert wird. Es wurde angesichts der Tatsache, daß hiermit Informationen erbeten wurden, die relativ "sensibler" Natur sind, bewußt an das Ende des Fragebogens gestellt.

3.2.4. Durchführung der Befragung und Reaktion der befragten Unternehmen

Der Fragebogen wurde im April/Mai 1985 mit der Bitte um Beantwortung und der Zusicherung, die erhaltenen Angaben vertraulich zu behandeln, an 250 deutsche Großunternehmen verschickt. Dabei wurden überwiegend Mitglieder des Vorstandes bzw. der Geschäftsleitung angesprochen. In 40 Fällen erfolgte die Übersendung ohne persönliche Adressierung an die jeweiligen betriebs- oder finanzwirtschaftlichen Abteilungen. Als Gegenleistung konnten die Unternehmungen von dem Angebot Gebrauch machen, die aufbereiteten Untersuchungsergebnisse zu beziehen.

Der Beantwortungszeitraum wurde mit ca. 6 Wochen angesetzt. Diejenigen Unternehmen, die nach Ablauf dieser Zeit weder zustimmend noch ablehnend reagiert hatten, erhielten ein Erinnerungsschreiben, aus dem u.a. die Zahl der bis dahin eingegangenen Antworten entnommen werden konnte.

Diesem Schreiben war ein weiteres Exemplar des Fragebogens beigefügt. Der letzte ausgefüllte Fragebogen, der in der Auswertung Berücksichtigung fand, datierte vom August 1985, so daß der gesamte Erhebungszeitraum knapp 5 Monate beträgt.

Im Überblick betrachtet stellt sich die Reaktion der 250 befragten Unternehmen wie folgt dar:

130	ausgefüllte Fragebögen wurden zurückgesandt	≙	52,0 %
18	weitere Unternehmen übersandten außer dem ausgefüllten Fragebogen betriebsinterne Investitionsunterlagen/-richtlinien	≙	7,2 %
4	Investitionsrichtlinien/-unterlagen wurden geschickt, ohne daß der Fragebogen ausgefüllt wurde	≙	1,6 %
= 152	Antworten waren somit verwertbar	≙	60,8 %
2	Unternehmen übersandten nicht verwertbare Unterlagen	≙	0,8 %
35	Unternehmen sagten ab	≙	14,0 %
61	Unternehmen antworteten nicht	≙	24,4 %
= 250	Fragebögen wurden insgesamt verschickt	≙	100,0 %

Tab. 9: Reaktion der angeschriebenen Unternehmen

152 der 250 angeschriebenen Firmen lieferten somit eine verwertbare Antwort. Dies entspricht einer Rücklaufquote von gut 60 %, die für sich betrachtet, aber auch im Vergleich zu anderen Untersuchungen zum Problemkreis der Investitionsentscheidung als relativ hoch angesehen werden kann[1]. Dem Anspruch, einen repräsentativen Einblick in die Investitionsrech-

---

1) Vgl. oben, S.21.

nungspraxis deutscher Großunternehmen zu gewährleisten, dürfte damit hinreichend Genüge getan sein.

Die geringste Beteiligung war in der Branchengruppe Papier/Druck/Verlag zu verzeichnen, wo nur 6 der 17 angeschriebenen Unternehmen (35,3 %) positiv reagierten, während die relativ größte Bereitschaft zur Kooperation überraschenderweise[1] von der Branchengruppe Handel/Tourismus/Verkehr - hier übersandten 12 von 15 einbezogenen Firmen, also 80 Prozent, einen ausgefüllten Fragebogen - an den Tag gelegt wurde.

Daß insbesondere mit der Kapitalkostenermittlung und der Kalkulationszinsfußbestimmung eine Thematik zum Hauptgegenstand der Erhebung gemacht wurde, die auch aus Sicht der Praxis als untersuchungswürdig eingeschätzt wird, läßt sich an weiteren Fakten ablesen. Zu nennen ist in diesem Zusammenhang neben der ausgeprägten Kooperationsbereitschaft - vielfach wurde die Möglichkeit zur telefonischen oder persönlichen Rücksprache gegeben, 22 Firmen übersandten z.T. vollständige Investitionshandbücher - insbesondere auch der Umstand, daß der weitaus überwiegende Teil der antwortenden Unternehmungen ein ausdrückliches Interesse an den Untersuchungsergebnissen bekundete.

Die 35 Unternehmen, die einen abschlägigen Bescheid erteilten, gaben weit überwiegend dafür Gründe an, die sich stichwortartig wie folgt kennzeichnen lassen:

zuviele Anfragen dieser Art	: 10 Unternehmen
Investitionsrechnung bei der Muttergesellschaft	: 5 Unternehmen
zu detaillierte Informationswünsche	: 4 Unternehmen
aktuelle interne Umstrukturierungsmaßnahmen	: 3 Unternehmen
keine Investitionsrechnung	: 3 Unternehmen
persönliche Gründe der angesprochenen Personen	: 3 Unternehmen

---

[1] Dies gilt insofern, als dieser Wirtschaftszweig in der Untersuchung von Grabbe das mit Abstand geringste Interesse an der vorliegenden Thematik zeigte; vgl. Grabbe, H.W.: "Investitionsrechnung", 1976, S.20.

angespannte Branchensituation : 2 Unternehmen
ohne Angabe von Gründen : 5 Unternehmen

3.3. Ergebnisse der Untersuchung

3.3.1. Strukturdaten der befragten Unternehmen

Die befragten Unternehmen wurden zu Zwecken der Auswertung zunächst nach den Kriterien
- Rechtsform
- Branche
- Umsatzgröße

klassifiziert.

Über die im Kreise der antwortenden Firmen vorherrschende Rechtsform gibt Tabelle 10 Auskunft. Gut zwei Drittel der Unternehmen firmieren als Aktiengesellschaften, nur etwa zehn Prozent werden nicht als Kapitalgesellschaften geführt.

Rechtsform	Häufigkeit	
	absolut	relativ
Aktiengesellschaft	102	67,1 %
Gesellschaft mbH	35	23,0 %
Sonstige Rechtsformen	15	9,9 %
Gesamt	152	100,0 %

Tab. 10: Untersuchte Unternehmen, nach Rechtsform gegliedert

Aus der Differenzierung der untersuchten Firmen nach den jeweiligen Wirtschaftszweigen geht hervor, daß die Energiewirtschaft (unter Einschluß der Branchen Bergbau und Mineralöl) und die Chemie-/Pharmaindustrie am stärksten vertreten sind. Einen Gesamtüberblick über die strukturelle Zusammensetzung nach dem Branchenkriterium gewährt Tabelle 11:

Branche	Häufigkeit	
	absolut	relativ
Baugewerbe	10	6,6 %
Chemie/Pharma	23	15,1 %
Eisen/Stahl/NE-Metalle	15	9,9 %
Elektronik	15	9,9 %
Maschinen- und Apparatebau	20	13,2 %
Bergbau/Mineralöl/Energie	31	20,4 %
Handel/Tourismus/Verkehr	12	7,9 %
Fahrzeuge und Fahrzeugteile	11	5,9 %
Papier/Druck/Verlag	6	3,9 %
Nahrung/Genußmittel	9	7,2 %
Gesamt	152	≈ 100 %

Tab. 11: Untersuchte Unternehmen, nach Branchen gegliedert

Um weitere Anhaltspunkte über die Repräsentativität der Erhebung für die Großindustrie zu gewinnen wurden die beteiligten Firmen schließlich auch nach dem Kriterium der Umsatzhöhe aufgeschlüsselt. Dabei beziehen sich die von den befragten Unternehmen gemachten Umsatzangaben jeweils auf deren letztes Berichtsjahr. Zur besseren Übersichtlichkeit bei der Aus-

wertung wurden die verschiedenen Umsatzhöhen zu drei relativ gleichmäßig besetzten Größenklassen zusammengefaßt.

Umsatz	Häufigkeit		Umsatzklassen	Häufigkeit	
	absolut	relativ		absolut	relativ
bis 0,5 Mrd. DM	12	7,9 %	Umsatzklasse I	52	34,2 %
0,5 bis 1,0 Mrd. DM	40	26,3 %			
1,0 bis 1,5 Mrd. DM	18	11,8 %	Umsatzklasse II	50	32,9 %
1,5 bis 3,0 Mrd. DM	32	21,1 %			
3,0 bis 5,0 Mrd. DM	14	9,2 %	Umsatzklasse III	49	32,2 %
5,0 bis 10 Mrd. DM	14	9,2 %			
über 10 Mrd. DM	21	13,8 %			
Keine Angaben	1	0,7 %	---	1	0,7 %
Gesamt	152	100,0 %		152	100,0 %

Tab. 12: Untersuchte Unternehmen, nach Umsatz gegliedert

3.3.2. Zur Praxis der Investitionsrechnung

3.3.2.1. Durchführung von Investitionsrechnungen

Auf die Frage, ob und unter welchen Bedingungen Wirtschaftlichkeitsberechnungen zur Projektbeurteilung durchgeführt werden, antworteten
42,1 % der Unternehmen mit "grundsätzlich immer". Rund 20 % der Unternehmen führen dagegen Investitionsrechnungen lediglich bei Neu- bzw.
Erweiterungsinvestitionen bzw. Rationalisierungsinvestitionen durch.
49 Unternehmen, also 33,2 %, machen die Vornahme einer Vorteilhaftig-
keitsberechnung von der Höhe des für die Investition einzusetzenden Kapitals abhängig. So antworteten

- 20 Unternehmen (= 13,2 %) mit "grundsätzlich immer" bei aufzubringenden Kapitalbeträgen zwischen 5 TDM und 50 TDM
- 11 Unternehmen (= 7,2 %) mit "grundsätzlich immer" bei aufzubringenden Kapitalbeträgen zwischen über 50 TDM und 100 TDM
- 18 Unternehmen (= 11,8 %) mit "grundsätzlich immer" bei aufzubringenden Kapitalbeträgen über 100 TDM.

3 Unternehmen führen keine Investitionsrechnungen durch, 2 Firmen machten keine Angaben zu dieser Frage.

3.3.2.2. Bedeutung der einzelnen Investitionsrechnungsverfahren

Die Auswertung der Frage nach den in der Praxis angewendeten Methoden läßt den Schluß zu, daß die dynamischen Investitionsrechnungsverfahren, wie bereits an anderer Stelle vermutet[1] eine zunehmende Verbreitung gefunden haben. So gaben beispielsweise nur 19 (= 12,5 %) der Unternehmen an, ihre Investitionen ausschließlich mithilfe statischer Verfahren zu beurteilen, während dies etwa in der Studie von Grabbe[2] noch von 37,3 % der Firmen berichtet wurde.

Die Untersuchungsergebnisse im einzelnen sind aus Tabelle 13 abzulesen; sie wurden, um eine Beurteilung der Entwicklung der letzten Jahre zu erleichtern, jenen aus der Untersuchung von Grabbe[3] gegenübergestellt.

---

1) Vgl. oben, S.20.

2) Vgl. Grabbe, H.W.: "Investitionsrechnung", 1976, S.26.

3) Hinsichtlich der Vergleichbarkeit der Untersuchungen sind grundsätzlich die auf den Seiten 22f. dargelegten Einschränkungen zu berücksichtigen. Da im vorliegenden Fall die Erhebungsmethoden, die einbezogenen Unternehmen, die Größe der Stichproben und nicht zuletzt die Fragestellungen selbst sehr weitgehende Entsprechungen aufweisen, dürften die diesbezüglichen Bedenken hier allerdings gering sein.

Investitionsrechnungsverfahren	Grabbe (1974)		eigene Untersuchung (1985)	
	Häufigkeit		Häufigkeit	
	absolut	relativ	absolut	relativ
ausschließlich statische Verfahren	63	37,3 %	19	12,5 %
ausschließlich dynamische Verfahren	10	5,9 %	29	19,1 %
statische und dynamische Verfahren	83	49,1 %	101	66,4 %
keine Investitionsrechnung	13	7,7 %	3	2,0 %
Gesamt	169	100,0 %	152	100,0 %
dynamische Verfahren insgesamt[1]	93	55,0 %	130	85,5 %
Interne Zinsfußmethode (IZM)	67	39,6 %	93	61,2 %
Kapitalwertmethode (KWM)	33	19,5 %	82	53,9 %
Dynamische Amortisationsrg. (DAM)	15	8,9 %	47	30,9 %
Annuitätenmethode (ANM)	11	6,5 %	32	21,1 %
statische Verfahren insgesamt[2]	146	86,4 %	120	78,9 %
Kostenvergleichsrechnung (KVR)	40	23,7 %	73	48,0 %
Gewinnvergleichsrechnung (GVR)	15	8,9 %	29	19,1 %
Pay-Back- (Pay-Off-)Methode (PBM)	103	60,9 %	85	55,9 %
Rentabilitätsrechnung (RR)	49	29,0 %	22	14,5 %
selbstentwickelte Verfahren	1	0,6 %	8	5,3 %

Tab. 13: Einsatz von Investitionsrechnungsverfahren in der Praxis

Die MAPI-Methode wird von 2 Firmen, die Vermögensendwertmethode von nur einer Firma angewendet.

Rechenmethoden, bei denen versucht wird, auch schwer bzw. gar nicht quantifizierbare Faktoren zu berücksichtigen, werden zu 5,9 % (Nutzwertanalyse) bzw. zu immerhin 21,7 % (Kosten-Nutzen-Analyse) herangezogen.

---

1) Mehrfachnennungen waren möglich.

2) Mehrfachnennungen waren möglich.

Neben der deutlichen Zunahme der dynamischen Methoden fällt auf, daß auch die Kosten- und die Gewinnvergleichsrechnung im Vergleich zu 1974 häufiger angewendet werden. Dies ist möglicherweise mit der zunehmenden Verbreitung von Mehrfachkriterien zu erklären. Nur 16 Unternehmen, also gut 10 %, verwenden lediglich ein Verfahren zur Investitionsbeurteilung; fast 2/3 der Firmen gaben dagegen an, mit 3 oder mehr Methoden zu arbeiten.

3.3.2.3. Bedeutung der Verfahren in den einzelnen Branchen

Über die Verbreitung und den Einsatz der Verfahren in den einzelnen Wirtschaftszweigen gibt zunächst die folgende Rangskala Auskunft, die aus der Kreuzung der Angaben zur Branchenzugehörigkeit mit den Angaben zum Einsatz von Investitionsrechnungsverfahren ermittelt wurde[1].

---

1) Vgl. hierzu im einzelnen die Positionen 1 und 5 des im Anhang abgedruckten Fragebogens.

Branche	Rang 1	Rang 2	Rang 3
Baugewerbe	PBM	IZM	
Chemie/Pharma	IZM	PBM	KVR
Eisen/Stahl/NE-Metalle	PBM	KWM KVR	
Elektronik	IZM	PBM	KWM
Maschinenbau	KVR	IZM PBM	
Bergbau/Mineralöl/Energie	KWM	IZM	ANM
Handel/Tourismus/Verkehr	KWM IZM		KVR PBM
Fahrzeuge und Fahrzeugteile	IZM	PBM	KVR
Nahrung und Genußmittel	PBM	KWM	IZM
Papier/Druck/Verlag	PBM KVR		IZM

Tab. 14: Rangskala der in den einzelnen Branchen angewendeten Verfahren der Wirtschaftlichkeitsrechnung

Obgleich sich die Interne-Zinsfuß-Methode unter theoretischen Gesichtspunkten nicht gerade als unproblematisches Verfahren erweist[1], kommt ihr, wie aus der Übersicht hervorgeht, in der Unternehmenspraxis eine herausragende Stellung zu. Sie ist lediglich in der Eisen- und Stahlindustrie, wo sie nur bei einem Drittel der Unternehmen zum Einsatz gelangt, unterdurchschnittlich vertreten. In der Fahrzeugindustrie - hier wird sie von über 90 % der Firmen verwendet - , der Elektroindustrie (66,7 %), der chemischen Industrie (78,3 %) und im Handel (75 %) stellt sie indessen das dominierende Investitionsentscheidungskriterium dar.

Aufgrund dieses Befundes muß auch die noch vor zehn Jahren gültige Aussage, daß in den beiden letztgenannten Branchen die dynamischen

---

1) Vgl. oben, S.12ff.

Verfahren der Wirtschaftlichkeitsrechnung die geringste Rolle spielen[1], revidiert werden. Sie trifft gegenwärtig vielmehr auf die Maschinenbauindustrie zu. Hier bedienen sich immerhin noch 40 % der Unternehmen ausschließlich statischer Kalküle, ein Vorgehen, das in den übrigen Branchen allenfalls noch vereinzelt praktiziert wird. Die Maschinenbauindustrie scheint, gemessen an der Tatsache, daß bereits im Jahre 1974 55 % der diesem Wirtschaftszweig zurechenbaren Unternehmen auch dynamische Methoden einsetzten[2], der von der betriebswirtschaftlichen Theorie ausgesprochenen Empfehlung, auf finanzmathematische Verfahren zurückzugreifen[3], in den letzten zehn Jahren am wenigsten gefolgt zu sein.

Eine Sonderstellung im umgekehrten Sinne nimmt die Branche Bergbau/Mineralöl/Energie ein. Dies gilt zum einen deswegen, weil die Kapitalwertmethode (83,9 % der Unternehmen) hier eine häufigere Verwendung findet als die Interne-Zinssatz-Methode (58,1 %). Zum anderen wird allein in diesem Wirtschaftszweig von der Annuitätenmethode in nennenswertem Umfang Gebrauch gemacht. Schließlich gelangt auch die dynamische Amortisationsrechnung häufiger zum Einsatz als die am weitesten verbreiteten statischen Verfahren, die Kostenvergleichs- und die statische Amortisationsrechnung. Hierauf sind auch zum großen Teil die hohen Steigerungsraten bei den dynamischen Kalkülen zurückzuführen. So stammen beispielsweise von den Unternehmen, die sich der Annuitätenmethode bedienen, mehr als die Hälfte, von jenen die die dynamische Amortisationsrechnung bzw. die Kapitalwertmethode einsetzen, jeweils ein Drittel allein aus dieser Branche.

---

1) Vgl. Grabbe, H.W.: "Investitionsrechnung", 1976, S.30 und S.31.

2) Vgl. ebenda, S.32.

3) Vgl. oben S.12.

3.3.3. Zur Praxis der Investitionsfinanzierung

3.3.3.1. Bedeutung unterschiedlicher Finanzierungsformen

Als Zwischenergebnis der Untersuchung zur Investitionsrechnungspraxis in der Großindustrie kann somit festgehalten werden, daß sich der weit überwiegende Teil der befragten Firmen mittlerweile auch dynamischer Investitionsverfahren bedient. Bevor darauf eingegangen wird, in welcher Weise den dadurch gestiegenen Datenanforderungen Rechnung getragen wird und inwieweit hierbei insbesondere Kapitalkosten eine Rolle spielen, ist im gegebenen Zusammenhang die Frage von Interesse, auf welche Finanzierungsquellen die Unternehmen zur Realisierung von Investitionsprojekten hauptsächlich zurückgreifen. Einen Überblick über die Häufigkeit des Einsatzes der einzelnen Finanzierungsmöglichkeiten bietet Tabelle 15:

Finanzierungsform	Häufigkeit	
	absolut	relativ
Abschreibungsgegenwerte	116	78,4 %
einbehaltene Gewinne	101	68,2 %
Mittel aus Pensionsrückstellungen	88	59,2 %
Leasing[1]	64	43,2 %
Mittel aus Kapitalerhöhungen	52	35,1 %
Bankkredite und -darlehen[2]	40	27,0 %
Lieferantenkredite	32	21,6 %
Mittel aus Gesellschaftereinlagen	23	15,5 %
Factoring	4	2,7 %
Sonstige	15	10,1 %
Keine Angaben	17	11,5 %

1) Die Aussagen, die von den Firmen hierzu getroffen wurden, lassen darauf schließen, daß Leasing häufig zwar grundsätzlich Anwendung findet, im Vergleich zu anderen Finanzierungsformen allerdings oft nur bei bestimmten, meist kleineren, Projekten oder zweckgebunden (z.B. DV-Hardware) eingesetzt wird, so daß die in Tabelle 15 ausgewiesene Bedeutung entsprechend relativiert werden muß.

2) Bankkredite und -darlehen waren im Antwortkatalog nicht explizit vorgegeben und sind daher im Hinblick auf ihre Bedeutung durch Tabelle 15 sicherlich "unterbewertet". Tatsächlich dürften sie zu den wichtigsten Investitionsfinanzierungsinstrumenten überhaupt gehören; vgl. hierzu auch: Geiser, J.: "Investitionsverhalten", 1980, S.88ff.

Tab. 15: Bedeutung unterschiedlicher Finanzierungsformen für die Investitionsfinanzierung

Es fällt zunächst auf, daß einer ganzen Reihe unterschiedlicher Finanzierungsmaßnahmen eine relativ große Bedeutung[1] zukommt. Die 135 Firmen, die zu dieser Fragestellung nahmen, nannten im Durchschnitt jeweils 4 Kapitalquellen, die regelmäßig zur Investitionsfinanzierung herangezogen werden. Dabei dürfte sich diese Reihenfolge nicht wesentlich ändern, wenn statt der Häufigkeit der Inanspruchnahme der einzelnen

---

1) Aus der Tatsache, daß einige wichtige Finanzierungsinstrumente (z.B. Abschreibungsfinanzierung, einbehaltene Gewinne) nicht zu 100 % genannt wurden, kann kaum der Schluß gezogen werden, daß einige Firmen auf diese Maßnahmen überhaupt nicht zurückgreifen. Die Ergebnisse dürften eher so zu interpretieren sein, daß diese Finanzierungsinstrumente bei einigen Unternehmen lediglich temporär nicht zum Einsatz kommen.

Finanzierungsmaßnahmen die Beträge, in deren Umfang auf sie zurück - gegriffen wird, zugrundegelegt werden[1].

Eine überragende Stellung kommt dabei ganz offensichtlich den zum gro - ßen Teil über den Umsatzprozeß zufließenden Mitteln der Innenfinanzie - rung zu. Dieser Tatbestand ist in besonderem Maße für Großunternehmen kennzeichnend. Zwar spielt etwa die Selbstfinanzierung auch in Firmen kleinerer Größenordnung eine wichtige Rolle bei der Investitionsfinanzie - rung[2]. Abhängig vom Investitionsvolumen fließen hier allerdings in der Regel Abschreibungsgegenwerte in wesentlich geringerem Umfang über die Umsatzerlöse zu, so daß auf diese Finanzierungsmaßnahme entspre - chend in geringeren Beträgen zurückgegriffen wird. Vernachlässigbar ge - ring ist das Ausmaß, in dem sich kleinere Betriebe zur Projektfinanzierung solcher Mittel bedienen, die ihnen über die Dotierung von Pensionsrück - stellungen zufließen. Auch dies liegt darin begründet, daß Versorgungszu - sagen in nennenswertem Umfang vorwiegend in mittelständischen und vor allem in Großunternehmen üblich sind.

3.3.3.2. Einschätzung der Kosten der wichtigsten Finanzierungsformen

Neben der Erhebung der wesentlichen Finanzierungsmaßnahmen bestand eine weitere Untersuchungszielsetzung darin, Anhaltspunkte zur Einschät - zung der damit verbundenen Kosten seitens der Unternehmen zu gewin - nen. Diesbezügliche Aufschlüsse gewährt Tabelle 16. Es sei allerdings ausdrücklich betont, daß die ausgewiesenen Durchschnittswerte, die als Finanzierungskostensätze vor Steuern zu verstehen sind, jeweils nur für eine begrenzte Anzahl von Nennungen Gültigkeit besitzen, da nicht alle

---

[1] Vgl. hierzu Schmidt, R.H.: "Finanzierungsverhalten", 1984, S.91ff., der die Finanzierung der Unternehmungen auf Basis der Unternehmensbilanzstatistik der Deutschen Bundes - bank für den Zeitraum 1968 - 1980 detailliert aufschlüsselt und die Monatsberichte der Deutschen Bundesbank, November 1986, S.13ff. (hier: S.16 und S.17.).

[2] Zur Bedeutung der einzelnen Finanzierungsmaßnahmen für die Investitionsfinanzierung etwa von mittelständischen Betrieben vgl. Geiser, J.: "Investitionsverhalten", 1980, S.88ff., Sprenger, K.A./von Hinten, P./Steiner, J.: "Finanzierungsverhalten", 1982, S.72ff.

Unternehmen willens oder in der Lage waren, hierüber Auskunft zu erteilen.

	Mittel aus Pensionsrückstell.	Abschreibungsgegenwerte	Bankkredite und -darlehen	Leasing	einbehaltene Gewinne	Mittel aus Kapitalerhöhungen
Durchschnitt d. angegebenen Finanzierungskostensätze	6,12 %	7,85 %	7,99 %	8,41 %	10,22 %	12,38 %
Häufigster genannter Wert	6 %	8 %	8 %	8 %	8 %	10 %
Niedrigster genannter Wert	0 %	0 %	6,5 %	7 %	0 %	5 %
Höchster genannter Wert	10 %	20 %	10 %	10 %	21 %	20 %
Zahl der Nennungen insgesamt	26	29	18	19	28	13

Tab. 16: Kostensätze der wichtigsten zur Investitionsfinanzierung eingesetzten Finanzierungsmaßnahmen

Da im gegebenen Zusammenhang nicht nur die durchschnittlichen, sondern ggf. auch die im einzelnen angegebenen Finanzierungskostensätze von Interesse sind, wird die Verteilung der für die jeweiligen Finanzierungsmaßnahmen genannten Kostensätze in den folgenden Abbildungen detailliert aufgeschlüsselt.

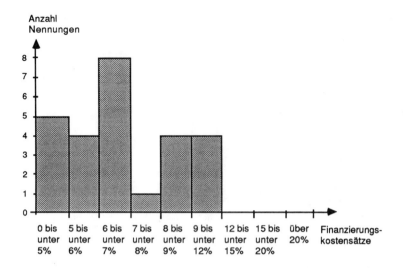

Abb. 4: Verteilung der für die Finanzierung aus Pensionsrückstellungen genannten Kostensätze

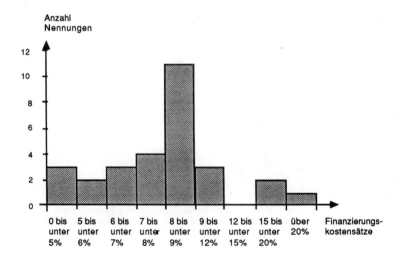

Abb. 5: Verteilung der für die Finanzierung aus Abschreibungsgegenwerten genannten Kostensätze

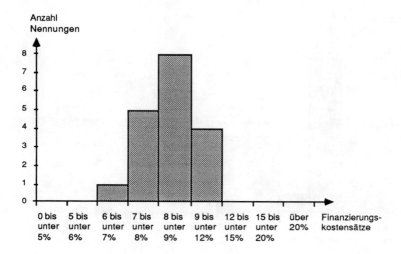

Abb. 6: Verteilung der für die Finanzierung aus Bankkrediten und -darlehen genannten Kostensätze

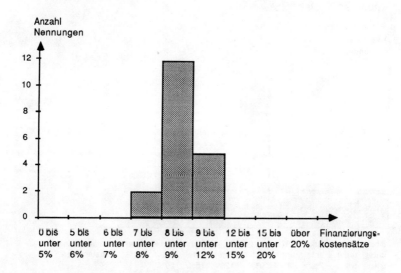

Abb. 7: Verteilung der für Leasingfinanzierungen genannten Kostensätze

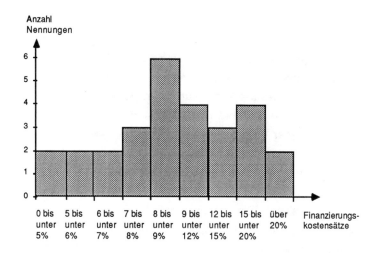

Abb. 8: Verteilung der für die Finanzierung aus einbehaltenen Gewinnen genannten Kostensätze

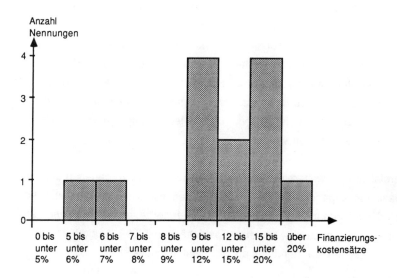

Abb. 9: Verteilung der für die Finanzierung aus Kapitalerhöhungen genannten Kostensätze

Wenngleich Aussagen zur Höhe der Kapitalkosten von nur etwa 30 % derjenigen Unternehmen, die auf die jeweilige Finanzierungsform tatsächlich zurückgreifen, getroffen wurden und auch die Einschätzung der Kosten einzelner Finanzierungsmaßnahmen z.T. recht unterschiedlich ausfällt, so erscheinen die daraus resultierenden durchschnittlichen Finanzierungskostensätze dennoch als plausibel. Dies gilt sowohl für die sich daraus ergebende Rangskala der Vorteilhaftigkeit der Finanzierungsmaßnahmen als auch für die Größenordnung der durchschnittlichen Finanzierungskostensätze.

So ist beispielsweise die Einschätzung, daß die Mittel aus Pensionsrückstellungen im Vergleich mit den übrigen Kapitalquellen als günstigste Finanzierungsform anzusehen sind, konsistent mit den in Abschnitt 2.3.2.3. dargelegten Ausführungen. Die dort durchgeführte exemplarische Kapitalkostenermittlung führte zu Ergebnissen, die es nahelegen, von dieser Finanzierungsmöglichkeit unter Kostengesichtspunkten soweit wie möglich Gebrauch zu machen[1] . Zwar können genaue Aussagen über die Höhe der durch diese Rückstellungen verursachten Kapitalkosten nur bei Kenntnis aller relevanten Einflußgrößen, zu denen insbesondere auch die spezifische Unternehmenssituation zu zählen ist, getroffen werden. Angesichts der oben angestellten Beispielsberechnungen[2] kann ein durchschnittlicher Finanzierungskostensatz von 6,12 % jedoch uneingeschränkt als realistisch angesehen werden.

Vergleicht man weiterhin die zu den Bankkrediten bzw. -darlehen und zum Leasing vorliegenden Ergebnisse, so decken sich diese mit der Tatsache, daß die letztgenannte Finanzierungsmaßnahme "teurer" ist, zum anderen bewegen sich auch die konkreten Kostensätze mit 7,99 % und 8,41 % in einem Rahmen, der durchaus als plausibel erscheint.[3]

---

1) Vgl. oben, S.180.

2) Vgl. oben, S.165ff.

3) Daß die Unternehmen in der Lage sind, die Kosten dieser Finanzierungsmaßnahmen verhältnismäßig präzise anzugeben, kann auch daran abgelesen werden, daß die Spannweite zwischen niedrigstem und höchstem genannten Wert hier relativ gering ist.

Als angemessen erscheinen gleichfalls die Durchschnittswerte der Eigenkapitalformen. So wird zunächst die an anderer Stelle kritisierte Auffassung einiger Fachvertreter, einbehaltene Gewinne stünden den Unternehmen kostenlos zur Verfügung[1], von der weit überwiegenden Mehrheit der Praxis offensichtlich nicht geteilt. Weiterhin werden die Eigenkapitalkosten insgesamt in Übereinstimmung mit dem Großteil der einschlägigen Literatur höher eingeschätzt als die der übrigen Finanzierungsmaßnahmen. Schließlich tragen die Ergebnisse auch der Tatsache Rechnung, daß Mittel aus Kapitalerhöhungen im Vergleich zur Selbstfinanzierung durch Gewinneinbehaltung zusätzlich mit Emissionskosten belastet sind und insofern höhere Finanzierungskosten verursachen.

Relativ schwierig ist es, die Kosten jener Mittel einzuschätzen, die auf dem Wege der Kapitalfreisetzung durch Abschreibungen zufließen. Folgt man der Vorstellung, daß sie prinzipiell davon abhängig zu machen sind, mit welcher Art von Mitteln die jeweiligen abgeschriebenen Vermögensgegenstände aus historischer Sicht finanziert worden sind[2], so sind sie in Anlehnung an die langfristige Kapitalstruktur der Unternehmen zu bestimmen. Vor diesem Hintergrund kann der angegebene Kostensatz von 7,85 % im Einzelfall möglicherweise als eher zu niedrig eingestuft werden. Zutreffend ist auf jeden Fall, ihn zwischen den günstigsten Finanzierungsmaßnahmen und den teuersten Kapitalformen anzusiedeln. Ob er stärker in die Nähe der niedrigsten oder der höchsten Kostensätze derjenigen Finanzierungsmaßnahmen zu rücken ist, deren sich die Unternehmung bedient, kann letztlich nur einzelfallbezogen beurteilt werden.

---

1) Vgl. oben, S.65f. und S.186.

2) Dies impliziert beispielsweise, daß Kapitalfreisetzungen aus "verdienten" Abschreibungen eigenfinanzierter Vermögensgegenstände höhere Kapitalkosten aufweisen als solche von fremdfinanzierten Vermögensgegenständen, sofern man den einzelnen Vermögensteilen überhaupt spezifische Finanzierungsmaßnahmen unmittelbar zuordnen kann.

3.3.4. Zum Verhältnis von Kapitalkosten und Kalkulationszinsfuß in der Wirtschaftlichkeitsrechnung

3.3.4.1. Zum Stand der Finanzierungskostenermittlung

3.3.4.1.1. Berücksichtigung der Finanzierungskosten im Rahmen der Investitionsrechnung

Nahezu die Hälfte der befragten Unternehmungen (74) gaben an, im Zuge der Investitionsbeurteilung die Kosten der entsprechenden Finanzierungen immer zu berücksichtigen. Weitere 15 Firmen (9,9 %) verfahren auf diese Weise, wenn Besonderheiten bei den Investitionsprojekten selbst (Groß - projekte) bzw. bei deren Finanzierung (z.B. staatliche Zuschüsse, Leasing, lange Finanzierungsdauer) vorliegen. 12 Unternehmen ermitteln Finanzie - rungskosten nur dann, wenn bestimmte Investitionssummen (10 bis 50 TDM, 100 TDM, 200 TDM, 1 Mio. DM) überschritten werden. 48 Unter - nehmen (31,6 %) schließlich berücksichtigen Finanzierungskosten in kei - nem Fall, 3 Firmen erteilten keine Auskünfte zu dieser Fragestellung.

Analysiert man die Antworten unter branchenspezifischen Gesichtspunk - ten, so fällt vor allem auf, daß mit 9 von 20 Unternehmen überdurchschnitt - lich viele Firmen, die keine Finanzierungskosten ermitteln, der Maschinen - bauindustrie zuzurechnen sind. Dieser Befund ist konsistent mit der in Ab - schnitt 3.2.3.2. referierten Feststellung, daß sich 40 % der Unternehmen dieses Wirtschaftszweiges ausschließlich statischer Investitionskalküle be - dienen. Kompensiert wird dieses unterdurchschnittliche Ergebnis auch bei dieser Fragestellung von der Energiewirtschaft. Hier verzichten weniger als 20 % der Unternehmen auf die Feststellung der im Zuge der Investitions - realisierung anfallenden Finanzierungskosten, 2/3 der Firmen gaben sogar an, sie in jedem Fall zu ermitteln.

3.3.4.1.2. Differenzierungsgrade bei der Finanzierungskostenermittlung

Da im hier interessierenden Zusammenhang nicht nur von Bedeutung ist, wieviele Unternehmen tatsächlich Finanzierungskosten ermitteln, sondern insbesondere auch, wie dabei im einzelnen vorgegangen wird, wurden von den Firmen, die die vorausgegangene Frage positiv beantwortet hatten, hierüber weitergehende Auskünfte erbeten.

Sofern Finanzierungskosten in die Rechnung einbezogen werden, erfolgt dies in 60 Fällen auf dem Wege von pauschalen Annahmen. Es wird dann etwa ein fester, nicht weiter differenzierter Prozentsatz geschätzt, der als repräsentativ für die mit den zu ergreifenden Finanzierungsmaßnahmen verbundenen Kosten angesehen wird. 31 Firmen nehmen eine getrennte Ermittlung der Kosten des einzusetzenden Eigen- und Fremdkapitals vor, während immerhin 22 Unternehmen darüberhinaus noch nach unterschiedlichen Eigenkapital- und Fremdkapitalformen differenzieren.

Als bemerkenswert erscheint es, daß lediglich 23 % der Unternehmen, die der Umsatzklasse I angehören, eine über Pauschalannahmen hinausgehende Kapitalkostenermittlung betreiben, während dies in den Firmen, die den Umsatzklassen II bzw. III zuzuordnen sind, in deutlich größerem Umfang, nämlich zu 36 % bzw. 47 % geschieht. Dabei führt jedes fünfte Unternehmen mit einem Umsatz von über 3 Mrd. DM eine getrennte Ermittlung und anteilmäßige Gewichtung von Eigen- und Fremdkapitalkosten durch, wobei jeweils unterschiedliche Eigenkapitalformen und/oder unterschiedliche Fremdkapitalformen mit ihren spezifischen Sätzen kalkuliert werden. Diese Vorgehensweise wird dagegen nur etwa von jeder neunten Firma, die einer der beiden kleineren Umsatzklassen zuzuordnen ist, praktiziert.

Auch nach dem Kriterium der Branchenzugehörigkeit lassen sich einige Besonderheiten ausmachen. So ist eine Kapitalkostenermittlung, die über Pauschalannahmen hinausgeht, offenbar vor allem in der Energiewirtschaft (61 % der Unternehmen) und in der chemischen Industrie (57 % der Unternehmen) üblich. In den übrigen Industriezweigen hat diese Methode mit Anwendungshäufigkeiten zwischen 15 % (Maschinenbauindustrie) und 36 % (Fahrzeugindustrie) jedenfalls einen deutlich geringeren Stellenwert.

3.3.4.1.3. Verfahrensweisen zur Einbeziehung von Finanzierungskosten in die Investitionsrechnung

Unabhängig davon, auf welche Weise die Finanzierungskosten im Einzelfall festgestellt werden, bestehen grundsätzlich mehrere Möglichkeiten, sie in die Vorteilhaftigkeitsanalyse von Investitionsprojekten zu integrieren. Üblich und zudem rechentechnisch relativ unproblematisch ist es, sie als (Bestandteil des) Kalkulations- oder Vergleichszinsfuß(es) anzusetzen. Dies läßt immer dann aussagefähige Ergebnisse erwarten, wenn sie über die gesamte Laufzeit der Finanzierung als (in der entsprechenden Höhe) konstant angenommen werden können.

Insbesondere für jene Fälle, in denen dies nicht zutrifft, bietet sich die exakte, wenngleich rechen- und planungstechnisch aufwendigere direkte Einbeziehung der Finanzierungskosten als effektive Beträge in die Zahlungsstromgrößen (Kürzung der Einnahmeüberschüsse aus der Investition) an. Werden Investitionen durch den Einsatz von Finanzierungsmaßnahmen sowohl der einen als auch der anderen Art realisiert, ist schließlich auch eine Kombination beider Verfahrensweisen denkbar.

Einen Gesamtüberblick darüber, wie die Praxis in dieser Hinsicht verfährt, liefert Tabelle 17:

Berücksichtigung der Finanzierungskosten....	Häufigkeit	
	absolut	relativ
... als Prozentsätze im Kalkulations (Vergleichs-)zinsfuß	53	34,9 %
... als effektive Beträge in den Zahlungsstromgrößen	23	15,1 %
... sowohl im Kalkulationszinsfuß als auch in den Zahlungsstromgrößen	26	17,1 %
... auf sonstige Weise	2	1,3 %
Keine Berücksichtigung von Finanzierungskosten	48	31,6 %

Tab. 17: Verfahrensweisen zur Einbeziehung von Finanzierungskosten in die Investitionsrechnung

3.3.4.2. Zur Praxis der Kalkulationszinsfußbestimmung

3.3.4.2.1. Zuständigkeiten für die Festsetzung des Kalkulationszinsfußes

Im Hinblick auf die allgemeine Kalkulationszinsfußproblematik galt das Interesse zunächst der Frage, wie die Festsetzung und Ermittlung des Kalkulationszinsfußes in der Praxis organisatorisch gehandhabt wird. Einige Aufschlüsse über die Zuständigkeiten gewährt Tabelle 18:

Zuständigkeit	Häufigkeit	
	absolut	relativ
Keine feste Regelung	4	2,6 %
Konzernvorgabe	8	5,3 %
Vorstandsentscheidung	19	12,5 %
Abteilungen: Betriebswirtschaft	48	31,6 %
Abteilungen: Finanzen	24	15,8 %
Abteilungen: Controlling	22	14,5 %
Abteilungen: Rechnungswesen	11	7,2 %
Abteilungen: Sonstige	5	3,3 %
Abteilungen: Abteilung, der das Investitionsprojekt sachlich zuzuordnen ist	17	11,2 %
Keine Angaben	3	2,0 %

Tab. 18: Zuständigkeiten für die Ermittlung und Festsetzung des Kalkulationszinsfußes

Bei den insgesamt 9 Unternehmen, die mehr als eine der oben aufgeführten Kategorien nannten, sind die Zuständigkeiten überwiegend so geregelt, daß sowohl die Abteilung, der das Investitionsprojekt jeweils sachlich zuzurechnen ist, als auch eine andere, fest institutionalisierte

Instanz mit der Ermittlung bzw. Festsetzung des Kalkulationszinsfußes betraut sind.

In den 8 Fällen, in denen eine Konzernvorgabe erfolgt, dürfte der Kalkulationszinsfuß in der Konzernzentrale unter Hinzuziehung einer Fachabteilung festgelegt und in einer Investitionsrichtlinie dokumentiert werden. Wird der Kalkulationszinsfuß, wie bei 12,5 % der Firmen, direkt durch den Vorstand bestimmt, kann man davon ausgehen, daß strategische bzw. unternehmenspolitische Erwägungen ein besonderes Gewicht haben; gleichwohl ist auch hier zu vermuten, daß die Entscheidungsgrundlagen in den einzelnen Fachabteilungen erarbeitet werden.

Die Frage nach der Kompetenz der unterschiedlichen Abteilungen ist schwer zu beantworten. Für die Finanzabteilung spricht die Tatsache, daß hier unmittelbar entscheidungsrelevante Daten finanzierungsseitig erhoben werden. Dies gilt z.B. für die Vorbereitung, die kostenmäßige Beurteilung und ggf. Durchführung von Aktien- bzw. Anleiheemissionen oder für den Abschluß projektbezogener Kredit-, Darlehens- oder Leasingfinanzierungen.

In den betriebswirtschaftlichen Abteilungen, die in zunehmendem Maße als Controlling Abteilungen fungieren, - beide dürften insofern ähnliche Funktionen erfüllen - herrscht im Vergleich dazu eine erfolgs- und damit stärker zukunftsorientierte Sichtweise vor. Sie befähigt diese Ressorts im besonderen Maße, (ziel-)rentabilitätsbezogen zu urteilen, was sich darin äußert, daß hier entsprechende Rentabilitätsvorgaben für die einzelnen Produktionszweige formuliert werden. Den Antworten der Unternehmen läßt sich entnehmen, daß bei der Festlegung des Kalkulationszinsfußes den leistungswirtschaftlichen im Vergleich zu den finanzwirtschaftlichen Aspekten eine größere Bedeutung zugemessen wird: In mehr als der Hälfte der Fälle erfolgt die Festlegung in der Abteilung Betriebswirtschaft oder Controlling, nur in jedem 6. Unternehmen liegt die Zuständigkeit beim Finanzressort.

Lediglich bei 7 % der Firmen wird der Bereich Rechnungswesen mit der Ermittlung des Kalkulationszinsfußes betraut. Dies kann als Indiz dafür gewertet werden, daß die i.d.R. eher vergangenheitsbezogene Orientierung dieser Abteilungen nicht als adäquate Grundlage für eine maßgebliche Mitwirkung an zukunftsbezogenen Unternehmensentscheidungen eingeschätzt wird. Einen größeren Einfluß hierauf (11,2 %) besitzen die Abteilungen, denen das Investitionsprojekt sachlich zuzurechnen ist. Dies dürfte seinen Grund darin haben, daß in einigen Unternehmen(szweigen) technische Problemstellungen eine hervorragende Bedeutung bei der Projektbeurteilung besitzen (etwa Entscheidungen über den Einsatz spezifischer Hardware, CAD, CIM etc.[1]) Allerdings ist davon auszugehen, daß auch in den Fällen, in denen eine besondere technische Qualifikation zur Projektbewertung erforderlich ist, bestimmte Vorgaben seitens der Fachabteilung etwa in Form von einzuhaltenden Bandbreiten bei der Zinsfußbestimmung gemacht werden.

3.3.4.2.2. Richtgrößen für die Bestimmung des Kalkulationszinsfußes

Als wichtigste Richtgrößen für die numerische Bestimmung des Rechenzinsfußes fungieren der Marktzinssatz, gemessen etwa am landesüblichen Zinssatz oder an der Durchschnittsrendite festverzinslicher Wertpapiere, die Kapitalkosten im Sinne effektiver Finanzierungskosten sowie die subjektiven Mindestrenditevorstellungen der Unternehmen. Die Nennungen im einzelnen gehen aus Tabelle 19 hervor.

Während der Marktzinssatz in allen Branchen die am häufigsten genannte Orientierungsgröße darstellt und auch die Kapitalkosten, wenngleich in etwas geringerem Umfang, so doch relativ gleichmäßig bei der Festsetzung des Zinssatzes berücksichtigt werden, dient die subjektive Mindestrendite in recht unterschiedlichem Ausmaß als Richtschnur. Sie wird überdurchschnittlich häufig in den Wirtschaftszweigen Chemie, Elektronik und Fahrzeugbau genannt, spielt aber in den Branchen Papier/Druck/Verlag, Nah-

---

[1] CAD -Computer Aided Design; CIM - Computer Integrated Manufacturing

rung/Genußmittel und in der Energiewirtschaft keine oder allenfalls eine sehr bescheidene Rolle.

Betrachtet man den unteren Teil der Tabelle, der durch die explizite Auflistung der Mehrfachnennungen auf 100 % normiert ist, so zeigt sich, daß die Meinungen darüber, welche Kriterien zur Bestimmung des Kalkulationszinsfußes am besten geeignet sind, stärker auseinandergehen, als es zunächst den Anschein hat. So bedient sich jedes vierte Unternehmen zu diesem Zwecke ausschließlich des Marktzinssatzes, jedes achte allein der Kapitalkosten, jedes zehnte Unternehmen beschränkt sich auf die subjektive Mindestrendite, während die übrigen Firmen auf verschiedene Kombinationen dieser Maßstäbe in unterschiedlichem Ausmaß zurückgreifen.

Richtgrößen	Häufigkeit	
	absolut	relativ
Marktzinssatz (MZ)	98	64,5 %
Kapitalkosten (KK)	71	46,7 %
Subjektive Mindestrendite (SMR)	55	36,2 %
durchschnittliche Rendite der bisher durchgeführten Investitionen	5	3,3 %
Branchenrentabilität	2	1,3 %
Sonstige[1]	9	5,9 %
Keine Angaben	6	2,4 %
nur MZ	37	24,3 %
MZ und KK	25	16,4 %
nur KK	19	12,5 %
MZ und SMR	15	9,9 %
nur SMR	15	9,9 %
MZ und KK und SMR	11	7,2 %
KK und SMR	8	5,3 %
Sonstige	16	10,5 %
Keine Angaben	6	4,0 %
Gesamt	152	100,0 %

Tab. 19: Richtgrößen zur Bestimmung des Kalkulationszinsfußes

---

[1] Den hierzu getroffenen Aussagen war zu entnehmen, daß den Renditen der zum Vergleich herangezogenen Investitionsalternativen, also den Opportunitätskosten, noch eine gewisse Bedeutung zukommt.

3.3.4.2.3. Berücksichtigung weiterer Einflußgrößen im Kalkulationszinsfuß

Der auf der Grundlage der dargelegten Richtgröße festgelegte Kalkulationszinsfuß dient mehrheitlich (in 61,2 % der Fälle) unverändert als Rechnungs- bzw. Vergleichszinsfuß.

Nicht einmal 10 % der Firmen nehmen inflationsbedingte Zuschläge vor. Allerdings können aus diesem Befund keine direkten Schlüsse darauf gezogen werden, in welchem Umfang und auf welche Weise ggf. notwendige Inflationsanpassungen in der Unternehmenspraxis vorgenommen werden. So dürfte angesichts der Geldwertentwicklung in der jüngsten Vergangenheit zumindest für vorwiegend im Inland operierende Unternehmen kaum ein praktisches Erfordernis zur Inflationsberücksichtigung bestanden haben. Weiterhin ist es bei Firmen, die auch im Ausland, ggf. in sog. Inflationsländern, investiv tätig sind, denkbar, daß die Anpassung an die zukünftig erwartete Geldwertentwicklung nicht durch eine Veränderung des Kalkulationszinsfußes, sondern durch Rechnung in realen, den aktuellen Geldwert widerspiegelnden Größen (z.B. auf DM-Basis) vorgenommen wird.

14,5 % der Unternehmen gaben an, Steuerwirkungen im Kalkulationszinsfuß zu berücksichtigen. Auch hier kann nicht gefolgert werden, daß nur in jedem 7. Fall steuerliche Überlegungen bei der Investitionsbeurteilung angestellt werden. Daß steuerliche Erwägungen faktisch häufiger eine Rolle spielen, läßt sich aus Tabelle 21 im Abschnitt 3.3.4.3. ablesen. Von den 94 Unternehmen, die bereit waren, konkrete Aussagen zu den Kapitalkosten bzw. zur Mindestrendite zu machen, benannten immerhin 36 einen Eigenkapitalkostensatz nach Steuern und sogar 59 einen Mindestrenditesatz nach Steuern. Von den darüberhinausgehenden Modifikationen, die knapp 8 % der Unternehmen durchführen, ist allenfalls die Einbeziehung von Zuschlägen für sog. "Nicht-Renditeinvestitionen" von Wichtigkeit.

3.3.4.2.4. Aktualisierung des Kalkulationszinsfußes

In Anbetracht der Tatsache, daß die Maßstäbe, die zur Bestimmung des Kalkulationszinsfußes dienen, nicht als im Zeitablauf unveränderliche Größen betrachtet werden können, stellt sich die Frage, in welchen Abständen der Zinsfuß korrigiert bzw. aktualisiert wird.

Eine Antwort hierauf gibt Tabelle 20:

	Häufigkeit	
	absolut	relativ
Keine Korrektur bzw. Aktualisierung	13	8,6 %
jährlich	34	22,4 %
halbjährlich	2	1,3 %
häufiger als halbjährlich	2	1,3 %
seltener als halbjährlich	41	27,0 %
projektbezogen	28	18,4 %
nach Kapitalmarktsituation	58	38,2 %
sonstige Anlässe	10	6,6 %
keine Angaben	7	3,6 %

Tab. 20: Häufigkeit der Korrektur bzw. Aktualisierung des Kalkulationszinsfußes

Die Neigung zu einer regelmäßigen Überprüfung des Kalkulationszinsfußes scheint demnach wenig ausgeprägt zu sein: Nur in 4 Fällen erfolgt routinemäßig eine Kontrolle häufiger als jährlich, darüberhinaus machen viele Firmen etwaige Korrekturen vorwiegend von Änderungen bestimmter Rahmenbedingungen abhängig. Wünschenswert wäre hier sicherlich eine regelmäßigere, institutionalisierte Revision.

Dies trifft in besonderem Maße auf die Unternehmen der chemischen Industrie zu. Hier wird der Rechenzinsfuß in mehr als der Hälfte aller Fälle entweder seltener als jährlich oder gar nicht überprüft. Ein Unternehmen dieser Branche gab beispielsweise an, den Kalkulationszins seit mehr als 10 Jahren nicht mehr revidiert zu haben.

3.3.4.3. Zur Höhe der in der Praxis verwendeten Kapitalkosten- und Mindestrenditesätze

Eine letzte Untersuchungszielsetzung sollte schließlich Aufschlüsse darüber erbringen, in welcher Höhe die Kapitalkosten- und Mindestrenditesätze von der betrieblichen Praxis tatsächlich angesetzt werden. Es war abzusehen, daß es nicht leicht sein würde, von allen Unternehmen Antworten auf diese zweifellos recht "indiskrete" Frage zu erhalten. Immerhin trafen aber 61,8 % der Unternehmen Aussagen zu mindestens einer der Kategorien

- ° Eigenkapitalkosten vor Steuern
- ° Eigenkapitalkosten nach Steuern
- ° Fremdkapitalkosten vor Steuern
- ° Mindestrendite vor Steuern
- ° Mindestrendite nach Steuern

Die Verteilung der Angaben im einzelnen geht aus den Abbildungen 10 bis 14 hervor, das Ergebnis der Antworten ist in Tabelle 21 zusammengefaßt.

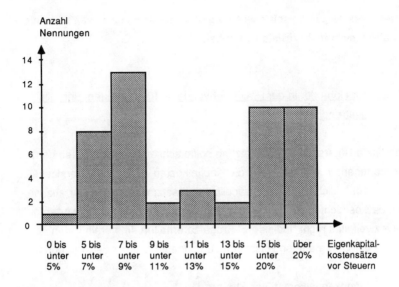

Abb. 10: Verteilung der Eigenkapitalkostensätze vor Steuern

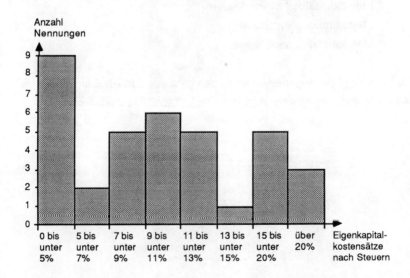

Abb. 11: Verteilung der Eigenkapitalkostensätze nach Steuern

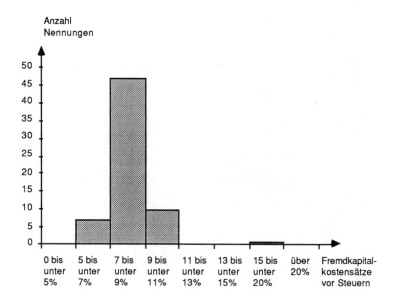

Abb. 12: Verteilung der Fremdkapitalkostensätze vor Steuern

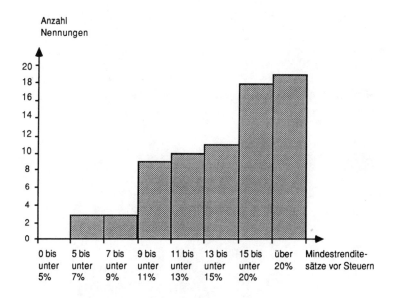

Abb. 13: Verteilung der Mindestrenditesätze vor Steuern

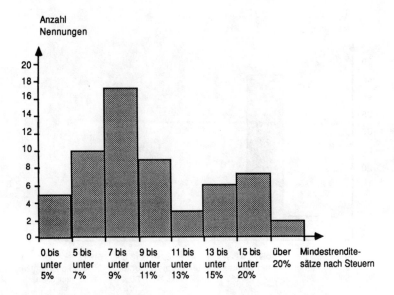

Abb. 14: Verteilung der Mindestrenditesätze nach Steuern

	Eigenkapital vor Steuern absolut (relativ)	Eigenkapital nach Steuern absolut (relativ)	Fremdkapital vor Steuern absolut (relativ)	Mindestrend. vor Steuern absolut (relativ)	Mindestrend. nach Steuern absolut (relativ)
Zahl der Nennungen	49 (32,2 %)	36 (23,7 %)	65 (42,8 %)	73 (48,0 %)	59 (38,8 %)
davon:					
0 bis unter 5 %	1 (2,0 %)	9 (25,0 %)			5 (8,5 %)
5 bis unter 7 %	8 (16,3 %)	2 (5,6 %)	7 (10,8 %)	3 (4,1 %)	10 (16,9 %)
7 bis unter 9 %	13 (26,5 %)	5 (13,9 %)	47 (72,3 %)	3 (4,1 %)	17 (28,8 %)
9 bis unter 11 %	2 (4,1 %)	6 (16,7 %)	10 (15,4 %)	9 (12,3 %)	9 (15,3 %)
11 bis unter 13 %	3 (6,1 %)	5 (13,9 %)		10 (13,7 %)	3 (5,1 %)
13 bis unter 15 %	2 (4,1 %)	1 (2,8 %)		11 (15,1 %)	6 (10,2 %)
15 bis unter 20 %	10 (20,4 %)	5 (8,3 %)	1 (1,5 %)	18 (24,7 %)	7 (11,9 %)
über 20 %	10 (20,4 %)	3 (8,3 %)		19 (26,0 %)	2 (3,4 %)

Tab. 21: Höhe der Kapitalkosten- und Mindestrenditesätze in der Wirtschaftlichkeitsrechnung

Die unterschiedliche Anzahl der Nennungen pro Kategorie ist vorwiegend darauf zurückzuführen, daß sich zum einen die Firmen, die keine Finanzierungskosten ermitteln, darauf beschränkten, Angaben zur Mindestrendite zu machen und zum anderen mehr Firmen ausschließlich vor als ausschließlich nach Steuern "rechnen".

Unterstellt man für die Klasse über 20 % einen Durchschnittswert von 25 %, für die übrigen Klassen jeweils die Gültigkeit des mittleren Wertes, so ergeben sich gemäß Tabelle 21 folgende Durchschnittsprozentsätze:

Eigenkapitalkosten vor Steuern : 13,5 %
Eigenkapitalkosten nach Steuern : 10,3 %
Fremdkapitalkosten vor Steuern : 8,2 %

Mindestrendite vor Steuern : 15,1 %
Mindestrendite nach Steuern : 10,0 %

Die relativ geringe Differenz zwischen den Eigenkapitalkosten vor und nach Steuern läßt sich rechnerisch zunächst damit erklären, daß 7 Firmen einen höheren Eigenkapitalkostensatz nach Steuern als vor Steuern angaben. Die Rücksprache mit den betreffenden Unternehmen, die in 3 der 7 Fälle möglich war, legt die Vermutung nahe, daß es sich dabei um ein sprachliches Mißverständnis handelt: Der Eigenkapitalkostensatz nach Steuern wurde hier im Gegensatz zur üblichen Praxis (die auch der theoretischen Auffassung entspricht) als derjenige Satz aufgefaßt, der die Gewerbeertrag- und die Körperschaftsteuer "zu tragen" hat.

Läßt man die Angaben dieser 7 Unternehmen bei der Durchschnittsberechnung beider Sätze außer Betracht, so ändern sich die Eigenkapitalkosten vor bzw. nach Steuern wie folgt:

Eigenkapitalkosten vor Steuern : 14,4 %
Eigenkapitalkosten nach Steuern : 9,3 %[1]

Für die von den Unternehmen der einzelnen Wirtschaftszweige verlangten Mindestrenditen vor Steuern ergaben sich folgende branchenspezifische Durchschnittswerte[2] :

Chemie/Pharma (9) : 19,9 %
Elektronik (7) : 17,9 %
Maschinen- und Apparatebau (13) : 16,7 %
Baugewerbe (5) : 16,2 %
Nahrung/Genußmittel (7) : 15,6 %

---

[1] Hieraus kann aus den o.g. Gründen und wegen der geschilderten rechnerischen Vereinfachungen nicht auf die durchschnittlichen Steuerbelastungen der Unternehmen geschlossen werden.

[2] Die Prozentsätze wurden gemäß dem auf der letzten Seite dargelegten Verfahren ermittelt; die Zahl in Klammern gibt an, wieviele Unternehmen der jeweiligen Branche hierzu Angaben machten.

Eisen/Stahl/NE-Metalle (7)   : 15,4 %
Handel/Tourismus/Verkehr (9)   : 13,8 %
Bergbau/Mineralöl/Energie (11) : 12,6 %

Für die Branchen Fahrzeuge und Fahrzeugteile sowie Papier/Druck/Verlag lagen nur 3 bzw. 2 Nennungen zu dieser Kategorie vor, so daß ein Ausweis der dort geforderten Sätze unterbleiben mußte.

Die relativ starke Differenzierung der geforderten Mindestrenditesätze könnte ihre Ursache in der spezifischen Investitionstätigkeit der einzelnen Branchen haben. Bei aller gebotenen Zurückhaltung bei der Interpretation der genannten Durchschnittswerte ist zu vermuten, daß die Branchen mit den höchsten Mindestrenditeforderungen auch die höchsten Investitionsrisiken eingehen. So dürfte aus dem Umfang der Forschung in der pharma - zeutisch-chemischen und der elektrotechnischen (Datenverarbeitung) Industrie der Schluß zu ziehen sein, daß hier mehr Erweiterungsinvestitionen als in den übrigen Wirtschaftszweigen durchgeführt werden. Insbesondere für Investitionen, in deren Rahmen nicht nur neue Verfahren, Technologien und Produkte entwickelt bzw. produziert, sondern auch neue Märkte er - schlossen werden, ist die höhere Renditeforderung erklärlich. Für die am Ende der Skala befindlichen Branchen gilt dies nicht in vergleichbarem Umfang. So weist die Eisen- und Stahl-Industrie eine Tendenz zu weniger risikobehafteten Ersatz- und Rationalisierungsinvestitionen auf; auch die für den Handel typischen Investitionen etwa in Transport- und Lagersysteme sind vergleichsweise leicht zu bewerten. Ähnliches ist für die Energieindu - strie für Investitionen in die Energieverteilung bzw. den Energievertrieb festzustellen. Hier tritt hinzu, daß auch die Risiken bei typischen Erweite - rungsinvestitionen (z.B. Kraftwerksbau) deshalb besser abschätzbar sind als in der chemischen bzw. elektrotechnischen Industrie, weil sie nicht auf neue Märkte gerichtet sind und weil sich die zukünftigen Rückflüsse in die - ser Branche relativ gut abschätzen lassen.

3.4. Abschließende Interpretation der Untersuchungsergebnisse

Zur Vorbereitung von Investitionsentscheidungen wird heute im Vergleich zu den in der Untersuchung von Grabbe erhobenen Daten in weit größerem Umfang als etwa noch vor 10 Jahren auf dynamische Rechenverfahren zurückgegriffen. Die dadurch erhöhten Datenanforderungen betreffen auch den Kalkulationszinsfuß, der auf der Grundlage einer differenzierten Datenanalyse ermittelt werden muß. Sollen Fehlentscheidungen vermieden werden, dürfen die Kapitalkosten einer Unternehmung (bzw. bei Projektfinanzierungen die effektiven Finanzierungskosten des Projektes) nicht unberücksichtigt bleiben.

Die Kapitalkostenermittlung ist indessen in vielen Fällen problematisch. Insbesondere zur Investitionsfinanzierung eingesetztes Eigenkapital sowie Innenfinanzierungsmittel (die, wie nicht nur diese Untersuchung zeigt, zu den wichtigsten zu diesem Zweck verwendeten Kapitalquellen überhaupt gehören) sind kostenmäßig nur schwer erfaßbar. Immerhin konnten aber einige wichtige Anhaltspunkte dazu gewonnen werden, wie die Kosten dieser und anderer spezifischer Finanzierungsformen von der Praxis eingeschätzt werden.

Sicherlich nicht zuletzt aufgrund der genannten Meßprobleme herrscht dennoch bei vielen Unternehmen offenbar Unklarheit darüber, wie Finanzierungskosten zweckentsprechend zu bestimmen sind: Nur rund ein Drittel der befragten Firmen, zumeist "Größtunternehmen", legen der Kapitalkostenermittlung ein Kalkulationsschema zugrunde, das dem von seiten der Betriebswirtschaftslehre empfohlenen differenzierten Durchschnittskapitalkostenkonzept entspricht oder zumindest nahekommt.

In vielen Fällen wird dagegen der Kalkulationszinsfuß in Anlehnung an andere Meßgrößen festgelegt, wobei insbesondere die ausschließliche Orientierung am Marktzinssatz oder an der subjektiven Mindestrendite (sofern sie nicht theoretisch begründbar bestimmt wird) aus theoretischer Sicht kaum als problemgerecht anzusehen ist. Die Tatsache, daß die Kalkulationszinsfußbestimmung noch häufig ohne hinreichend begründete Basis erfolgt, dürfte auch hauptsächlich dafür verantwortlich sein, daß trotz überwiegend eindeutig geregelter Zuständigkeiten eine Überprüfung bzw. Korrektur des Zinssatzes vergleichsweise selten vorgenommen wird.

4. Zusammenfassung

Die vorliegende Untersuchung hat die Erklärung des Zusammenhangs zwischen Kapitalkosten und Investitionsentscheidungen aus theoretischer und praktischer Sicht zum Gegenstand. Dabei wurde zu Beginn dargetan, daß Investitionsentscheidungen nicht losgelöst von den Kosten von Finanzierungsmaßnahmen beurteilt werden können, die Finanzierungskosten aber in der Regel nicht im vorhinein bekannt sind, sondern durch einen gesonderten Bewertungsvorgang festgestellt werden müssen. Ziel der Untersuchung war es demgemäß, Aufschlüsse darüber zu gewinnen, inwieweit die Probleme der Kapitalkostenermittlung aus Sicht der Finanzwirtschaftslehre als lösbar erscheinen und ob bzw. wie sie in der betrieblichen Praxis gelöst werden.

Vor diesem Hintergrund war es in einem ersten Schritt notwendig, die Relevanz der Kapitalkosten für die Investitionsprojektbeurteilung zu begründen. Auf der Grundlage einer formalen Prüfung und einer Auswertung empirischer Analysen wurden zunächst die für die theoretische und praktische Investitionsbeurteilung maßgeblichen Methoden identifiziert. Die in der Unternehmenspraxis nach wie vor bedeutsamen statischen Kalküle und die unter theoretischen Gesichtspunkten überlegenen finanzmathematischen Methoden haben gemeinsam, daß sie eines Verzinsungsmaßstabes bedürfen. Während die Kapitalkosten als Verzinsungsanforderung für das durchschnittlich gebundene Kapital direkt in die statische Investitionsbeurteilung eingehen, muß zur Begründung ihrer Relevanz bei den dynamischen Verfahren weiter ausgeholt werden. Die Schwierigkeiten bei der Bestimmung des Verzinsungsmaßstabes bestehen hier darin, daß ein theoretisch richtiger Kalkulationszinsfuß nur unter Bedingungen abgeleitet werden kann, die in realen Entscheidungssituationen allenfalls annähernd erfüllt sind. Die Ansätze zur Quantifizierung praktisch verwendbarer Kalkulationszinsfüße stellen daher Approximationen dar, denen unterschiedliche vereinfachende Annahmen zugrundeliegen. Inwieweit diese Vereinfachungen als zweckmäßig und vertretbar erscheinen, hängt dabei letztlich von der Entscheidungssituation im einzelnen ab; für gut strukturierte Bewertungssituationen kommt etwa der Ansatz der zukunftsbezogenen, nach Soll- und Habenzins differenzierenden Wiederanlageverzinsung in Betracht, für weniger gut strukturierte Bewertungssituationen kann es häufig sinnvoll sein, auf den Kapitalkostensatz als einheitlichen Maßstab zurückzugreifen. Hieraus leitet sich die Relevanz der Kapitalkosten auch für die dynamischen Kalküle ab: Sie dienen als Ausprägung der Wiederanlageverzinsung, bei deren Verwendung sie zusätzlich in den Zahlungsströmen berücksichtigt werden oder sie fungieren direkt als Kalkulationszinsfuß.

Zur Feststellung der Kapitalkosten können in Gestalt der traditionellen, der neoklassischen und der neoinstitutionalistischen Sichtweise grundsätzlich mehrere Bewertungskonzeptionen innerhalb der Finanzwirtschaftslehre herangezogen werden. Mit der vergleichenden Analyse aller drei Konzeptionen wurde hier ein bewußt breiter Untersuchungsansatz gewählt, der zum einen die unterschiedliche Leistungsfähigkeit der Konzeptionen bei der Bewertung der einzelnen Komponenten der Eigen- und Fremdkapitalkosten verdeutlichen und es zum anderen - darauf aufbauend - ermöglichen sollte, ggf. auf Kombinationen dieser Ansätze zurückzugreifen. Als Ergebnis stellte sich dabei heraus, daß zur Quantifizierung der Eigenkapitalkosten am ehesten eine Kombination aus traditionellem und neoklassischem Ansatz geeignet ist. Während mithilfe des auszahlungsbezogenen traditionellen Ansatzes zwar die aus bestimmten institutionellen Regelungen, wie etwa einer Aktienemission, erwachsenden Kosten, nicht aber die von den Kapitalgebern geforderten Nutzungsentgelte bewertet werden können, gilt für den neoklassischen Ansatz Gegenteiliges: Hier können die Renditeforderungen der Kapitalgeber quantifiziert werden, wohingegen es nicht möglich ist, institutionelle Regelungen überhaupt zu erfassen. Für den Fall der Fremdfinanzierung wurde gezeigt, daß die konventionellen Kalküle zur Zinsberechnung die bewertungsrelevanten Kapitalkostenkomponenten nahezu vollständig einbeziehen können. Nicht unmittelbar auszahlungsbezogene Finanzierungskostenbestandteile resultieren hier i.d.R. lediglich aus Maßnahmen, die vom Kapitalgeber zum Zwecke der Risikobegrenzung getroffen werden, so daß hier ggf. auch der neoinstitutionalistische Ansatz von Belang ist. Der neoklassische Ansatz kann wegen der Unterstellung vollkommener Kapitalmärkte, die es nicht erlaubt, zwischen verschiedenen Fremdfinanzierungsformen zu unterscheiden, dagegen kaum zur Beantwortung dieser Fragestellung herangezogen werden.

Um auch Aussagen über die praktische Umsetzbarkeit der Ansätze treffen zu können, war es weiterhin erforderlich, die in den einzelnen, aus theoretischer Sicht lösungsdienlichen Bewertungsansätzen formulierten Datenbedarfe auf ihre Erfüllbarkeit zu überprüfen. Im Falle der Eigenfinanzierung ergeben sich dabei Schwierigkeiten unterschiedlichen Ausmaßes: Während anfallende pagatorische Kostenkomponenten durchwegs empirisch beobachtbar und meßbar sind, bereiten die in den neoklassischen Ansätzen formulierten Datenanforderungen, die sich auf zukünftige und z.T. auch auf Größen beziehen, die in der Realität keine Entsprechung haben, Probleme. Diese qualitativ höheren Anforderungen an die Informationsgewinnung haben u.a. zur Folge, daß sich theoretisch objektiv ableitbare Bewertungskonzeptionen praktisch nicht ohne subjektive Urteilsbildung im Hinblick auf die Datenfestlegung umsetzen lassen. Dies erschwert es, abschließend zu beurteilen, ob etwa die Bildung eindeutiger und zugleich hinreichend differenzierter Risikokategorien bzw. -klassen beim Alternativertragsatzkonzept, die Prognose einer zukünftigen konstanten Dividendenwachstumsrate im Gordon-Modell oder die Abschätzung der Marktrisikoprämie und der systematischen Projektrisiken im Capital Asset Pricing Model meßpraktisch am ehesten zu bewältigen ist. Die Antwort hierauf muß i.d.R. vom Einzelfall abhängig gemacht werden. Wie die Bestimmung der bewertungsrelevanten Daten dann erfolgen kann und inwieweit sich die subjektive Urteilsbildung anhand hilfsweise heranzuziehender Daten zumindest nachvollziehbar gestalten läßt, wurde am Beispiel der Kapitalerhöhung der VDO Adolf Schindling AG offengelegt.

Grundsätzlich geringere Meßprobleme treten bei der Quantifizierung der Kapitalkosten von Fremdfinanzierungsmaßnahmen auf. Mithilfe des traditionellen Bewertungsansatzes lassen sich die Kapitalkosten zumindest der externen Fremdfinanzierung, wie durch die Beispielsberechnungen eines Schuldscheindarlehens und einer Null-Kupon-Anleihe verdeutlicht werden konnte, präzise bestimmen. Probleme bei der Erfüllung der Datenanforderung entstehen hier ggf. aus spezifischen Kontraktgestaltungen, etwa wenn leistungs- und finanzwirtschaftliche Transaktionen miteinander verknüpft werden oder wenn die Verzinsung von Tatbeständen abhängig ist, die im Bewertungszeitpunkt noch nicht bekannt sind. Demgegenüber ist die interne Fremdfinanzierung durch einen differenzierteren, zum großen Teil von der Bewertungssituation abhängigen Informationsbedarf gekennzeichnet. Im Rahmen der Beispielsberechnung einer Pensionsrückstellung wurde deshalb unter Zugrundelegung von Fallannahmen dargelegt, wie die Kapitalkostenberechnung für derartige Finanzierungsmaßnahmen prinzipiell erfolgen kann.

Für die Bestimmung der nicht auszahlungsbezogenen Kapitalkostenkomponenten der Fremdfinanzierung kann man sich des neoinstitutionalistischen Ansatzes bedienen. Aufgrund seines geringen Operationalisierungsgrades erweisen sich hier die Meßprobleme allerdings als beträchtlich; lediglich im Rahmen des Ansatzes der Quantifizierung impliziter Kapitalkosten kann - wie dargelegt wurde - gelegentlich auf geeignete heuristische Lösungsansätze zurückgegriffen werden.

Neben dem Nachweis der Bedeutung der Kapitalkosten für die Investitionsbeurteilung, der theoretischen Prüfung der Konzeptionen zu ihrer Ermittlung und der Untersuchung der praktischen Umsetzbarkeit der Bewertungsansätze bestand die letzte Zielsetzung der vorliegenden Arbeit darin, Aufschlüsse über die Bedeutung der Kapitalkosten für Investitionsentscheidungen in der Unternehmenspraxis zu gewinnen. Die Hauptergebnisse der zu diesem Zweck durchgeführten empirischen Untersuchung in der deutschen Großindustrie sollen an dieser Stelle nicht im einzelnen nochmals rezipiert, sondern in drei zusammenfassenden Thesen festgehalten werden:

° Die dynamischen Investitionsrechnungsverfahren, die in mehrfacher Hinsicht höhere Datenanforderungen stellen als etwa die statischen Verfahren - dies gilt insbesondere auch für den Verzinsungsmaßstab - , haben in der Großindustrie mittlerweile eine fast durchgängige Verbreitung (85,5 % der Unternehmen) gefunden. Das in der Praxis eindeutig dominierende Entscheidungskriterium ist entgegen den Empfehlungen der Theorie der interne Zinsfuß, gemeinsam gefolgt von der statischen Amortisationszeit und dem Kapitalwert.

° Mit den Maßnahmen der Innenfinanzierung spielen bei der Investitionsfinanzierung diejenigen Instrumente eine herausragende Rolle, deren Finanzierungskosten besonders schwierig zu ermitteln sind; dennoch erscheinen die von den Unternehmen angegebenen Durchschnittskapitalkostensätze der einzelnen Maßnahmen als angemessen und mit den Erkenntnissen der Finanzwirtschaftslehre vereinbar. Am kostengünstigsten wird die Finanzierung aus Pensionsrückstellungen eingeschätzt, als teuerstes Finanzierungsinstrument gilt die Kapitalerhöhung.

° Nur etwa die Hälfte der Firmen berücksichtigt die Finanzierungskosten regelmäßig im Rahmen der Investitionsbeurteilung, lediglich ein Drittel der Unternehmen bedient sich dabei einer Vorgehensweise, die dem differenzierten Kapitalkostenkonzept etwa in der Form entspricht, wie es von der Finanzierungstheorie nahegelegt wird.

Diese Ergebnisse machen zwar deutlich, daß die Unternehmenspraxis der Theorie bislang nur zum Teil gefolgt ist. Die Tatsache, daß zumindest ein Teil der Firmen in den dargelegten Problemkreisen mit der Theorie konform geht, ist aber auch als Indiz für das Bestreben zu werten, die Qualität der Investitionsbeurteilung durch die Umsetzung der Aussagen der Finanzwirtschaftslehre zu verbessern. Vergegenwärtigt man sich in diesem Lichte den langen Zeitraum, der etwa von der Propagierung der finanzmathe -

matischen Methoden zur Investitionsbeurteilung bis zu deren Anwendung auf breiterer Ebene vergangen ist, so besteht jedenfalls Anlaß zu der Hoffnung, daß auch die Empfehlungen zur Berücksichtigung der Kapitalkosten bei der Investitionsbeurteilung in zunehmendem Maße von der Unternehmenspraxis umgesetzt werden.

Abkürzungsverzeichnis

(im Literaturverzeichnis verwendete Abkürzungen)

AER	The American Economic Review
BBet	Bank-Betrieb
BFuP	Betriebswirtschaftliche Forschung und Praxis
BJoE	The Bell Journal of Economics
DöB	Der Österreichische Betriebswirt
FAJ	The Financial Analyst's Journal
FM	Financial Management
HWF	Handwörterbuch der Finanzwirtschaft
HWR	Handwörterbuch des Rechnungswesens
HdWW	Handwörterbuch der Wirtschaftswissenschaften
JfB	Journal für Betriebswirtschaft
JFQA	Journal of Financial and Quantitative Analysis
JoB	Journal of Business
JoF	The Journal of Finance
JoFE	Journal of Financial Economics
JoIE	The Journal of Industrial Economics
JoLE	The Journal of Law and Economics
JoPE	The Journal of Political Economy
JORS	Journal of the Operations Research Society of America
JPM	Journal of Portfolio Management
KK	Kredit und Kapital
LRP	Long Range Planning
MA	Management Accounting
MS	Management Science
MZ	Management-Zeitschrift
NB	Neue Betriebswirtschaft
QJoE	The Quarterly Journal of Economics
RESt	The Review of Economics and Statistics
RoESt	The Review of Economic Studies

ZfB	Zeitschrift für Betriebswirtschaft
ZfbF	Zeitschrift für betriebswirtschaftliche Forschung
ZfdgK	Zeitschrift für das gesamte Kreditwesen
ZgS	Zeitschrift für die gesamte Staatswissenschaft
ZfhF	Zeitschrift für handelswissenschaftliche Forschung
ZWS	Zeitschrift für Wirtschafts- und Sozialwissenschaften

Literaturverzeichnis

Abdelsamad, Moustafa H.: A Guide of *Capital Expenditure Analysis*, New York 1973

Adelberger, Otto L.: *Bestimmung* des Unternehmenswertes; in: Wirtschaftliche Meßprobleme, hrsg. von H.C. Pfohl und B. Rürup, Köln 1977, S.129-146

Adelberger, Otto L.: Das "capital asset pricing model" - eine *Lösung* des Kalkulationszinsfußproblems für die betriebliche Praxis? in: Unternehmensführung aus finanz- und bankwirtschaftlicher Sicht, hrsg. von E. Rühli und J.P. Thommen, Stuttgart 1981, S.99-119

Adelberger, Otto L./Günther, Horst H.: Fall- und Projektstudien zur *Investitionsrechnung*, München 1982

Akerlof, George A.: The Market for *"Lemons"*: Qualitative Uncertainty and the Market Mechanism; in: QJoE, Vol.84 (1970), S.488-500

Albach, Horst: *Investitionspolitik* in Theorie und Praxis. Zu dem neuen Werk von George Terborgh "Business Investment Policy"; in: ZfB, 28.Jg. (1958), S.766-783

Albach, Horst: *Wirtschaftlichkeitsrechnung* bei unsicheren Erwartungen, Köln und Opladen 1959

Albach, Horst: *Investition* und Liquidität, Wiesbaden 1962

Albach, Horst: *Kapitalausstattung* und Entwicklung der Wirtschaft; in: Finanzierung deutscher Unternehmen heute. Diagnose und Vorschläge zur Verbesserung der Kapitalstruktur, hrsg. von M. Bierich und R. Schmidt, Stuttgart 1984, S.1-21

Alchian, Armen A.: The Basis of some Recent *Advances* in the Theory of Management of the Firm; in: JoIE, Vol.14 (1965), S.30-41

Archer, Stephen H./Choate, G. Marc/Racette, George: Financial Management, New York 1979

Arditti, Fred D./Tysseland, Milford S.: Three Ways to Present the *Marginal Cost* of Capital; in: FM, Vol.2 (Summer 1973), S.63-67, zitiert nach dem Wiederabdruck in: Issues in Managerial Finance, ed. by E.F. Brigham and R.E. Johnson, Hinsdale (Ill.) 1976, S.348-355

Atteslander, Peter: Methoden der empirischen *Sozialforschung*, 4. Aufl., New York 1975

Ballwieser, Wolfgang/Schmidt, Reinhard H.: *Unternehmensverfassung*, Unternehmensziele und Finanztheorie; in: Mitbestimmung als Problem der Betriebswirtschaftslehre, hrsg. von K. Bohr u.a., Berlin 1981, S.645-682

Ballwieser, Wolfgang: *Unternehmensbewertung* und Komplexitätsreduktion, 2. Aufl., Wiesbaden 1987

Barnea, Amir/Haugen, Robert A./Senbet, Lemma W.: Market Imperfections, *Agency Problems*, and Capital Structure: A Review; in: FM, Vol. 10 (Summer 1981), S.7-22

Barnea, Amir/Haugen, Robert A./Senbet, Lemma W.: Agency Problems and *Financial Contracting,* Englewood Cliffs (N.J.) 1985

Baxter, Nevins D.: Leverage, Risk of Ruin and the Cost of Capital, in: JoF, Vol.22 (1967), S.395-403, zitiert nach der deutschen Übersetzung: Verschuldung, *Konkursrisiko* und Kapitalkosten; in: Die Finanzierung der Unternehmung, hrsg. von H. Hax und H. Laux, Köln 1975, S.167-177

Benore, Charles: A *Survey* of Investor Attitudes toward the Electric Power Industry, Paine Webber Mitchell Hutchins, June 13, 1978

Betz, Rolf: Neue *Finanzierungsformen*; in: Neue Entwicklungen am internationalen Kapitalmarkt, Vortragsmanuskript, hrsg. von Deutsche Bank AG, Frankfurt/Main 1986, S.15-24

Bierich, Markus: Der Einfluß der Besteuerung auf die *Kapitalbeschaffung* der Unternehmen; in: Finanzierung deutscher Unternehmen heute. Diagnose und Vorschläge zur Verbesserung der Kapitalstruktur; hrsg. von M. Bierich und R. Schmidt, Stuttgart 1984, S.29-54

Bitz, Michael: Investition; in: Kompendium der Betriebswirtschaftslehre, hrsg. von J. Baetge u.a., München 1984, S.423-481

Blohm, Hans/Lüder, Klaus: *Investition.* Schwachstellen im Investitionsbereich des Industriebetriebes und Wege zu ihrer Beseitigung, 5. Aufl., München 1983

Blume, Marshall E.: On the *Assessment* of Risk; in: JoF, Vol.26 (1971), S.1-10

Blume, Marshall E.: Betas and Their *Regression Tendencies*; in: JoF, Vol.28 (1973), S.785-796

Böhm-Bawerk, Eugen von: Kapital und Kapitalzins, Zweite Abteilung, Positive *Theorie* des Kapitales, 4. Aufl., Meisenheim/Glan 1961 (unveränderter Nachdruck)

Bogue, Marcus C./Roll, Richard: *Capital Budgeting* of Risky Projects with "Imperfect" Markets for Physical Capital; in JoF, Vol.29 (1974), S.601-613, zitiert nach dem Wiederabdruck in: Risk and Return in Finance, Vol. II, ed. by I. Friend and J.L. Bicksler, Cambridge (Mass.), 1977, S.129-147

Brealey, Richard A./Myers, Stewart C.: *Principles* of Corporate Finance, Tokyo 1984

Brigham, Eugene F.: *Hurdle Rates* for Screening Capital Expenditure Proposals; in: FM, Vol. 4 (Autumn 1975), S.17-26

Brigham, Eugene F.: Financial *Management*. Theory and Practice, 2nd ed., Hinsdale (Ill.), 1979

Brigham, Eugene F./Gapenski, Louis C.: *Intermediate* Financial Management, 2nd ed., New York 1987

Brigham, Eugene F./Shome, Dilip K.: "Estimating the Market *Risk Premium*"; in: Risk, Capital Costs, and Project Financing Decisions, ed. by F.G.J. Derkinderen and R.L. Crum, Boston 1981, S.79-106

Bruckermann, Gerhard: Der *Euro-Note-Markt*; in: Neuere Entwicklungen am internationalen Kapitalmarkt, Vortragsmanuskript, hrsg. von Deutsche Bank AG, Frankfurt/Main 1986, S.25-33

Büschgen, Hans E.: Obligationenemission, Schuldscheindarlehen und *Aktienemission* - Ein Finanzierungskostenvergleich; in: BBet, 7.Jg. (1967), S.107-114

Büschgen, Hans E.: *Finanzinnovationen* - Neuerungen und Entwicklungen an nationalen und internationalen Kapitalmärkten; in: ZfB, 56. Jg. (1986), S.299-336

Büschgen, Hans E.: Internationales Finanzmanagement, Frankfurt/Main 1986

Carleton, Willard T.: A Highly Personal Comment on the Use of the *CAPM* in Public Utility Rate Cases; in: FM, Vol. 7 (Autumn 1978), S.57-59

Chen, Andrew H.: Recent Developments in the Cost of *Debt Capital;* in: JoF, Vol.33 (1978), S.863-877

Chen, Andrew H./Boness, A. James: Effects of *Uncertain Inflation* on the Investment and Financing Decisions of a Firm; in: JoF, Vol.30 (1975), S.469-483

Chmielewicz, Klaus: *Forschungskonzeptionen* der Wirtschaftswissenschaft, 2. Aufl., Stuttgart 1979

Coase, Ronald H.: The *Nature* of the Firm; in: Economica, Vol.4 (1937), S.368-405

Coase, Ronald H.: The Problem of *Social Cost*; in: JoLE, Vol.3 (1960), S.1-44

Coenenberg, Adolf G.: *Unternehmensbewertung* aus der Sicht der Hochschule; in: 50 Jahre Wirtschaftsprüferberuf - Bericht über die Jubiläumsfachtagung vom 21. bis 23.10.1981 in Berlin, IdW, Düsseldorf 1981, S.221-245

Copeland, Thomas E./Weston, J. Fred: Financial *Theory* and Corporate Policy, 2nd ed., Reading (Mass.) 1983

Corr, Arthur V.: The *Capital Expenditure Decision*; National Association of Accountants, The Society of Management Accountants of Canada, New York/Ontario 1983

Däumler, Klaus-Dieter: Investitions- und *Wirtschaftlichkeitsrechnung*, Grundlagen, 2. Aufl., Herne/Berlin 1978

Däumler, Klaus-Dieter: Betriebliche *Finanzwirtschaft*, 3. Aufl., Herne/Berlin 1986

Däumler, Klaus-Dieter/Lienke, Heinrich: Zur *Effektivzinsbestimmung* bei kurzfristiger Fremdfinanzierung; in: NB 35.Jg. (1982), S.3-9

Dean, Joel: Capital *Budgeting*, 7th printing, New York/London 1964

Demsetz, Harald: Towards a *Theory* of Property Rights; in: AER, Papersand Proceedings, Vol.57,2 (1967), S.347-359

Dimson, Elroy/Marsh, Paul: *Calculating* the Cost of Capital; in: LRP, Vol.15 (1982), S.112-120

Domsch, Michel/Gerpott, Torsten J.: Aufstiegsklima von industriellen F + E Einheiten und individuelle *Arbeitsleistung und Arbeitszufriedenheit*; in: ZfB, 56.Jg. (1986), S.1095-1116

Drukarczyk, Jochen: *Investitionstheorie* und Konsumpräferenz, Berlin 1970

Drukarczyk, Jochen: Finanzierungstheorie, München 1980

Drukarczyk, Jochen: Finanzierung, 3. Aufl., Stuttgart 1986

Durand, David: *Cost* of Debt and Equity Funds for Business: Trends and Problems of Measurement; in: Conference on Research in Business Finance, New York: National Bureau of Economic Research, 1952,

S.215-247, zitiert nach dem Wiederabdruck in: The Theory of Business Finance, ed. by S.H. Archer and C.A. D´Ambrosio, 2nd ed., New York 1976, S.420-452

Eilenberger, Guido: Währungsrisiken, *Währungsmanagement* und Devisenkurssicherung, 2.Aufl., Frankfurt/Main 1986

Elton, Edwin J./Gruber, Martin J.: Earnings Estimates and the *Accuracy* of Expectational Data; in: MS, Vol.18 (1972), S.409-424

Engbroks, Hartmut: Finanzielle Effekte der Vorausfinanzierung betrieblicher *Altersversorgung*; in: Wegweiser für die Altersversorung, Georg Heubeck zum 75., Stuttgart 1986, S.121-135

Eppink, D.Jan/Keuning, Doede/de Jong, Klaas: *Corporate Planning* in the Netherlands; in: LRP, Vol.9 (October 1976), S.30-39

Ertl, Bernd: Die Einführung mittelständischer Unternehmen an die Börse - Techniken und *Erfahrungen*; in: Die Finanzierung mittelständischer Unternehmungen in Deutschland, hrsg. von P.R. Wossidlo, Berlin 1985, S. 234-249

Eschenbach, Rolf/Vana, Andreas: *Investitionsrechnungen* in der österreichischen Maschinen- und Stahlbauindustrie. Eine vergleichende, empirische Untersuchung; in: JfB, 29.Jg. (1979), S.200-225

Fabozzi, Frank J.: The Use of Operational *Research Techniques* for Capital Budgeting Decisions - a Sample Survey; in: JORS, Vol. 29 (1978), S.39-42

Fama, Eugene F./Miller, Merton H.: The *Theory* of Finance, Hinsdale (III.) 1972

Findlay, M. Chapman /Williams, Edward E.: A *Positivist Evaluation* of the New Finance, in: FM, Vol.9 (Summer 1980), S.7-17

Fischer, Joachim: Heuristische *Investitionsplanung*. Entscheidungshilfen für die Praxis, Berlin 1981

Fischer, Otfried: Neuere *Entwicklungen* auf dem Gebiet der Kapitaltheorie; in: ZfbF, 21.Jg. (1969), S.26-42

Fischer, Otfried/Jansen, Helge/Meyer, Werner: *Langfristige Finanzplanung* deutscher Unternehmen, Hamburg 1975

Fisher, Irving: The *Theory* of Interest, New York 1930 (reprint 1965)

Förster, Wolfgang: Die *Anpassung* von Betriebsrenten; in: Betriebliche Altersversorgung im Umbruch, hrsg. von Beratungs-GmbH für Altersversorgung u.a., Berlin 1980, S.204-223

Francis, Jack Clark: *Investments*. Analysis and Management, 3rd ed., New York 1980

Francis, Jack Clark: *Investments*. Analysis and Management; 4th ed., New York 1986

Franke, Günther: *Kapitaltheorie*, Betriebswirtschaftliche, in: HdWW 1977, S.359-369

Fremgen, James M.: *Capital Budgeting* Practices: A Survey; in: MA, Vol.54 (May 1973), S.19-25

Friend, Irvin/Landskroner, Yoram/Losq, Etienne: The Demand for Risky Assets under Uncertain *Inflation*; in: JoF, Vol.31 (1976), S.1287-1297

Frischmuth, Gunter: Daten als Grundlage für *Investitionsentscheidungen*, Berlin 1969

Fritsch, Ulrich: Die *Eigenkapitallücke* in mittelständischen Unternehmen - Lösungsmöglichkeiten; in: Finanzierung deutscher Unternehmen heute. Diagnose und Vorschläge zur Verbesserung der Kapitalstruktur; hrsg. von M. Bierich und R. Schmidt, Stuttgart 1984, S.55-66

Fuller, Russell J./Kerr, Halbert S.: *Estimating* the Divisional Cost of Capital: An Analysis of the Pure-Play Technique; in: JoF, Vol.36 (1981), S.997-1009

Gabele, Eduard/Weber, Ferdinand: Kauf oder *Leasing*, Köln 1985

Geiser, Josef: Zum *Investitionsverhalten* mittelständischer Industriebetriebe - unter besonderer Berücksichtigung von Sprunginvestitionen, Göttingen 1980

Georgi, Andreas A.: Steuern in der *Investitionsplanung* - Eine Analyse der Entscheidungsrelevanz von Ertrag- und Substanzsteuern -, Hamburg 1986

Gerke, Wolfgang/Philipp, Fritz: Finanzierung, Stuttgart 1985

Gitman, Lawrence J./Forrester, John R.: A Survey of *Capital Budgeting Techniques* Used by Major U.S. Firms; in: FM, Vol.6 (Fall 1977), S.66-71

Gitman, Lawrence J./Mercurio, Vincent A.: *Cost of Capital Techniques* Used by Major U.S. Firms: Survey and Analysis of Fortune's 1000; in: FM, Vol.11 (Winter 1982), S.21-29

Göppl, Herrmann: *Unternehmungsbewertung* und Capital-Asset-Pricing-Theorie; in: Wpg, 33.Jg. (1980), S.237-245

Gordon, Myron J.: The *Investment*, Financing, and Valuation of the Corporation, Homewood (III.) 1962

Gordon, Myron J./Shapiro, Eli: Capital Equipment Analysis: The Required Rate of Profit; in: MS, Vol.3 (1956), S.102-110, zitiert nach der deutschen Übersetzung: Analyse der Vorteilhaftigkeit von Investitionen: Die *Mindestrendite*; in: Die Finanzierung der Unternehmung, hrsg. von H. Hax und H. Laux, Köln 1975, S.54-64

Grabbe, Hans-Wilhelm: *Investitionsrechnung* in der Praxis - Ergebnisse einer Unternehmensbefragung, Köln 1976

Grochla, Erwin/Welge, Martin: Zur Problematik der *Effizienzbestimmung* von Organisationsstrukturen; in: Wirtschaftliche Meßprobleme, hrsg. von H.C. Pfohl und B. Rürup, Köln 1977, S.73-91

Gutenberg, Erich: Zur neueren *Entwicklung* der Wirtschaftlichkeitsrechnung; in: ZgS, 108.Bd. (1952), S.630-645

Gutenberg, Erich: *Untersuchungen* über die Investitionsentscheidungen industrieller Unternehmungen, Köln und Opladen 1959

Häuser, Karl/Rosenstock, Adolf/Vorwerk, Thomas/Seum, Andreas: Aktienrendite und *Rentenparadoxie* 1964 bis 1983 in der Bundesrepublik Deutschland, Frankfurt/Main 1985

Hahn, Oswald: Finanzwirtschaft, 2. Aufl., München 1983

Haley, Charles W. and Schall, Lawrence D.: *Problems* with the Concept of the Cost of Capital; in: JFQA, Vol.13 (1978), S.430-870

Haegert, Lutz: Besteuerung, Unternehmensfinanzierung und betriebliche *Altersversorgung*, Vortrag, gehalten auf der Jahrestagung des Vereins für Socialpolitik am 16. September 1986, München 1986

Hansmann, Karl-Werner: Dynamische *Aktienanlage-Planung,* Wiesbaden 1980

Hax, Herbert: *Investitions- und Finanzplanung* mit Hilfe der linearen Programmierung; in: ZfbF, 16.Jg. (1964), S.430-446

Hax, Herbert: Investitionstheorie, 5. Aufl., Würzburg/Wien 1985

Hax, Herbert: Offene *Probleme* der Investitions- und Finanzplanung; in: Investitions- und Finanzplanung im Wechsel der Konjunktur, hrsg. von W. Kilger und A.-W. Scheer, Würzburg/Wien 1981, S.9-22

Hax, Herbert: *Unternehmenspolitik* und betriebliche Finanzpolitik; in: Unternehmensführung aus finanz- und bankwirtschaftlicher Sicht, hrsg. von E. Rühli und J.P. Thommen, Stuttgart 1981, S.7-22

Hax, Herbert: Finanzierung; in: Kompendium der Betriebswirtschaftslehre, hrsg. von J. Baetge u.a., München 1984, S.367-422

Heubeck, Klaus: Richttafeln Tabellenband, Köln 1983

Heubeck, Klaus: Richttafeln Textband, Köln 1983

Hielscher, Udo/Laubscher, Horst-Dieter: *Finanzierungskosten*. Kostenbestandteile, Kostenvergleiche und Usancen der Industriefinanzierung, Frankfurt am Main 1976

Hirshleifer, Jack: On the Theory of Optimal *Investment Decision;* in: JoPE, Vol.66 (1958), S.329-352

Hodgman, Donald D.: Commercial *Bank Loan* and Investment Policy, Champaign (III.) 1963

Hoffmann, Rolf-R.: *Beziehungen* zwischen Investition und Finanzierung im Bereiche des Betriebs, Berlin 1962

Honko, Jaakko/Virtanen, Kalervo: *Investment Process* in Finnish Industrial Enterprises. A Study of the Capital Investment Planning and Control Process in the Fifty Largest Finnish Industrial Enterprises, Helsinki 1975

Hujer, Reinhard/Cremer, Rolf: Grundlagen und Probleme einer Theorie der sozioökonomischen *Messung*; in: Wirtschaftliche Meßprobleme, hrsg. von H.C. Pfohl und B. Rürup, Köln 1977, S.1-22

Ibbotson, Roger G./Fall, Carol L.: The U.S. *Wealth Portfolio*: Components of Capital Market Values and Returns; in: JPM, Vol.5 (Fall 1979), S.5-17

Ibbotson, Roger G./Siegel, L.B.: The *World Market* Wealth Portfolio; in: JPM, Vol.9 (Winter 1983), S.5-17

Ibbotson, Roger G./Sinquefield, Rex A.: *Stocks,* Bonds, Bills, and Inflation: The Past and The Future, Financial Analysts Research Foundation, Charlottsville (Va.) 1982, 1985

Institut der Wirtschaftsprüfer (Hrsg.): Wirtschaftsprüfer-Handbuch, Bd.I, Düsseldorf 1986

Istvan, Donald E.: The *Economic Evaluation* of Capital Expenditures; in: JoB, Vol.34 (1961), S.45-51

Jacob, Herbert: Neuere *Entwicklungen* in der Investitionsrechnung, Wiesbaden 1964

Jacob, Herbert: Kurzlehrbuch *Investitionsrechnung*, 3. Aufl., Wiesbaden 1984

Jensen, Michael, C./Meckling, William H.: *Theory* of the Firm: Managerial Behavior, Agency Costs and Ownership Structure; in: JoFE, Vol.3 (1976), S.305-360

Keenan, Michael: Models of Equity Valuation: The Great *Serm Bubble*; in: JoF, Vol.25 (1970), S.243-273

Keifer, Rüdiger: Der *Kalkulationszinsfuß* und investitionstheoretische Entscheidungsmodelle, Diss. Mannheim 1970

Kolbe, Lawrence A./Read, James A. Jr./Hall, George R.: The *Cost of Capital*. Estimating the Rate of Return for Public Utilities, Cambridge (Mass.) 1984

Krahnen, Jan P.: Zur *Entwicklung* der mikroökonomischen Finanzierungstheorie am Beispiel der Diskussion um die optimale Kapitalstruktur der Unternehmung, Arbeitspapier FU Berlin 1981

Krahnen, Jan P.: *Finanztheorie*: Markt und Institution, Arbeitspapier FU Berlin 1983

Krause, Wolfgang: *Investitionsrechnungen* und unternehmerische Entscheidungen. Kritische Untersuchung der Möglichkeiten und Grenzen traditioneller und moderner Investitionsrechnungsverfahren, Berlin 1973

Krümmel, Hans-Jacob: *Bankzinsen*. Untersuchungen über die Preispolitik von Universalbanken, Köln 1964

Kruschwitz, Lutz: *Investitionsrechnung*, 3.Aufl., Berlin 1987

Leland, Hayne E./Pyle, David H.: *Information Asymmetries*, Financial Structure and Financial Intermediation; in: JoF, Vol. 32 (1977), S.371-387

Lewellen, Wilbur, G.: The *Cost of Capital*, Belmont (Cal.) 1969

Lintner, John: The *Cost of Capital* and Optimal Financing of Corporate Growth; in: JoF, Vol.18 (1963), S.292-310

Lintner, John: The *Valuation* of Risk Assets and the Selection of Risky Investments in Stock Portfolios and Capital Budgets; in: RESt, Vol.47 (1965), S.13-37

Lipfert, Helmut: Optimale *Unternehmensfinanzierung*, 3. Aufl., Frankfurt 1969

Loistl, Otto: Unternehmensbesteuerung, Stuttgart 1980

Loistl, Otto: Zur *Bewertung* nichtnotierter Anteile; in: Finanzierung deutscher Unternehmen heute. Diagnose und Vorschläge zur Verbesserung der Kapitalstruktur, hrsg. von M. Bierich und R. Schmidt, Stuttgart 1984, S.67-89

Loistl, Otto: Grundzüge der betrieblichen *Kapitalwirtschaft*, Berlin/Heidelberg 1986

Lüder, Klaus: *Investitionskontrolle* in industriellen Großunternehmen; in: ZfB, 50.Jg. (1980), S.351-375

Lüder, Klaus/Neumann, H.: Systemorientierte *Investitionskontrolle*. Arbeitspapier Nr. 14 des Seminars für Allgemeine Betriebswirtschaftslehre der Universität Hamburg, Hamburg 1979

Lutz, Friedrich/Lutz, Vera: The Theory of *Investment* of the Firm, Princeton (N.J.) 1951

Malkiel, Burton G.: The *Capital Formation* Problem in the United States; in: JoF, Vol.34 (1979), S.291-306

Markowitz, Harry: Portfolio *Selection*; in: JoF, Vol.7 (1952), S.77-91

Mayers, D.: *Nonmarketable Assets* and the Determination of Capital Asset Pricing in the Absence of the Riskless Asset; in: JoB, Vol.45 (1972), S.258-267

Meier, Relu E.: *Planung*, Kontrolle und Organisation des Investitionsentscheides, Bern 1970

Meinz, Theo: Neue *Finanzierungsinstrumente*: Kapitalmarktstrukturen im Fluß; in: ZfdgK, 38.Jg. (1985), S.557-562

Mellwig, Winfried: Sensitivitätsanalyse des Steuereinflusses in der *Investitionsplanung*; in: ZfbF, 32. Jg. (1981), S.16-39

Mellwig, Winfried: Die Berücksichtigung der *Steuern* in der Investitionsplanung - Modellprämissen und Ausmaß des Steuereinflusses; in: ZfbF, 33. Jg. (1981), S.53-55

Mellwig, Winfried: Investition und *Besteuerung*, Wiesbaden 1985

Melzer, Frank: *Investitionsrechnung* in deutschen Industriebetrieben; Arbeitsbericht Nr. 12 des Institutes für Unternehmensführung und Unternehmensforschung, 5. Aufl., Bochum 1981

Miller, Merton H.: *Debt* and Taxes; in: JoF, Vol.32 (1977), S.261-275

Modigliani, Franco/Miller, Merton H.: The *Cost of Capital*, Corporation Finance and the Theory of Investment; in: AER, Vol.48 (1958), S.261-297

Modigliani, Franco/Miller, Merton H.: Corporate Income Taxes and the Cost of Capital: A Correction; in: AER, Vol.53 (1963), S.433-443, zitiert nach der deutschen Übersetzung: *Körperschaftsteuern* und Kapitalkosten: Eine Berichtigung; in: Die Finanzierung der Unternehmung, hrsg. von H. Hax und H. Laux, Köln 1975, S.120-132

Morgan, Theodore: Interest, *Time Preference* and the Yield of Capital; in: AER, Vol. 35 (1945), S.81-98

Mossin, Jan: *Equilibrium* in a Capital Asset Market; in: Econometrica, Vol.34 (1966), S.768-783

Moxter, Adolf: Die *Bestimmung* des Kalkulationszinsfußes bei Investitionsentscheidungen; in: ZfhF, 13. Jg. (1961), S.186-200

Moxter, Adolf: Lineares Programmieren und betriebswirtschaftliche *Kapitaltheorie*; in: ZfhF, N.F., 15.Jg. (1963), S.285-309

Moxter, Adolf: Grundsätze ordnungsgemäßer *Unternehmensbewertung*, 2. Aufl., Wiesbaden 1983

Oberparleiter, Karl: Kapitalkosten; in: DöB, 4.Jg., 1954, S.1-10

Oblak, David J./Helm, Roy J. Jr.: Survey and Analysis of *Capital Budgeting Methods* Used by Multinationals; in: FM, Vol.9 (Winter 1980), S.37-41

Oursin, Thomas: Probleme industrieller *Investitionsentscheidungen*. Ergebnisse schriftlicher und mündlicher Befragungen des Ifo-Instituts für Wirtschaftsforschung, München; Berlin 1962

Perridon, Louis/Steiner, Manfred: *Finanzwirtschaft* der Unternehmung, 4. Aufl., München 1986

Petty, William J./Bowlin, Oswald D.: The Financial Manager and *Quantitative Decision* Models, in: FM, Vol.5 (Winter 1976), S.32-41

Pfohl, Hans-Christian: *Planung* und Kontrolle, Stuttgart 1981

Pfohl, Hans-Christian/ Braun, Günther: *Entscheidungstheorie*. Normative und deskriptive Grundlagen des Entscheidens, Landsberg am Lech 1981

Picot, Arnold: Empirische *Forschungsansätze* in der Finanzwirtschaft; in: HWF, hrsg. von H.E. Büschgen, Stuttgart 1976, Sp.317-328

Popper, Karl R.: Objektive *Erkenntnis*, 2. Aufl., Hamburg 1974

Porterfield, James T.S.: *Investment Decisions* and Capital Costs, Englewood Cliffs 1965

Rappaport, Allen: A Critique of *Capital Budgeting Questionnaires*; in: Interfaces, Vol.9 (May 1979), S.100-102

Robicheck, Alexander A./Myers, Stewart C.:Optimal Financing *Decisions*, Englewood Cliffs (N.J.) 1965

Rockley, Lawrence Edwin: *Investment* for Profitability, London 1973

Roll, Richard: A *Critique* of the Asset Pricing Theory's Test; Part 1: On Past and Potential Testability of the Theory; in: JoFE, Vol.4 (1977), S.129-176

Rorke, C. Harvey: On the Portfolio Effects of *Nonmarketable Assets*: Government Transfers and Human Capital Payments; in: JFQA, Vol.14 (1979), S.167-177

Rose, Gerd: Die *Steuerbelastung* der Unternehmung, Wiesbaden 1973

Rose, Gerd: Einführung in die *Teilsteuerrechnung*; in: BFuP, 31.Jg. (1979), S.293-308

Rosenberg, Barr/Guy, James: *Prediction* of Beta from Investment Fundamentals; in: FAJ, Vol.32 (May - June 1976), S.60-72

Rosenstiel, Lutz von: Messung der *Arbeitszufriedenheit*; in: Wirtschaftliche Meßprobleme, hrsg. von H.C. Pfohl und B. Rürup, Köln 1977, S.109-127

Ross, Stephen A.: The Economic *Theory* of Agency: The Principal's Problem; in: AER, Vol.73 (1973), S.134-139

Ross, Stephen A.: The Determination of Financial Structure: The *Incentive-Signalling* Approach; in: BJoE, Vol.8 (1977), S.23-40

Rubinstein, Mark E.: A *Mean-Variance Synthesis* of Corporate Financial Theory; in: JoF, Vol. 28 (1973), S.167-181

Rudolph, Bernd: Zur *Theorie* des Kapitalmarktes - Grundlagen, Erweiterungen und Anwendungen des "Capital Asset Pricing Model" (CAPM); in: ZfB, 49.Jg. (1979), S.1034-1067

Rudolph, Bernd: Klassische Kapitalkostenkonzepte zur *Bestimmung* des Kalkulationszinsfußes für die Investitionsrechnung; in: ZfbF, 38. Jg. (1986), S.608-617

Rudolph, Bernd: Neuere Kapitalkostenkonzepte auf der Grundlage der *Kapitalmarkttheorie*; in: ZfbF, 38.Jg. (1986), S.892-898

Rusch, Horst: Die *Wandelschuldverschreibung*, Berlin 1956

Sabel, Hermann: *Grundlagen* der Wirtschaftlichkeitsrechnung, Berlin 1965

Saelzle, Rainer: *Investitionsentscheidungen* und Kapitalmarkttheorie, Wiesbaden 1976

Salzmann, Joachim: Optimierungsansätze für die Finanzierung betrieblicher *Versorgungsleistungen*; in: Betriebliche Altersversorgung im Umbruch, hrsg. von Beratungs-GmbH für Altersversorgung u.a., Berlin 1980, S.340-363

Schackmann, Valentin: Die Entwicklung der *Pensionsrückstellungen*, Frankfurt/Main 1985

Schall, Lawrence D./Sundem, Gary L./Geijsbeek, William R. Jr.: *Survey and Analysis* of Capital Budgeting Methods; in: JoF, Vol.33 (1978), S.281-292

Schanz, Günter: Zwei Arten des *Empirismus*; in: ZfbF, 27.Jg. (1975), S.307-331

Schierenbeck, Henner: *Grundzüge* der Betriebswirtschaftslehre, 8. Aufl., München 1986

Schmacke, Ernst (Hrsg.): *Die großen 500*. Deutschlands führende Unternehmen und ihr Management, Neuwied 1976, 1984

Schmalenbach, Eugen: Finanzierungen, Leipzig 1916

Schmalenbach, Eugen: Die *Beteiligungsfinanzierung*, 8.Aufl., Köln und Opladen 1954

Schmidt, Reinhard H.: Ein neo-institutionalistischer *Ansatz* der Finanzierungstheorie; in: Unternehmensführung aus finanz- und bankwirtschaftlicher Sicht, hrsg. von E. Rühli und J.P. Thommen, Stuttgart 1981, S.135-154

Schmidt, Reinhard H.: *Grundformen* der Finanzierung. Eine Anwendung des neoinstitutionalistischen Ansatzes der Finanzierungstheorie; in: KK, 14.Jg. (1981), S.186-221

Schmidt, Reinhard H.: *Grundzüge* der Investitions- und Finanzierungstheorie, 2. Aufl., Wiesbaden 1986

Schmidt, Reinhard H.: Zur Entwicklung der *Finanztheorie*; in: Paradigmawechsel in der Betriebswirtschaftslehre? hrsg. von W.F. Fischer-Winkelmann, Spardorf 1983, S.464-500

Schmidt, Reinhart: Das *Finanzierungsverhalten* der Unternehmen in der Bundesrepublik; in: Finanzierung deutscher Unternehmen heute. Diagnose und Vorschläge zur Verbesserung der Kapitalstruktur; hrsg. von M. Bierich und R. Schmidt, Stuttgart 1984, S.91-105

Schneider, Alfred: Darstellung und *Erklärungsansätze* des Investitionsverhaltens industrieller Unternehmen. Eine empirische Untersuchung bei den Unternehmen der Maschinenbau- und Elektroindustrie im Wirtschaftsraum Nürnberg - Fürth - Erlangen, Diss. Erlangen/Nürnberg 1976

Schneider, Dieter: *Investition* und Finanzierung, 5.Aufl., Wiesbaden 1980

Schneider, Dieter: Allgemeine *Betriebswirtschaftslehre*, 2. Aufl., München 1985

Schneider, Erich: Wirtschaftlichkeitsrechnung, 7.Aufl., Tübingen/Zürich 1968

Schütt, Hartmut: Finanzierung und *Finanzplanung* deutscher Industrieunternehmungen. Eine empirische Untersuchung, Darmstadt 1979

Schulte, Karl-Werner: *Wirtschaftlichkeitsrechnung*, 4. Aufl., Würzburg/Wien 1986

Schwantag, Karl: *Zinsen* als Kostenfaktor; in: ZfB, 23. Jg. (1953), S.483-500

Schwarz, Horst: Optimale *Investitionsentscheidungen*, München 1967

Seicht, Gerhard: *Investitionsentscheidungen* richtig treffen. Theoretische Grundlagen und praktische Gestaltung moderner Investitionsrechnungsverfahren, 5. Aufl., Wien 1986

Sharpe, William F.: Capital Asset Prices: A Theory of *Market Equilibrium* under Conditions of Risk; in: JoF, Vol. 19 (1964), S.425-442

Sharpe, William F.: *Portfolio Theory* and Capital Markets, New York 1970

Sharpe, William F./Cooper, Guy M.: "Risk-Return *Classes* of New York Stock Exchange Common Stocks, 1931-1967"; in: FAJ,Vol.28 (March - April 1972), S.46-81

Siegel, Theodor: Der kontroverse *Kalkulationszinsfuß* - zur Klärung seiner Funktion und seiner Quantifizierung, Diskussionspapier 17, hrsg. vom Institut für Wirtschaftswissenschaften der TU Berlin, Berlin 1975

Siegel, Theodor: Zur Anwendbarkeit von *Rangfolgekriterien* bei der Aufstellung von Investitionsprogrammen, Diskussionspapier Nr. 24, hrsg. vom Institut für Wirtschaftswissenschaften der TU Berlin, Berlin 1976

Siegel, Theodor: *Steuerwirkungen* und Steuerpolitik in der Unternehmung, Würzburg/Wien 1982

Siegel, Theodor: Die *Bedeutung* gewinn- und substanzsteuerlicher Abschreibungen für die Bestimmung des Kalkulationszinsfußes; in: ZfbF, 35. Jg. (1983), S.10-26

Siegel, Theodor: *Zinsfüße* in der Unternehmensbewertung, Diskussionspapiere des Fachbereichs Wirtschaftswissenschaften der Universität Hannover, Serie A (Betriebswirtschaftslehre), Nr. 10, April 1983

Smith, Clifford W. Jr./Warner, Jerold B.: On Financial Contracting: An Analysis of *Bond Covenants*; in: JoFE, Vol.7 (1979), S.117-161, zitiert nach dem Wiederabdruck in: The Modern Theory of Corporate Finance, ed. by M.C. Jensen and C.W. Smith, Jr., New York 1984, S.175-219

Solomon, Ezra: The *Theory* of Financial Management, New York and London 1963

Solomon, Ezra: The *Arithmetic* of Capital-Budgeting Decisions; in: JoB, Vol.29 (1956), S.124-129

Spence, Michael: *Job Market* Signaling; in: QJoE, Vol.87 (1973), S.355-374

Spremann, Klaus: Finanzierung, 2. Aufl., München 1986

Sprenger, Karl-August/von Hinten, Peter/Steiner, Joachim: Finanzierungssituation und *Finanzierungsverhalten* mittelständischer Betriebe, Göttingen 1982

Stahlschmidt, Dirk: *Schutzbestimmungen* in Kreditverträgen, Wiesbaden 1982

Standop, Dirk: Optimale *Unternehmensfinanzierung*, Berlin 1975

Standop, Dirk: Die Kapitaltheorie der *Chicago-Schule*. Einzelwirtschaftliche Investitions- und Finanzierungsanalyse versus neoklassische Theorie des Kapitalmarktgleichgewichts; in: ZWS, 96.Jg. (1976), S.55-70

Statistisches Bundesamt Wiesbaden (Hrsg.): Lange Reihe zur *Wirtschaftsentwicklung*, Wiesbaden 1986

Störrle, Winfried: Der *Marktzins* in der unternehmerischen Investitionsentscheidung, Berlin 1970

Storck, Ekkehard: Innovative *Instrumente* des Euro-Kreditmarktes; in: ZfB, 57.Jg. (1987), S.176-188

Strasser, Johanna/Lenger, Wolfgang/Fleischer, Henrik: *Sonderformen* von Euroanleihen; in: Finanzinnovationen, hrsg. von W. Bühler u.a., Wien 1985, S.67-97

Süchting, Joachim: Zur Problematik von *Kapitalkosten-Funktionen* in Finanzierungsmodellen; in: ZfB, 40.Jg. (1970), S.329-348

Süchting, Joachim: Finanzmanagement, 4.Aufl., Wiesbaden 1984

Swoboda, Peter: Betriebliche *Finanzierung*, Würzburg/Wien 1981

Swoboda, Peter: *Investitionsrechnungen*, dynamische (simultan); in: HWR, hrsg. von E. Kosiol u.a., Stuttgart 1981, Sp.803-818

Swoboda, Peter: *Investition* und Finanzierung, 3.Aufl., Göttingen 1986

Tobin, James: *Liquidity Preference* as Behavior towards Risk; in: RoESt, Vol.25 (1958), S.65-86

Toepfer, Armin: *Planungs- und Kontrollsysteme* industrieller Unternehmen - Eine theoretische, technologische und empirische Analyse, Berlin 1975

Uhlir, Helmut/Steiner, Peter: Wertpapieranalyse, Heidelberg/Wien 1986

van Dam, Cees: Capital *Investment Decisions*: An Introduction; in: Trends in Financial Decision Making: Planning and Capital Investment Decisions, ed. by C. van Dam, Leiden/Boston 1978, S.203-209

Van Horne, James C.: A Linear-Programming Approach to *Evaluating Restrictions under a Bond Indentiture or Loan Agreement*; in: JFQA, Vol.1 (1966), S.68-83

Van Horne, James C.: *Financial Management* and Policy, 5th ed., Englewood Cliffs (N.J.) 1980

van Vleck, Richard Walling: *Capital Expenditure Practises* in Large American Corporations, Diss. Washington University 1976

VDO AG: Geschäftsberichte 1981-1985

VDO AG: Die VDO-Aktie. Verkaufsangebot und Börsenprospekt, Frankfurt/Main 1986

Vormbaum, Herbert: *Finanzierung* der Betriebe, 7. Aufl., Wiesbaden 1986

Volkart, Rudolf: Zeitgemäße *Investitionsanalyse*; in: MZ, 50.Jg. (1981), S.23-31

Wagner, Franz W.: Der Steuereinfluß in der Investitionsplanung - Eine *Quantité* négligeable? in: ZfbF, 33.Jg. (1981), S.47-52

Wagner, Franz W.: *Grundfragen* und Entwicklungstendenzen der betriebswirtschaftlichen Steuerplanung; in: BFuP, 36.Jg. (1984), S.201-222

Wagner, Franz W./Dirrigl, Hans: Die *Steuerplanung* der Unternehmung, Stuttgart/New York 1980

Wagner, Franz W./Wenger, Ekkehard/Höflacher, Stefan: *Zero-Bonds*. Optimale Investitions- und Verschuldungsstrategien, Wiesbaden 1986

Wassermann, Bernd: Der *Zinsfuß* als Bewertungsfaktor in der Ertragsteuerbilanz, Köln 1979

Weihrauch, Helmut: Finanzierungseffekt der Rückstellungen, insbesondere der *Pensionsrückstellungen*; in: Finanzierungshandbuch, hrsg. von H. Janberg, 2. Aufl., Wiesbaden 1970, S.319-345

Weingartner, Martin H.: *Capital Rationing*: n Authors in Search of a Plot; in: JoF, Vol.32 (1977), S.1403-1431

Westdeutsche Landesbank Girozentrale (Hrsg.): Branchenprognose 1986/87, Düsseldorf 1986

Weston, J. Fred/Brigham, Eugene F.: Managerial *Finance*, 7th ed., Tokyo 1981

Weston, J. Fred/Copeland, Thomas E.: Managerial *Finance*, 8th ed., Tokyo 1986

Winkelmann, Michael: *Indexwahl* und Performance-Messung; in: Geld, Banken und Versicherungen. Beiträge zum 1. Symposium Geld, Banken und Versicherungen an der Universität Karlsruhe vom 11. - 13. Dezember 1980, Bd. I, hrsg. von H. Göppl und R. Henn, Königstein 1980, S.475-487

Winkelmann, Michael: *Aktienbewertung* in Deutschland, Königstein 1984

Wittmann, Waldemar; Betriebswirtschaftslehre II, Tübingen 1985

Wöhe, Günter/Bilstein, Jürgen: Grundzüge der *Unternehmensfinanzierung*, 4. Aufl., München 1986

Zechner, Josef: *Managerverhalten* und die optimale Kapitalstruktur von Unternehmen: Ein Überblick zur Theorie der Agency Costs; in: JFB, 32.Jg. (1982), S.180-197

Anhang

Fragebogen

KAPITALKOSTEN UND WIRTSCHAFTLICHKEITSRECHNUNG

DEUTSCHER UNTERNEHMEN

- FRAGEBOGEN -

April/Mai 1985

Dipl.-Kfm. Ulrich Kloster
Fachgebiet Finanzwirtschaft u
Finanzwirtschaftliches Rechnu
wesen
Universität Essen GH
Postfach 103 764
4300 Essen 1

0. VORBEMERKUNG

Sofern in Ihrem Hause standardisierte schriftliche Empfehlungen (Organisationsrichtlinien, Handbücher, etc.) zur Beurteilung von Investitionen vorliegen, wäre mir sehr damit gedient, wenn Sie mir diese bzw. entsprechende Auszüge daraus übersenden könnten; es wäre dann ausreichend, den Fragenkomplex III (Fragen 6 und 7) sowie Frage 15 zu beantworten.

Sollte Ihnen dies nicht möglich sein, bitte ich Sie um die Beantwortung der 15 folgenden Fragen:

I. ANGABEN ZUM GESAMTUNTERNEHMEN

1. **Welcher Branche (welchen Branchen) gehört Ihre Unternehmung (gehören die Hauptbetriebszweige Ihrer Unternehmung) an?**

   ..../...................../.........................

2. **In welcher Rechtsform wird Ihre Unternehmung geführt?**

   ....

3. **Welchen Umsatz erzielte Ihre Unternehmung im letzten bzw. vorletzten Berichtsjahr?**

   letztes   Berichtsjahr 19.. : ....
   vorletztes Berichtsjahr 19.. : ....

II. METHODEN DER INVESTITIONS- BZW. WIRTSCHAFTLICHKEITSRECHNUNG

4. **Führen Sie in Ihrem Hause Investitions- bzw. Wirtschaftlichkeitsrechnungen zur Beurteilung der Vorteilhaftigkeit von Investitionsprojekten durch? (Mehrfachnennungen sind möglich)**

    O grundsätzlich immer
    O grundsätzlich immer bei Investitionen ab einer Höhe von DM ....
    O grundsätzlich immer bei Investitionen mit folgenden Kennzeichen:
    ....
    O bei Neu- bzw. Erweiterungsinvestitionen (ggf. ab Höhe DM ....)
    O bei Rationalisierungsinvestitionen (ggf. ab Höhe DM ....)
    O bei Ersatzinvestitionen (ggf. ab Höhe DM ....)
    O wir führen keine Investitionsrechnungen durch

5. **Arbeiten Sie mit Investitionsrechnungsverfahren, für die Kalkulationszinsfüße (KZF) als Diskontierungsfaktoren oder Vergleichsmaßstäbe festgelegt werden müssen? (Mehrfachnennungen möglich)**

    KZF als Vergleichsmaßstab
    O Rentabilitätsrechnung (bitte kurz beschreiben) ....
    ....
    O MAPI-Verfahren nach Terborgh
    O Interne Zinsfußmethode (Discounted Cash Flow-Methode)

    KZF als Diskontierungsfaktor
    O Kapitalwertmethode
    O Annuitätenmethode
    O dynamische Amortisationsrechnung
    O Vermögensendwertmethode

    andere Verfahren
    O Kostenvergleichsrechnung
    O Gewinnvergleichsrechnung
    O Berechnung der Kapitalwiedergewinnungszeit (Pay-off Methode)
    O Kosten-Nutzen Analyse
    O Bestimmung von Nutzwerten (Nutzwertanalyse)

    folgende weitere Verfahren (selbstentwickelte Verfahren bitte kurz,ggf. auf gesondertem Blatt,beschreiben)
    O ....
    ....
    O ....
    ....

III. KAPITALAUFBRINGUNG FÜR INVESTITIONSPROJEKTE

6. Welche Formen von Kapital setzen Sie zur Finanzierung von Investitionsprojekten ein und wie hoch schätzen Sie die Kosten dieser Finanzierungsalternativen ein (unabhängig davon ob Sie diese in der Investitionsrechnung ausdrücklich berücksichtigen)? (Mehrfachnennungen möglich)

Art der Finanzierung	ungefähre Kosten der Finanzierungsalternative in %
O einbehaltene Gewinne	....
O Mittel aus Kapitalerhöhungen	....
O Mittel aus Gesellschaftereinlagen	....
O Mittel aus Pensionsrückstellungen	....
O Abschreibungsgegenwerte	....
O Lieferantenkredite	....
O Leasing	....
O Factoring	....
O	....
O	....

7. Sofern Ihre Unternehmung einen Schwerpunkt in der außenwirtschaftlichen Betätigung hat (Export von Anlagegütern, Auslandsinvestitionen): Welche besonderen Finanzierungsmaßnahmen spielen hierbei vor allem eine Rolle?

O ....
O ....
O ....
O ....
O ....

IV. FINANZIERUNGSKOSTEN (KAPITALKOSTEN) ALS GRUNDLAGE DES KAL- KULATIONS- BZW. VERGLEICHSZINSFUSSES

8. **Werden zum Zwecke der Investitionsbeurteilung auch die Kosten der Finanzierungen von Projekten berücksichtigt bzw. ermittelt?**

    O nein (weiter zu Frage 11)
    O nur bei Projekten ab einer Höhe von DM ....
    O wenn folgender Fall vorliegt: ....
    ....
    O grundsätzlich immer

9. **Wie werden diese Finanzierungskosten in Ihrem Hause ermittelt? (Mehrfachnennungen möglich)**

    O durch pauschale Annahmen zu den Finanzierungskosten
    O durch getrennte Ermittlung und anteilgemäße Gewichtung von Eigen- und Fremdkapitalkosten
    O durch getrennte Ermittlung und anteilgemäße Gewichtung von Eigen- und Fremdkapitalkosten, wobei jeweils unterschiedliche Eigenkapitalformen (z.B. Gewinne, Beteiligungskapital) und/oder unterschiedliche Fremdkapitalformen (z.B. Bankkredite, Leasing) mit ihren spezifischen Sätzen kalkuliert werden
    O wie folgt: ....
    ....
    ....

10. **In welcher Weise gehen die so ermittelten Finanzierungskosten in die Investitionsrechnung ein?**

    O als Prozentsätze in den Kalkulationszinsfuß
    O als effektive Beträge in die Zahlungsstromgrößen
    O sowohl in den Kalkulationszinsfuß als auch in die Zahlungsstromgrößen
    O in folgender Weise: ....

11. **Welche Abteilung Ihres Hauses ist im Rahmen der Wirtschaftlichkeitsrechnung mit der Ermittlung und Festsetzung des Kalkulations- oder Vergleichszinsfußes betraut?**

    O keine
    O keine Abteilung, sondern ....
    O jeweils die Abteilung, der das Investitionsprojekt sachlich zuzuordnen ist
    O in jedem Fall die Abteilung ....

12. **Welche Größen dienen hauptsächlich als Orientierungsmaßstab bei der Bestimmung des Kalkulationszinsfußes (Mehrfachnennungen möglich)**

    O Marktzinssatz (z.B. landesüblicher Zinssatz, durchschnittliche Rendite festverzinslicher Wertpapiere)
    O Kapitalkosten (i.S. effektiver Finanzierungskosten)
    O durchschnittliche Rendite der bisher durchgeführten Investitionen
    O Branchenrentabilität
    O subjektive Mindestrendite
    O ....

13. **Geht der auf diese Weise bestimmte Kalkulationszinsfuß in seiner Höhe unverändert in die Berechnung ein? (Mehrfachnennungen möglich)**

    O ja
    O nein, branchenspezifische Risikozuschläge
    O nein, projektabhängige Risikozuschläge
    O nein, inflationsbedingte Zuschläge
    O nein, steuerbedingte Zu- oder Abschläge
    O nein, wird wie folgt modifiziert: ....
       ....

14. **Wird der einmal bestimmte Kalkulationszinsfuß unter Umständen korrigiert bzw. aktualisiert?**

    O nein
    O jährlich
    O halbjährlich
    O häufiger als halbjährlich
    O seltener als jährlich
    O projektbezogen
    O nach Kapitalmarktsituation
    O ....

15. **Sollte es aus Ihrer Sicht möglich sein, konkrete Angaben zur Höhe der Eigen- und Fremdkapitalkosten sowie der Mindestrendite von Investitionen zu machen: wie würden Sie diese beziffern?**

	EK-Kosten		FK-Kosten	Mindestrendite	
	vor Unternehmenssteuern	nach Unternehmenssteuern	vor Unternehmenssteuern	vor Unternehmenssteuern	nach Unternehmenssteuern
0 - 5 %					
5 - 7 %					
7 - 9 %					
9 - 11 %					
11 - 13 %					
13 - 15 %					
15 - 20 %					
über 20 %					

V. WEITERE ANGABEN BZW. BEMERKUNGEN ZU DEN FRAGENKOMPLEXEN

ZU I: ....
....
....
....

ZU II: ....
....
....
....

ZU III: ....
....
....
....

ZU IV: ....
....
....
....

ALLGEMEINE ANMERKUNGEN:

....
....
....
....